품격을
높이는
우리말

품격을 놓이는 우리말

장영준 오승연

21세기북스

말은 곧 그 사람의 품격을 드러낸다

"언어는 곧 정신이다"라는 말이 있다. 매우 강력한 선언이다. 이보다 약간 순화된 진술이 "언어는 정신의 거울이다"일 것이다. 이 책은 두 번째 선언에 대한 믿음에서 시작되었다. 말을 조정함으로써 정신을 조정하려는 헛된 시도를 하려는 것은 아니다. 언어가 정신을 비추는 거울이라면 언어를 다소간 흔듦으로써 정신의 모습을 조금이나마 다르게 비추어보자는 것이다.

품격은 한 사람의 정신에서 우러나오는 향기임에 틀림없다. 품격을 높이기 위해서는 당연히 한 사람의 정신이 고양되어야 할 것이다. 그럼에도 불구하고 품격을 주제로 한, 품격을 높이고자 하는 언어사용 안내서를 쓰고자 하는 것은, 바로 언어가 정신을 비추는 거울이라는 믿음 때문이다. 품격이 보다 높아지기 위해서는 언어라는 거울이 어떻게 드러나야 하는가 하는 고민에서 책의 구상이 시작된 것이다.

품격을 높이기 위해서는 품격 있는 언어를 사용해야 한다. 그러면 품격 있는 언어란 어떤 언어인가? 단순히 품격 있는 어휘, 품격 있는 문장구조를 사용하면 될까? 어떻게 하면 품격 있는 언어생활을 할 수 있는가? 이러한 고민의 끝에서 이 책을 그 해결방안으로 제시했고, 총 네 가지 주제를 다루면서 품격을 높이기 위한 우리말 사용법에 대한 생각을 밝혔다. 그리고 품격 있는 우리말 사용자들이라고 생각되는 명사들의 말하는 법과 그들의 생각을 들어보았다.

1장 '생각 없이 쓰면 격이 떨어지는 말'에서는 일반적으로 구별하지 않고 사용하지만 용도와 상황에 맞게 써야 하는 단어들을, 2장 '잘못 사용하면 치명적으로 틀리는 말'에서는 비슷해 보이는 말이지만 잘못 사용했을 경우 그 뜻이 완전히 달라지는 말들을 설명했다. 또 3장 '뿌리는 같지만 의미가 다른 말'에서는 말의 뿌리는 같지만 활용에 따라 그 의미가 확연히 달라지는 단어들을, 4장 '교양 있는 한국인이 알아야 할 철자와 발음'에서는 잘못 사용하면 쓰는 사람의 품격을 떨어뜨릴 수 있는 철자와 발음을 정확하게 사용하는 방법을 제시했다.

우리말에 관한 글을 쓴다는 것은 매우 위험한 일이다. 우리말에 대한 애정이 넘치는 죽림칠현과 은둔거사들의 시선을 감당해야 하기 때문이다. 내 얇은 지식과 둔한 통찰력을 나무라는 날카로운 시선들이 벌써 등줄기에 내리꽂히는 것 같아 두려움이 앞선다. 그러나 우리말 사랑의 깊이에서는 그 누구에게도 지고 싶지 않은 마음과 그동안 겪은 우리말에 관한 경험들을 이 책에 담고자 했다. 우리말에 대한 애정을 함께 나누고 싶은 선의만은 온전히 독자들에게 전해졌으면 한다. 감히 모자람이 선의로 모두 대치될 수는 없겠지만, 차후를 기약하며 감히 이 책을 세상에 내어놓고 질책의 시간들을 가지기로 했다. 출판 과정에서 꼼꼼한 교정과 일처리로 부족함을 보충해준 21세기북스 관계자 분들께도 진심어린 고마움을 전한다.

장영준

말 잘하는 것은 마음을 움직이는 것이다

학교에 있으면서 방송활동을 꾸준히 병행할 수 있었던 나는 자연스레 '우리말'에 대한 끝없는 질문과 답을 계속해왔다. 또 시사토론 프로그램과 인터뷰를 진행하면서 만나게 된 수많은 오피니언 리더들을 통해, 끊임없이 '우리말을 품격 있게 잘하는 것'에 대해 다시 한 번 생각해보고 깨닫는 소중한 체험을 해왔다.

과거 아나운서 시절에 생각했던 '말을 잘한다는 것'은 우리말을 얼마나 많이 알고, 그만큼 실생활에서 쓸 수 있느냐에 대한 단순한 고민이었다. 하지만, 우리말을 잘한다는 것이 우리말에 대한 해박한 지식으로만 해결될 수 있는 것일까? 또 우리말을 잘하면 바로 품격 있는 우리말을 구사하는 사람으로 인정받을 수 있는 것일까?

이 부분에 대한 강한 의문을 품기 시작한 것은 아마도 3년 전쯤부터였던 것 같다. 그즈음 나는 우리말 말동무이면서 학교 선배이기도 한 장영준 교수에게 모 우리말 위원회 모임에 초대를 받은 적이 있는데, 그때 한바탕 우리말에 대한 설전을 벌인 적이 있었다. 생산적인 논의에서 시작된 설전은 결국 오늘의 이 책을 만들게 된 좋은 발판이 됐다. 장영준 교수는 내가 가진 우리말에 대한 개념과 경험과는 또 다른 측면에서 우리말을 해석하고 있는 언어학자였다. 언어학에 대한 심도 있는 학문적 세계와 실제적인 방송언어 세계와의 만남이라고나 할까? 우리는 그동안 서로 쌓아왔던 우리말을 '제대로' 해석하고, '잘하는' 방법을 이 책에 그대로 녹여서 시너지를 내보자는 희망으로 일을 진행해왔다.

나는 오랜 기간 인터뷰 프로그램을 진행하면서, 흥미로운 연구거리를 발견했다. 사투리를 심하게 쓰거나 말이 느리고 어눌한데도 이야기를 나눈 후 진한 잔상을 남기거나 심금을 울리는 분들이 있다는 점이다. 말 잘하는 연습을 하거나 우리말에 대한 조예를 가진 것도 아닌데 이들은 어떤 방법으로, 어떻게 사람의 마음을 움직이는 걸까?

이 부분을 고민하면서 결국 품격 있는 우리말, 즉 말을 잘하는 사람들은 말하는 방법과 기술을 넘어 결국 상대방의 마음을 움직이는 특징을 가졌다는 생각을 하게 됐고, 이 부분에 대해 많은 이들과의 공감이 필요하다는 것을 절감했다. 그래서 이 책의 사이사이에, 그동안 만난 수많은 사람들 중 여러 가지 이유에서 말 잘한다는 평가를 들을 수 있는 몇 분과의 인터뷰를 넣었다. 그렇게 함으로써 품격 있는 우리말에 대한 보다 실용적이고 실제적인 설명을 하고자 하였다.

부디 이 책을 보면서 독자들이 '우리말' 공부도 하면서, 품격 있는 우리말을 구사하기 위한 방법도 깨닫고, 이를 실제로 구사할 수 있게 되는 행복한 경험을 할 수 있게 되길 바란다. 정성스레 인터뷰에 응해주신 12분의 소중한 인터뷰이와 21세기북스 여러분, 응원을 아끼지 않은 남편 이호열 교수, 아들 이다윗에게 감사를 전한다.

오승연

목차

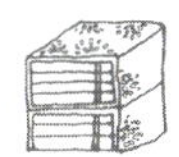

2장 잘못 사용하면 치명적으로 틀리는 말

3장 뿌리는 같지만 의미가 다른 말

4장 교양 있는 한국인이 알아야 할 철자와 발음 

생각 없이 쓰면 격이 떨어지는 말

지금은 거의 아무도 기억하지 못하지만, 한때 '땡전뉴스'라고 있었다. 하루를 정리하는 주요 뉴스이기도 한 저녁 9시 뉴스가 언제나 "전 대통령은 오늘……"이라고 시작했기 때문이다. 권불십년이라고 그 사람의 이름도 이제는 역사 속으로 사라진 느낌이다. 그가 아직 살아 있다는 뉴스를 가끔 볼 수는 있다. 가진 돈이 29만 원밖에 없어서 무슨 세금 추징금을 내지 않는다는 뉴스 말이다.

당시에도 메인 뉴스에는 지금처럼 남자와 여자 아나운서가 나왔다. 그런데 뉴스 말미에 둘이 하는 말이 달랐다. 남자 아나운서는 "안녕히 계십시오"라고 하는데 여자 아나운서는 "고맙습니다"라고 하는 것이다.

뭐가 고맙다는 것인지 당시에는 의아했다. 오히려 우리가 고마운 것 아닌가 하는 생각이 들었다. 그런데 머릿속에서 떠나지 않는 것은 왜 아나운서가 "감사합니다"라고 말하지 않는 것일까 하는 점이었다. 왠지 감사하다는 표현이 더 공손하게 생각되었기 때문이다. 학교에서도 선생님에게는 당연히 감사하다고 말하지 고맙다고는 하지 않았으니까. 또 친구에게는 "친구야, 고마워"라고 말하지 "친구야, 감사해"라고는 하지 않으니까.

‘고맙다’와 ‘감사하다’는 고유어와 한자어라는 차이 외에는 고마움의 정도 차이는 없는 것 같다. 다만 이미 말한 대로, 전자가 고유어이고 후자가 한자어이니까 일반적으로 고유어와 한자어의 영역 분담 규칙을 따르는 것으로 생각된다. 예를 들면, 친구들 사이의 대화는 그야말로 사적이고 기초적이고 일상적이니까 “고마워”라는 말이 자연스럽다. 그런데 선생님과의 대화는 아무래도 다소 공식적이고 격식을 갖추어야 하는 상황이기 때문에 “감사합니다”라는 말이 자연스럽다.

여기에도 반론은 있다. 고마움을 절절히 느끼고 그것을 표현하고자 할 때 “고맙습니다”라고 해서 뭐 잘못될 일이 있겠느냐 하는 것이다. 그렇다. 필자가 시골에서 초등학교 다닐 무렵에는 머리가 허연 시골 할머니나 어머니들이 젊은 선생님께 “고맙습니데이, 고맙습니데이”라고 하면서 연방 머리를 조아리곤 했다. 감정을 전하는 데 우리 고유어처럼 효과적인 어휘 표현은 없으니까.

여러 책에서 ‘고맙다’와 ‘감사하다’의 차이를 설명하기 위해 이러저러한 설명을 제시하는 것을 볼 수 있다. 대개는 맞는 것 같지만, 그렇게까지 복잡하고 번잡하게 설명할 일이 아닌 것 같다. 기본적으로 고유어와 한자어라는 차이를 중심으로 그 쓰임이 겹치기도 하고 달라지기도 하는 것이다. 이를테면 ‘고맙다’는 사적인 상황에서, ‘감사하다’는 공적인 상황에서 쓰인다는 설명은 당장 9시 뉴스 앵커의 클로징 멘트에서 반대의 예를 만나게 된다. 뉴스 아나운서가 9시 뉴스에서 말하는 것은 공적인 언어 행위이지 사적인 것이 아닌데도 ‘고맙다’라는 표현을 쓰니까.

다른 유의어의 경우와는 달리 '고맙다'와 '감사하다'는 그 차이가 크지 않다. 그럼에도 둘을 교체하여 사용할 수 없는 경우의 상황적 특성을 살펴보자.

우선 '고맙다'는 많은 고유어가 그렇듯이 사적이고 친밀한 사이에서, 그리고 자신보다 지위나 연령이 낮은 사람에게 사용할 때 자연스럽다.

'감사하다'는 한자어 명사와 '하다'라는 접사가 결합한 많은 한자어와 유사한 활용 유형을 보인다. 동일한 구조를 가지는 '축하하다'와 '치하하다'를 생각해보면 알 수 있다. 그러니까 "감사 인사", "감사를 드립니다" 같은 표현이 가능한 것이다. 어떤 책에서 '감사하다'는 서술어로는 자연스럽지만 수식어로는 잘 쓰이지 않는다고 했는데, 이런 관찰은 반은 맞고 반은 틀린 말이다. '감사하다'든 '축하하다'든 상황에 따라서는 수식어로 활용이 되기 때문이다. 이를테면 "우리 모두 조국에 감사하는 마음을 가져야 합니다" 같은 말은 아주 자연스럽다. 또 "감사한 나의 조국"이 부자연스럽다는 예를 들면서 다른 말을 꾸며주지 못한다고 지적하는 책도 있다. 이러한 지적은 '감사하다'와 '고맙다'의 상대적 특성 때문이 아니고 '감사+하다'라는 동사의 내부 구조 때문이다. '축하하다'에서 "축하한 나의 친구"도 이상한데, 그것은 이 단어가 과거 시제 어미 '-ㄴ'으로 수식어를 만들 수 없기 때문이다. "선생님께서 도와주신다니 참으로 감사할 일이 아니냐!"는 자연스럽다.

• 팔다리 잃은 뒤 오히려 감사할 일 늘었어요.

- 감사할 줄 모르는 사람들.
- 당신은 모든 것에 감사할 준비가 되었나요?

'고맙다'는 '크다', '작다', '깊다' 등의 고유어 형용사와 동일한 활용 유형을 보인다. 그 결과 "고마운 사람", "고마우신 선생님" 같은 표현이 가능하다.

많은 다른 고유어와 마찬가지로 토박이말인 '고맙다'가 친근하고 정이 많아 보이고, 사적인 상황에서 더 자연스럽게 쓰인다. 반면 수입된 한자어인 '감사하다'는 다소 격식이 필요한 상황에서, 공적이고 거리감이 있는 표현으로 받아들여진다.

교수님과 선생님

어떤 교수들은 '교수님'이라는 호칭보다 '선생님'이라는 호칭을 더 선호한다. 교수는 직급이나 직위이고, 선생은 직함이나 직종이기 때문이다. 대학교에서의 직급에는 강사 〈 전임강사 〈 조교수 〈 부교수 〈 정교수가 있지만, 가르치는 모든 사람을 묶어서 '선생님'이라는 직함으로 부르는 것이 우리의 일반적 관행이다. 그렇다고 초등학교 교사를 부를 때 '교사님'이라거나 의사를 부를 때 '의사님'이라는 식으로 직종으로 부르지는 않는다. 일정한 존중과 존경의 의도를 가미한 호칭인 '선생님'으로 부른다. 물론 회사의 경우 대리 〈 주임 〈 과장 〈 부장 〈 사장 등으로 위계가 철저하기 때문에 별수 없이 과장님, 부장님과 같은 직급으로 호칭한다.

사실 '선생'이라는 호칭은 직업과 상관없이 각 분야에서 성취를 이룬 사람을 부를 때 사용한다. 기자로서 성공한 사람을 부를 때 '기자님'이라고 해도 되지만 '선생님'이라 부르는 것처럼 말이다. 젊은 기자가 원로 작가를 만나 부를 때는 당연히 '선생님'이라고 하지 '작가님'이라고는 하지 않는다. 특히 나이도 지긋하고 사회적 명망도 있는 경우 '선생님'이라는 호칭이 사용되는 것을 보면, 교수님이라는 호칭과 선생님이라는 호칭의 길항 관계는 이러한 사회적 관습과 관계가 있는 듯하다. 이는 우리말과 유사한 경어법 현상을 보이는 일본에서도 마찬가지이다. 일본어에서 '선생'이라는 말은 직업으로서의 교사를 지칭하는 것보다 훨씬 더 자주 존칭어로 사용된다.

미국에서 대학원을 다닐 때의 일이다. 방문교수로 오신 어떤 교수님을 부를 때마다 '선생님'이라고 했더니 그분의 표정이 별로 좋지 않았다. 시간이 어느 정도 흘러 그분과 친하게 되었을 때 그분은 이렇게 충고하는 것이었다. 고등학교 교사나 선생님이라고 부르지 대학교수는 교수님이라고 부르는 게 좋다고. 존경의 의미로 그분을 '선생님'이라고 불렀던 것인데, 그분은 그렇게 받아들이지 않았다. 나중에 그분이 과거에 고등학교 교사를 했다는 이야기를 듣고 나서야 조금 이해가 되긴 했지만 하여튼 미묘한 문제이긴 하다.

많은 우리말 안내서에서 일반적으로 교수님보다는 선생님이 더 맞는 호칭이라고 지적한다. 내가 보기에는 꼭 그렇지만은 않은 것 같다. 상황과 목적에 따라 두 단어는 서로 다른 기능과 역할을 하기 때문이다. 자신이 직접 배운 분이 아닌 경우에는 당연히 교수님이라고 부르는 것이 맞다. 인터뷰를 하려고 찾아온 기자는 교수에게 '선생님'이라는 호칭보다는 '교수님'이라는 호칭을 사용하는 것이 더 자연스럽다.

한편, 요즘 학생 중에는 "장 교수님, 너무 반가워요"라고 인사하는 학생이 참으로 많다. 교육이 잘못되었다고 타박할 일은 아니다. '너무'는 "너무 심하다", "너무 덥다", "너무 아프다", "너무하다"에서 보듯이 다소 부정적으로 사용되는 부사이다. 물론 "너무 예쁘다"라고 할 수도 있다. 지나치게 예뻐서 감당할 수 없다든가 벅차다는 의미로 말이다. "너무 좋다"라고도 할 수 있을 것이다. 좋은 정도가 지나쳐서 참을 수 없다는 고조된 감정 상태를 표현하려면 가급적 센 단어를 사용해야 하니까.

음식점 종업원이 접시에 음식을 담아주면서 양이 적절한지 물어볼 때 "너무 많다"라고 말하면 종업원은 당연히 음식을 덜어낼 것이다. 그런 상황에서 손님이 "정말 많다"라고 대답한다면 그것은 올바른 대답이 아니다. 종업원이 판단할 수 없기 때문이다.

'너무'라는 부사는 영어의 'too'에 해당하고, '정말'은 영어의 'very'나 'really'에 해당한다. 영어에서도 'too'는 부정적으로 사용된다. "It is too much"라고 말하면 정도가 지나치다는 의미이다. 그런데 이런 부정적 의미를 가지는 단어를 '반갑다'에 사용하면 어떻게 될까. 덜 반가워야 하는데 과도하게 반갑다는 것인가? 부정적 의미를 가지는 '너무'와 긍정적 의미를 가지는 '반갑다'를 함께 사용하면 의미의 충돌이 일어난다. 아무리 반가워도 "너무 반가워요"라고 하는 것은 그 반가움을 반감시키거나, 아니면 의도와는 달리 화자의 품격을 떨어뜨릴 수 있다.

하루는 어떤 학생이 연구실로 찾아왔다. 교수님께 당부드릴 것이 있다면서. 당부? 개인적으로 '당부'라는 어휘를 거의 사용해본 적이 없기 때문에 그 단어가 참으로 생소하게 들렸다. 하긴 뭐 특별히 이상한 어투라고 할 수도 없다. 가끔 교포 자녀들이 지금은 사용하지 않는 고어를 사용하는 것을 보아왔으니까. 도시락을 의미하는 '벤또'(일본어), 화장실을 의미하는 '변소' 따위의 거의 사어가 된 단어를 교포 학생들에게서 들을 때가 있으니까, 이 학생도 그러려니 했다.

그 내용인즉 자신이 아는 중국인 유학생을 위해 추천서를 써달라는 것이었다. 그 학생이 우리나라 사람과 결혼할 예정이라서 귀화를 하고자 하는데, 그러려면 추천서가 필요하다는 것이다.

"교수님, 언니 추천서 써주실 것을 당부드릴게요."

그냥 부탁드린다고 하면 될 것을 당부드린다? 무슨 심오한 뜻이 있나? '당부'라는 단어는 국어사전을 찾아보면 "말로 단단히 부탁하다"라는 의미를 가진다. 그러니까 윗사람에게 강하게 부탁하려는 의도라고 하더라도 '당부'를 하는 것은 지나치다. 간곡하게, 애절하게 부탁할 수는 있겠지만.

이에 반해 부탁한다는 말은 윗사람이든 아랫사람이든 무엇을 청할 때 사용할 수 있다. 그러니까 평교사가 나이 지긋한 교장 선생에게도 반대로 나이 지긋한 교장 선생이 평교사에게도 사용할 수도 있는 것이다.

교장 : 김 선생, 잘 좀 부탁해요.
평교사 : 교장 선생님, 잘 좀 부탁드립니다.

또 '부탁하다'는 상대방에 대해 직접 사용하는 것이 자연스럽지만, '당부하다'는 간접 묘사에 더 자연스럽게 사용된다. 그리고 상대방이 경어법을 써야 하는 대상이라면 '부탁하다'보다는 '부탁드리다'가 더 자연스러울 수 있다. 참고로 '부탁'은 '청'과 바꾸어 써도 아무런 의미 손상이 없다. 약간의 차이점이 있다면 '부탁'은 동사로도 자주 사용되지만 '청'은 명사로 자주 사용된다. 그러니까 "김 선생, 잘 좀 청해요"는 안 되고 "김 선생, 청이 있어요"라고 해야 한다.

'당부하다'는 윗사람에게는 물론 아랫사람에게도 직접 사용하는 일이 드물기 때문에 "당부드린다"라는 표현은 거의 사용되지 않는다. 김동인의 〈대수양〉에 나오는 "너희들한테 당부할 것은 끝끝내 군신의 의와 형제의 정을 저버리지 말라는 것이다"가 부자연스럽게 들리는 것은 청자에게 직접 말하면서 '당부하다'를 사용하기 때문이다. 이 말은 다음과 같이 '당부'를 '부탁'으로 바꾸어 쓰는 것이 더 자연스럽다.

너희들한테 간곡히 부탁할 것은 끝끝내 군신의 의와 형제의 정을 저버리지 말라는 것이다.

'당부하다'는 다음의 예에서 보듯이 간접 묘사에 쓰일 때 훨씬 더 자연스럽다.

- 그는 주최 측에 행사 준비를 하는 데 협조해줄 것을 당부했다.
- 어머니는 집을 떠나는 아들에게 몸조심할 것을 당부했다.
- 사회자는 청중에게 조용히 해달라고 당부했다.

어느 날 친구들과의 모임에서 한 선배에 관한 이야기가 나왔다. 말이 나온 김에, 선배에게 전화를 하자 선배는 30분 내로 오겠다고 했다. 필자는 그 선배가 틀림없이 30분 내로 오리라고 생각했다. 그러한 믿음은 아마도 대학 졸업 후 처음으로 그 선배와 만났던 경험에서 오는 것인지도 모른다. 그때 받은 인상은 이 선배가 참으로 정확한 분이구나 하는 것이었다.

"그래, 지금까지 어디서 뭘 하면서 어떻게 살았니?"

'어디서, 뭘, 어떻게'라는 의문사를 한꺼번에 세 개나 사용한 의문문을 구사하는 사람을 이 선배 외에 본 적이 없다. 유능한 기자였던 이 선배는 질문을 할 때는 방송 기자 특유의 어투로 질문이 아니라 그냥 이야기를 할 때는 예전의 선배 목소리로 말하는, 어법을 자유자재로 전환할 수 있는 사람이었다. 또한 질문을 할 때 가능한 한 육하원칙을 사용하려는 선배의 어투에서 이 선배가 아주 정확하고 틀림없는 사람이라는 강한 인상을 받았다. 그리고 왠지 모르게 신뢰감이 싹트는 것을 느꼈다. 그것이 10여 년 전이었다.

과연 30분이 지날 무렵 그 선배가 나타났다. 와, 정말 대단하다. 행동이 정확하고 적확한 표현을 쓰는 선배였다는 필자의 말에 우리의 대화는 정확성과 적확성에 대한 이야기로 이어졌다.

정확(正確)과 적확(的確). 동일한 한자를 쓰니까 의미도 어느 정도 겹친다. 그래서 많은 사람이 '적확'이라는 단어를 써야 할 경우에 '정확'이라는 단어를 쓰는 경향이 있다. 정확하다는 것은 옳고 그름이 분명해서 정해진 것과 일치한다는 의미이지만 적확하다는 것은 적절하게 딱 들어맞는다는 것이니까, 구분하기가 쉽지는 않다.

국립국어원에서는 '적확하다'를 "정확하게 맞아 조금도 틀리지 아니하다"라고 풀이한다. 한용운의 《흑풍》에 나오는 "아무리 생각하여 보아도 자기의 혼자 추측으로는 적확한 이유를 알 수가 없었다" 같은 사례를 볼 수 있다.

반면에 '정확하다'는 "바르고 확실하다"라는 의미를 가진다. '적확한 표현'이라는 말에서 보듯이 '적확'은 주로 언어 표현과 관련해서 사용되는 반면에, '정확'은 판단이 작용하는 여러 경우에 사용된다. 따라서 "신속 정확", "매사에 정확을 기해야 한다", "자세가 정확하다", "시계가 정확하다", "정확한 판단" 같은 표현이 사용된다.

- 워낙에 분량이 긴 근현대사이다 보니 아무래도 기억하시기에 좀 힘들 것 같아 이 자리에서 중요 단체와 주요 인물 싹 다 정리합니다.
- 주요 인물만 소개하겠습니다. 중간에 없어지거나 후반에 새로 나오는 인물은 중요 인물이 아니니까 신경 쓰지 마세요.

위의 예는 인터넷에서 인용한 문장들이다. 글쓴이는 '중요'와 '주요'를 아주 적확하게 사용하고 있다. 글쓴이가 의도한 것은 아니겠지만, 우연히도 두 단어를 한 문장에 사용함으로써 이들이 어떻게 다른지를 대비해서 보여주고 있다.

사전적 풀이에 의하면 '중요하다'는 "귀중하고 요긴하다"라는 뜻이고, '주요하다'는 "주되고 중요하다"라는 뜻이다. 가끔 사전적 풀이가 우리를 실망시킬 때가 있는데, 바로 이런 경우가 그렇다. '주요하다'는 마치 '중요하다'의 부분집합처럼 풀이되어 있다. 즉, 중요한 것이면서 주된 것이 주요한 것이라고 풀이하고 있는데, 이는 정확하지 않은 것이다.

'중요하다'는 영어로 'important', 'significant', 'crucial', 'critical', 'vital', 'weighty', 'momentous' 등에 해당하고, '주요

하다'는 'major', 'main', 'primary', 'leading', 'principal', 'chief', 'staple' 등에 해당한다. 그러니까 경우에 따라서는 'major'가 아니면서도 'important' 할 수도 있고, 그 반대일 수도 있다. 'primary'가 아니면서도 'critical' 할 수 있고, 그 반대일 수도 있다. 주요한 것이 언제나 중요하면서 주된 것은 아니라는 말이다.

'주요하다'는 방금 본 것처럼 비중이 크다는 말이다. 희곡에서 '주요 인물(major character)'이라고 하면 등장하는 인물 가운데 극적 비중이 가장 큰 인물을 말하는 데에서도 알 수 있다. 주인공이나 그에 상응하는 역할을 맡은 인물은 아무래도 비중이 크므로 주요 인물이다. '삼국 통일 과정의 주요 인물'이라고 하면 삼국 통일 과정에서 비중이 큰 인물들을 말한다.

'중요하다'는 귀중하고 요긴하다는 가치판단을 담고 있다. 그러니까 이 단어는 말하는 사람이나 당사자의 입장에서 사태를 바라본 평가를 담고 있다. 아무리 주요 인물이라도 중요하지 않을 수도 있는 것이다. 앞에서 본 '삼국 통일 과정의 주요 인물'을 '삼국 통일 과정의 중요 인물'이라고 하면 그 의미가 달라진다. 즉, 삼국 통일을 완성하는 데 핵심적인 역할을 한 귀중하고 요긴한 인물이라는 의미로 바뀌는 것이다. '삼국지의 중요 인물'도 마찬가지이다. 삼국지를 이해하는 데 귀중하고 요긴한 인물이라는 의미를 포함하고 있다. 반대로 '삼국지의 주요 인물'이라고 하면 화자의 주관적 가치판단과 상관없이 객관적으로 비중이 큰 인물을 가리키게 된다.

'주요하다'가 객관적으로 비중이 큰 것을 가리키니까 우리는 대개 어떤 것이 주요한지에 대해 쉽게 합의할 수 있다. 그러나 '중요하

다'는 주관적인 가치판단에 관한 문제이니까 동일한 현상에 대해서
도 화자에 따라 다를 수 있다. 예를 들면, 삼국지의 주요 인물이 누
구인지에 대해서는 누구나 쉽게 합의할 수 있을 것이다. 유비, 조조,
손권이 주요 인물이다. 그러나 삼국지의 중요 인물이 누구인지에
대해서는 각자가 생각하는 가치판단이 다르기 때문에 합의하기가
쉽지 않을 수도 있다. 삼국의 통일이라는 시각에서 보자면 조조가
중요 인물일 것이고, 도덕적이고 유교적인 측면에서는 유비가 중요
인물일 수도 있다.

같지 않다고 틀린 것은 아니다
틀리다와 다르다

필자의 친구 중에 이름을 대면 알 만한 아나운서가 있다. 방송에서 우리말을 사랑하여 우리말 연구회에서도 활동하고, 방송에서 우리말 관련 일을 하기도 하는 이 친구는, 필자의 우리말 스승이기도 하다.

여기서 잠깐, 재미로 맞혀보자. 그가 낸 퀴즈 중에 위와 아래를 뒤집어놓아도 같은 단어가 되는 우리말 단어가 무엇이냐는 것이 있다.

응, 를, 믐……

이 정도가 있을 것 같다.

이 친구에게 전화를 하면 컬러링과 함께 "우리말의 '틀리다'와 '다르다'는 다르죠"라는 말이 나온다. '틀리다'는 미리 정해진 어떤 것과 제시된 것이 같지 않을 때 사용하는 어휘이고 '다르다'는 두 사물이 같지 않다는 의미이니까, 두 단어는 의미적으로 약간 겹친다. 그런데 많은 사람이 '다르다'를 사용해야 할 경우에 '틀리다'를 사용하는 것을 보고, 필자의 친구는 아예 자신의 휴대전화 컬러링을 이렇게 정했다.

수학 문제를 예로 들어보자. 수학 문제는 답이 있는 경우도 있고 없는 경우도 있다. 만일 선생님이 문제를 내고 미리 정답을 정해두고 학생들에게 문제를 풀게 했다고 생각해보자. 학생들이 풀어낸 답을 검토하면서 선생님은 정답과 다른 답을 모두 틀렸다고 표시할 것이다. 그런데 이번에는 답이 없는 어려운 문제를 출제하고 학생들이 제시한 답을 검토하는 경우를 생각해보자. 이 경우에는 정답이 없기 때문에 어떠한 답도 틀리는 것이 아니라 서로 다를 뿐이다.

윈도쇼핑을 하면서 예쁜 옷을 미리 정해두었다. 이튿날 같은 상점에 와서 그 옷을 찾았는데 점원이 비슷한 옷을 제시할 때, 손님이 "이건 틀린 옷인데요"라고 말하면 그것은 틀린 말이다. 옳게 말하려면 "이건 다른 옷인데요"라고 해야 한다.

사전에는 '틀리다'를 "셈이나 사실, 이치 따위가 그르게 되거나 어긋나다", "마음이나 행동이 올바르지 못하고 비뚤어지다", "바라거나 하려는 일이 순조롭게 되지 않고 어그러지다" 등으로 풀이하고 있다. 반면에 '다르다'는 "비교가 되는 두 대상이 서로 같지 않다", "보통의 것보다 두드러진 데가 있다"라고 풀이하고 있다. "신세대는 기성세대와 사고방식이 틀리다"라는 말은 사실 "신세대는 기성세대와 사고방식이 다르다"라고 해야 바른 표현이다.

기쁘다, 구주 오셨네. 기쁘다, 구주 오셨네. 만백성 맞으라.

크리스마스가 되면 기독교 신자이든 아니든 자주 듣는 노래이다. 그리고 사람들은 이 노래를 부르면서 즐거워한다. 크리스마스 휴가가 끝나고 학교나 직장에서 다시 만난 사람들은 또 이렇게 인사를 한다. "성탄절 휴가는 즐겁게 보내셨어요?" 그렇다. 휴가는 기쁜 마음으로 맞아 즐겁게 보내는 것이다. 기쁨과 즐거움. 그게 그것 같기도 하고 뭔가 다른 것 같기도 하다. 같은 말이라면 서로 바꿔 써도 되련만 과연 그럴까?

- 즐겁다, 구주 오셨네.
- 성탄절 휴가는 기쁘게 보내셨나요?

이상하다. '기쁘다'와 '즐겁다'는 아무렇게나 바꾸어 쓸 수 있는 말이 아닌 것이 분명하다. 그렇다면 둘은 어떤 차이가 있을까? 우선 '기쁘다'는 순간적인 감정인 데 반해 '즐겁다'는 기쁜 마음이 일정 시간 동안 지속되는 상태를 말한다. 그러니까 성탄절 휴가를 즐겁게 보낸다는 말은 휴가 기간 전체에 관한 기술인 것이다. 구주가 오셨다는 말을 듣는 순간 우리의 감정은 기쁠 수 있다. 인생은 즐거울 수는 있지만 기쁠 수는 없다. 좋은 소식을 들은 사람은 "기쁘기 그지없다"라고 할 수는 있지만 "즐겁기 그지없다"라고는 할 수 없다.

얼마 전 오랜만에 받은 지인의 문자에 다음과 같은 답신을 보냈다.

안식년을 맞아 이곳 보스턴에서 가족과 함께 시간을 보내니 하루하루가 즐겁습니다.

순간적인 감정의 폭발이 아니라 하루하루 되풀이되는 일정한 시간에 걸치는 심리 상태이므로 '즐겁다'가 맞는 표현이다. 이 문자를 받은 지인은 아마도 '기쁘지' 않았을까? '기쁘다'는 순간적인 감정의 격발이고 '즐겁다'는 비교적 지속적인 감정 상태이므로, 이들과 어울리는 말은 시간의 지속성 여부와 관련이 있다. 예를 들어 "기뻐서 날뛰다"는 자연스럽지만 "즐거워서 날뛰다"는 부자연스럽다. 기뻐서 눈물이 날 수는 있지만, 즐거워서 눈물이 나는 것은 상상하기 힘들다.

이렇게 보면 기쁨은 일종의 반응이다. 구주가 오신 것에 대한 반응, 좋은 소식에 대한 반응이 '기쁘다'라는 언어로 표현될 수 있다. 반면에 즐거움은 반응이 아니라 스스로 느끼는 지속적인 감정 상태이다. 그러므로 하루하루가 즐거울 수 있고, 성탄절이 즐거울 수 있으며, 인생도 즐거울 수 있다.

《참을 수 없는 존재의 가벼움》. 노벨 문학상 후보에도 자주 오르는 체코 출신 밀란 쿤데라의 소설이다. 초반부에 성적인 표현이 '너무' 많이 나와서 다소 부담감을 주지만, 어쨌든 그 제목이 참 멋지다고 생각한다. 그 제목을 흠모한 나머지 언젠가는 그 제목을 패러디하기도 했다. "참을 수 없는 불완전함의 축복"이라고. 불완전함도 우리에게 축복이라는 내용이었는데, 하여튼 지금 보아도 밀란 쿤데라의 제목은 참으로 멋지다.

그 제목이 만일 '견딜 수 없는 존재의 가벼움'이나 '인내할 수 없는 존재의 가벼움'이었다면 어찌 되었을까? 상상이 가지 않는다. 인내(忍耐)는 참을 인(忍)과 견딜 내(耐)가 합한 단어이니까, 산술적으로는 참고 견디기가 곧 인내이다. 그럼 '참다'와 '견디다'는 같은 뜻인가, 아니면 서로 다른 뜻인가? 아, 머리 아프다. 그래도 참고, 견디고, 한번 살펴보자.

담대하고 인내하라는 성경의 말이나, 짜지 않은 소금을 얻겠다면 인내하고 인내하라는 불가의 말이나 뭔가 있어 보인다. 인내란 어려움을 참고 견디는 것이다. 우리는 성취의 가능성이 있을 때 인내할 수 있다. 짜지 않은 소금을 얻을 가능성은 없다. 그것은 소금이 아니니까. 그렇게 허망한 일인 줄 알면서도 인내하라는 것이니까 이 말을 했다는 송광사 방장 큰스님은 참으로 대단한 분이다.

우선 '견디다'의 사전적 풀이는 다음과 같다.

(1) 사람이나 생물이 일정한 기간 동안 어려운 환경에 굴복하거나 죽지 않고 계속해서 버티면서 살아나가는 상태가 되다.
(2) 물건이 열이나 압력 따위와 같은 외부의 작용을 받으면서도 일정 기간 동안 원래의 상태나 형태를 유지하다.

이 사전 풀이를 보면 '견디다'는 우선 환경이나 외부 작용에 대해 사용하는 데 비해 '참다'는 감정과 같이 내부적인 작용에 대해 사용한다. 그러므로 표준국어대사전에 올라 있는 예문 "태풍을 견딜 나무가 있을까?", "이 벼는 병충해에 잘 견딘다", "침엽수는 추위에 잘 견딘다", "아무리 추워도 북극 동물들은 잘 견딘다" 등을 보면 모두 날씨나 자연환경 등 외부 환경에 대해 사용하는 것을 알 수 있다.

그런가 하면 막노동, 군대 생활, 주변 환경 등도 모두 외부적 환경이라 할 수 있고, 따라서 '견디다'를 사용하는 것이 자연스럽다. "허약한 몸으로 군대 생활을 견딜까?", "펜만 잡던 손으로 막노동을 견딜 수 있겠어?", "나는 어머니의 잔소리를 견디기 힘들었다", "주위가 너무 조용해서 견디기 어려울 지경이었다" 등의 예문이 모두 이러한 경우에 속한다. 그뿐만 아니라 다음의 예문도 모두 외부적 요인에 대해 견디는 경우이다.

- 수천의 흰옷 입은 동학군들이 늦가을 찬바람에 못 견뎌 떨어지는 피아골의 붉은 단풍처럼 우수수 목숨을 거두었다(문순태,《피아골》).
- 화재가 난 건물에는 유독가스를 못 견디고 질식한 사람이 화상으로 죽은 사람보다 더 많았다(한수산,《유민》).
- 소문엔 궤 안에 가득한 은전의 무게를 견디지 못하여 방고래가 내려앉아……(박완서,《미망》).
- 조선은 몇 년 내 기근이 겹쳐 있었고 학정에 견디지 못하여 각지에 민란이 일어나고……(유현종,《들불》).
- 사내는 김범우의 눈길을 견뎌내기가 곤혹스러웠던지 불쑥 말했다(조정래,《태백산맥》).

이에 비해 '참다'는 내부의 생물적 반응에 대해 사용하는 경우가 많다. 다음의 사전 풀이를 보자.

(1) 웃음, 울음, 아픔 따위를 억누르고 견디다.
(2) 충동, 감정 따위를 억누르고 다스리다.
(3) 어떤 기회나 때를 견디어 기다리다.

이 풀이에서 (3)의 '기다리다'를 제외하고는 모두 감정이라는 생물적 욕구나 반응을 억제하는 경우에 '참다'를 사용하고 있다. 사실 (3)의 풀이가 적당하지는 않다고 생각한다. '견디다' 역시 '참다'와 마찬가지로 결과적으로는 기다리는 것이기 때문이다. 외부적 어려움을 견디는 것이나 내부적 울음을 참는 것이나 결국 시간의 흐름을 전제로 하기 때문이다. 그러므로 '참다'의 정의는 (1)과 (2)로 충분하다고 생각한다.

'참다'는 웃음·졸음·배고픔·분노·설움·슬픔·하품 등과 같은 생물적 반응에 대해 주로 사용한다. 이것은 너무도 분명하기 때문에 더 이상의 설명이 필요 없어 보인다. 그래도 참고 더 보자.

- 영희는 졸음을 못 참아 눈을 감았다(조세희, 〈잘못은 신에게도 있다〉).
- 그는 오줌을 참고 운전을 했다. 그는 치밀어 오르는 구토를 참으려 애쓰며 입을 손수건으로 막았다(이원규,《훈장과 굴레》).
- 밤이 깊도록 여삼은 역시 잠을 못 자고 아픔을 참으며 몸을 뒤채었다(유현종,《들불》).
- 엄마가 숙모 귀에 대고 소곤대면 숙모는 웃음을 참느라 사색이 되곤했다(박완서,《그 많던 싱아는 누가 다 먹었을까》).
- 현은 웃음이 복받쳤으나 그걸 밀어 올릴 힘이 없어 겨우 쿡쿡 기침 참는 소리를 냈다(박완서,《오만과 몽상》).

'참다'는 또한 충동이나 감정에 대해서도 사용한다. 그리하여 "내가 이번만은 참지만 한 번 더 그런 일이 있으면 가만히 있지 않겠다"라든가 "잔뜩 궁금증이 일었으나 나는 참기로 하고 침을 꿀꺽 삼켰다"(이병주,《행복어 사전》), "만화는 커피를 마시자 담배를 피우고 싶었지만 다방 안의 여러 눈들 때문에 참았다"(문순태,《피아골》) 같은 표현을 볼 수 있다.

'참다'는 어떤 기회나 때를 견디어 기다린다는 의미로도 사용되는데, 이때는 '기다리다'로 대체해도 의미 차이가 크게 발생하지 않는다. 예를 들어 "글쎄, 며칠만 더 참아달라는데, 내가 그동안 급살이나 맞을까 봐서 문턱이 닳도록 찾아온단 말요?"(심훈,《영원의 미소》)에서 '참아달라는데'를 '기다려달라는데'로 바꾸어도 문맥상 부자연스럽지 않다. "삼 년도 참았거든 단 며칠이야 더 못 참으랴"(현진건,《무영탑》)에서도 '참았거든'을 '기다렸거든'으로 바꾸어도 전혀 문제가 없다. 그러니까 이 경우에는 단순히 "어떤 기회나 때를 견디어 기다리다"라는 의미라기보다는 '내부적인 조바심'을 참는다고 보아야 할 것이다. 이렇게 보면 '참다'는 모두 '내부의 생물적 반응'에 대해 사용한다고 해도 큰 문제가 없을 것 같다.

'참다'와 '견디다'의 차이는 의지의 개입이라는 측면에서도 생각해볼 수 있다. 즉, 무엇을 견딘다는 것은 의지를 가지고 어려움을 극복해간다는 의미가 강하다. 이에 반해, 참는다는 것은 의지의 유무와는 직접적인 관계가 없으므로 참는 행위가 순간적일 수도 있고 한계를 넘어서면 행위가 지속되지 못할 수도 있다. 그래서 우리말에는 "참을 수 없는", "참지 못해", "참다못해" 등의 표현이 자주 발견된다. 다른 말로 하면, '견디다'가 지속적인 데 비해 '참다'는 상대적으로 순간적이라고 할 수 있다. 그러므로 참지 못하면 순간적으로 폭발할 수도 있다. 참았던 웃음을 갑자기 터뜨린다든가 참았던 졸음이 갑자기 온몸을 엄습한다든가 하는 결과가 생기는 것이다.

"참는 데도 한계가 있지, 더 이상은 못 참겠다", "그는 더 이상 참을 수 없다는 표정으로 말했다", "나는 한번 하고 싶었던 말은 결코 참지 않고 한다"에서 보면 '참다'라는 말은 의식적인 것이 아니라

무의식적인 것, 충동이나 본능과 관련되기 때문에 냉철한 절제력이나 인내심을 발휘하기가 쉽지 않은 것이다. "웅보는 심장이 후끈거리는 것을 참느라고 혀끝으로 침을 발라가며 입술을 축였다"(문순태, 《타오르는 강》)를 보자. 심장이 후끈거리는 것을 얼마나 참을 수 있을까? 마찬가지로 졸음을 얼마나 참을 수 있을까? 이런 생물적 행동은 참는 데 한계가 있고, 곧 참을 수 없는 한계에 이르게 된다.

좀 더 지속적이고 순차적이라고 할 수 있는 '견디다'는 외부 요인에 대항하는 것이므로 견디지 못한 데에서 오는 결과는 외부 요인에 대한 굴복으로 나타난다. 그러니까 추위를 견디지 못하면 추위가 없는 곳으로 이동하거나 동사하게 될지도 모른다. 무게를 견디지 못하면 줄이 끊어질 것이다. 태풍을 견디지 못한 나무는 쓰러질 것이다. 굴욕감을 견디지 못한 사무라이는 할복자살할지도 모른다.

'견디다'가 지속적이고 '참다'가 순간적이므로 이들을 뒤바꿔 쓰면 문장이 이상해진다. 예를 들어 "웃음을 참다"를 "웃음을 견디다"라고 하면 이상하다. "추위를 견디다"라고 해야 하는 것을 "추위를 참다"라고 하면 왠지 이상하다. 시련을 '견딜' 수는 있어도 시련을 '참을' 수는 없다. '외로움'은 참는 것인가 아니면 견디는 것인가? 외로움을 내부적 감정이라고 보면 참는 것이고, 외부적 환경이라고 보면 견디는 것이다.

'참다'와 '견디다'가 뒤바뀌어 쓰인 것처럼 보이는 경우도 있다. "그는 치밀어 오르는 분노에 견딜 수가 없었다"의 경우를 보자. '분노'는 분명 생물적 반응인데도 '견디다'를 사용하고 있다. 그것은 작가가 분노를 마치 내부적인 자극이 아니라 외부에서 주어진 환경인 것처럼 하여 그 분노가 얼마나 강렬한 것인지를 강조하려는 것이다. 견딜 수 없으므로 이 문장의 화자는 어떤 행동을 저지를지도 모른다.

이 문장을 "그는 치밀어 오르는 분노를 참을 수가 없었다"로 바꾸어도 큰 의미 차이는 생기지 않는다. "그녀는 분하고 부끄러워 견딜 수가 없었다"에서는 부끄러움을 견디는 것이라기보다 부끄럽게 된 그 상황을 견딜 수 없다는 것이다. 즉, 부끄러움이라는 감정이 아니라 그러한 감정을 느끼게 된 외부적 상황을 견딜 수 없다는 것이다. 이 문장이 자연스러운 것은 바로 이러한 이유이다.

부끄러움은 스스로의 내면적 감정이고, 창피함은 외부 반응에 대한 감정이다. 그러니까 보는 사람이 아무도 없어도 부끄러움을 느낄 수는 있지만, 창피함은 사람들 앞에서만 느끼는 감정이다. 이러한 의미 차이를 확실하게 구분할 수 있으면 '창피하다'와 '부끄럽다'의 여러 가지 쓰임은 확연하게 구분될 것이다.

사전에는 '부끄럽다'를 "일을 잘 못하거나 양심에 거리끼어 볼 낯이 없거나 매우 떳떳하지 못하다"라고 풀이하고 있다. '민망하다', '남부끄럽다', '무색하다' 등이 유의어이다. 남은 가만히 있는데 스스로 양심에 거리끼거나 스스러움을 느끼는 데에서 오는 감정이 바로 부끄러움인 것이다. "거짓말을 한 내 자신이 부끄럽다"나 "자식 놈이 못된 일만 저질러서 동네 사람들 보기가 부끄럽다"에서 보면 타인의 반응에 상관없이 스스로 그러한 감정을 느끼는 것이다. "이 얼굴을 가지고는 백주에는 나다니기가 스스로 부끄러울 것이다"(김동인, 〈광화사〉), "이방언은 대원군의 말을 듣고 보니 여태까지 자기 생각이 너무 좁았던 것 같아 좀 부끄러운 생각이 들기도 했다"(송기숙,《녹두장군》)에 쓰인 예도 모두 내면에서 생겨난 떳떳하지 못한 감정이다.

'부끄럽다'는 전형적으로 "스스러움을 느끼어 매우 수줍다"를 의미한다. "그녀는 남 앞에 나서는 것이 부끄러운지 옷고름만 만지작거리고 있었다"라든가 "신부가 부끄러워서 얼굴을 들지 못한다" 같은 예가 있다. 그러나 이에 대해서는 길게 논의하지 않겠다. 이 의미는 '창피하다'와는 아무런 교차점도 없기 때문이다.

'창피하다'의 사전적 풀이는 "체면이 깎이는 일이나 아니꼬운 일을 당하여 부끄럽다"라는 의미이다. 뜻을 풀이하면서 '부끄럽다'를 사용하고 있으므로 '부끄럽다'와 '창피하다'는 마치 부분집합 관계처럼 보인다. 부끄러운 이유가 '체면이 깎이는 일이나 아니꼬운 일을 당한 것'일 때 창피해지는 것처럼 설명되어 있다. 이러한 설명은 충분하지도 않고 정확하지도 않다. 다음 예문을 보자.

- 너는 동생하고 싸우는 것이 창피하지도 않니?
- 나는 그 사람에게 눈물을 보인 것이 무척 창피했다.
- 나는 부모님께 형편없는 성적표를 보여드리기가 창피하여 얼굴을 들 수 없었다.

이 문장들은 공통적으로 대상자와 관찰자의 관계를 암시하고 있다. 즉, 창피함은 타인에게 비친 당사자의 모습이 떳떳하지 못하거나 체면이 깎일 때 생기는 감정이다. "길에서 넘어져서 얼마나 창피했는지 모른다" 같은 표현은 넘어지는 모습을 다른 사람들이 보았을 때 적절한 것이다. 넘어지는 것을 본 사람이 아무도 없다면 그때는 창피함을 느낄 이유가 없다. "창피한 얘기지만 벌써 나는 가슴이

와들와들 떨리며 사랑에 빠지기 시작하였다"(이호철, 《소시민》)는 글을
읽거나 이야기를 듣는 사람에게 화자가 창피함을 느낀다는 말이다.
"여보게, 창피한 말이지만 나는 오늘 조반도 아직 못 먹었네"(김동인,
《운현궁의 봄》)에서는 듣는 사람에 대해 화자가 창피함을 느끼고 있다.

가난은 창피한 것인가, 부끄러운 것인가? 가난한 행색을 남에게
들킬 때는 창피한 것이고, 남들은 아무렇지도 않게 생각하는데 스
스로 가난한 것이 양심에 거리끼어 떳떳하지 못하다고 느끼면 부끄
러울 것이다. 그러니 "가난을 부끄러워하거나 창피해할 필요가 없
다" 같은 문장은 아무런 문제가 없다.

• 그동안 겨울잠을 자다가 이제 막 기지개를 펴고 하늘을 본다.
• 그는 두 팔을 하늘로 뻗쳐 기지개를 폈다.

언뜻 보면 자연스러운 문장이다. 틀린 곳을 잡아내라고 해도 쉽게 찾아낼 수 없을 만큼이나. 그러나 사실 "기지개를 펴고"라는 표현은 맞지 않는다. "기지개를 켜고"가 맞는 표현이다. 그런데 이런 실수는 일반인들 사이에서만 발견되는 것이 아니다. "오랫동안 희고 푹신한 이불을 덮고 겨울잠에 빠져 있었던 지리산이 그 큰 덩치를 조금씩 들먹거리며 기지개를 펴기 시작한 듯싶었다"(문순태,《피아골》)나 "열한 시가 넘도록 늦잠을 자고 일어난 나는 기지개를 쭉 펴면서 옆을 보았다"(황석영,《어둠의 자식들》)에서처럼 저명한 작가들도 이런 표현을 쓰는 것을 볼 수 있다. 이렇게 작가들도 종종 틀린 표현을 쓰는 것으로 보아 '기지개'라는 말은 이제 '펴다'라는 동사와 호응하기 시작했는지도 모르겠다.

'기지개'의 사전적 풀이는 "피곤할 때 몸을 쭉 펴고 팔다리를 뻗는 일"이다. 이미 기지개라는 말이 몸을 펴는 행동이므로 기지개를 또 '편다'는 말은 이상하지 않은가. 몸을 펴는 것이 기지개이므로 기지개는 켠다고 하는 것이 자연스럽다. 다음을 보자.

- 창권은 뒤틀어 기지개를 켜고 창장을 치밀고 밖을 내다본다(이태준,《농군》).
- 하품을 하며 다시 한 번 기지개를 켜고 그대로 길게 침대 위에 눕는다(유진오,《화상보》).
- 잠들었던 사자는 기지개를 켜고 늙은 용은 못 속에서 여의주를 껴안을 때가 되었다(박종화,《전야》).
- 기지개를 늘어지게 켜고 나서, 곧 여해 쪽을 향해 옆으로 누우며, 손으로 고개를 받쳐 들었다(현진건,《적도》).

접힌 것은 펼 수 있지만 어떤 동작이나 행위는 펴는 것이 아니라 켜는 것이다. 그러니까 날개를 펴거나 허리를 펴거나 오므린 손을 펼 수는 있다.

어려운 일은 힘이 든다
어렵다와 힘들다

- 경제 사정이 어려워져서 많은 사람이 힘들어한다.
- 경제 사정이 힘들어져서 많은 사람이 어려워한다.

두 번째 문장은 어쩐지 어색해 보인다. 아무런 문제를 느끼지 못하는 사람은 '어렵다'와 '힘들다'를 같은 의미로 사용하는 사람일 것이다. 이 문장이 부자연스럽다는 사람은 둘의 의미가 서로 다르다고 생각하는 사람일 것이다.

사전에서는 '힘들다'를 다음과 같이 설명하고 있다. (1) 힘이 쓰이는 면이 있다. (2) 어렵거나 곤란하다. (3) 마음이 쓰이거나 수고가 되는 면이 있다. 그런데 '힘들다'를 설명하면서 "어렵거나 곤란하다"라고 풀이하고 있기 때문에 두 말은 어느 정도 의미가 겹침을 알 수 있다. 또 '어렵다'는 이렇게 풀이하고 있다. (1) 하기가 까다로워 힘에 겹다. (2) 겪게 되는 곤란이나 시련이 많다. (3) 말이나 글이 이해하기에 까다롭다. '어렵다' 역시 "힘에 겹다"라는 의미가 '힘들다'와 혼동을 불러일으킬 소지가 있다.

그럼에도 '힘들다'와 '어렵다'는 분명한 의미 차이가 있다. '힘들다'는 물리적·정신적으로 힘이 필요한 상황에서 사용한다. 마치

'기쁘다'와 '즐겁다'의 경우처럼 방향성이 있다. 즉, 기쁜 것은 내부의 감정적 격발이고 즐거운 것은 외부로부터 감정적 자극이 오는 것처럼, 힘든 것은 내부의 힘을 사용해야 하는 것이고 어려운 것은 외부로부터 느껴지는 곤란함이다.

예를 들어보자. 수술은 '어려운 수술'인가 '힘든 수술'인가? 둘 다 맞다. 여러 가지 조건과 환자의 상태 등을 종합적으로 고려할 때 곤란한 수술이라면 그것은 '어려운 수술'이 될 것이다. 그러나 환자의 입장에서 고통이 뒤따르고 자꾸 문제가 생겨 견디기 어려운 수술이라면 '힘든 수술'이 될 것이다. 물론 의사의 입장에서도 고난도의 기술을 요하거나 환자의 특이체질로 문제가 발생할 수 있는 수술이어서 온 신경을 집중해서 집도해야 하는 수술이라면 '힘든 수술'이 될 것이다. 그러니까 '어렵다'와 '힘들다'는 시각의 차이가 있는 셈이다.

'힘들다'는 기본적으로 육체적이거나 물리적인 힘이 들어간다는 뜻이니까 몸을 놀리는 일에 대해서는 당연히 '힘들다'를 써야 한다. 이를테면 아이를 키우는 일은 매우 힘든 일인데, 하물며 쌍둥이를 키우는 일은 여간 힘든 일이 아니다. 아이를 키워보면 팔다리도 아프고 허리가 끊어질 것 같은 일도 생기고 뒤따라 다니느라 온몸이 녹초가 되기도 한다. 육체적으로 고된 노동을 할 때 주로 '힘들다'라고 말하는 것도 당연하다.

육체적 힘, 물리적 힘에서 정신적이고 추상적인 힘으로 의미가 확대될 수도 있다. "몸은 힘들지만 마음은 편하다"라는 말도 있지만 반대로 "몸은 편한데 정신적으로 힘들다"라는 말도 있다. 혹시 실직을 하거나 취직이 안 되어 집에서 빈둥거리게 되면 그때는 정말 몸은 편한데 정신적으로는 아주 힘든 상황이 된다. 실연을 당하거나 경영하던 회사가 부도난 사람이 "나 요즘 너무 힘들어"라고 말한다. 몸도 고단하고 정신적으로도 지쳤다는 말이다.

"왜 이렇게 어려워. 배우기가 너무 힘들잖아." 스마트 폰을 구입한 나이 지긋하신 분들이 자주 하는 불평이다. 어려운 것은 주어진 조건, 외부적 상황이고 힘든 것은 당사자의 대응력에 관한 말이다. 시험문제가 어려운 것, 수학이 어려운 것, 아랍어가 배우기 어려운 것, 어려운 가정 형편, 이해하기 어려운 소설 등은 모두 외부적 조건이나 상태에 대한 기술이다. 반면에 세상 살기가 힘들다든가, 홀몸으로 아이를 키우기가 어렵다든가, 야근이 힘들어 회사를 그만두었다든가 하는 것은 모두 내부적 힘을 사용하는 것에 대한 기술이다.

'힘들다'는 물리적이고 육체적인 힘을 사용하는 것이니까 다소 시간적 한계가 있고, 일회적일 수가 있고, 또 어디까지나 주체 혹은 화자의 상대적 개념이다. 이 점에서 '기쁘다'와 일맥상통한다. 반면에 '어렵다'는 외부적 상태이니까 대상의 고유한 속성이기도 하고, 지속적이며, 객체의 성질이다. 수학 문제가 어렵다는 것은 주어진 수학 문제의 속성에 대한 기술이다. 그런데 "어려운 수학 문제를 풀기가 힘들다"라고 하면 그것은 수학 문제에 관한 기술이 아니라 그 문제를 푸는 사람이 에너지를 많이 사용해야 한다는 말이니까 그 문제를 푸는 사람(혹은 주체)에 관한 기술이다. 아이들과 놀아주느라 땀을 뻘뻘 흘리며 지친 신출내기 유치원 교사는 "선생 노릇 하기가 힘들다"라고 할 것이다. 그런 장면을 보고 있던 나이 지긋한 고

참 선생은 "김 선생, 힘들지요? 원래 선생 노릇 하기가 어렵습니다"라고 할 것이다. 신참 교사는 자신이 겪은 구체적인 일에 대해 말한 것이고, 고참 교사는 일반적인 속성을 말한 것이다.

부자가 천국에 들어가는 것은 낙타가 바늘구멍에 들어가기보다 어렵다는 성경 구절이 있다. 부자가 천국 가는 일의 속성에 대해 개관적으로 기술한 문장이다. 천국에 들어가려는 그 부자는 아마도 이렇게 말하지 않았을까? "천국에 들어가기가 왜 이렇게 힘들지?"

'힘들다'는 그 말을 하는 화자나 주체의 관점에서 하는 말이고, '어렵다'는 대상의 본질적 속성에 대한 기술임을 명심하자. 그러니까 "명문 대학에 들어가기가 어렵다"라고 하면, 그것은 특정한 학생의 실력에 관한 언급이 아니라 명문 대학 입학에 관한 일반적이고 객관적인 언급이다. 한편 "명문 대학에 들어가기가 힘들다"라고 했다면, 그것은 이 문장의 화자 혹은 특정한 학생이 특정한 명문 대학에 들어가는 일이 쉽지 않다는 말이 된다. 그러니까 이 문장에서는 주어를 생략하는 것이 부자연스럽다. "너는 명문 대학 들어가기가 힘들겠어" 혹은 "철수는 명문 대학 들어가기가 힘들다" 식으로 말해야 자연스러워진다.

'어렵다'에는 "상대가 되는 사람이 거리감이 있어 행동하기가 조심스럽고 거북하다"라는 사전적 의미도 있다. "시아버지는 모시기가 어렵다", "선생님이 너무 어려워서 그 앞에서는 말도 제대로 못한다"라든가 "그 어려운 분한테 자기가 감히 그런 말을 할 수 있었다는 게 아씨에겐 더 믿기지가 않았다"(박완서, 《미망》) 같은 표현에서 이런 용법을 볼 수 있다. 그런데 이런 상황에서도 "시아버님 모시기가 힘들지?"라고 할 수도 있다. 그것은 말 그대로 듣는 이가 겪고 있을 육체적·정신적으로 힘이 드는 구체적 상황을 상정하고 하는 말이다.

어떤 경우에는 '힘들다'만 쓸 수 있고, 또 어떤 경우에는 '어렵다'만 쓸 수 있다. 그러나 대개의 경우 이 두 말을 모두 사용할 수 있는데, 그 경우에는 의미에 차이가 있음을 명심하자.

'어렵다'를 쓰는 경우를 더 살펴보자.

(1) 물속의 바위는 몸을 가누기가 어려울 정도로 미끄러웠다(안정효, 《하얀 전쟁》).

(2) 아내 혼자서 제사를 차리기는 어려울 일이었다(마해송, 《아름다운 새벽》).

(3) 나는 지금 대단히 어려운 입장에 처해 있다. 아무래도 서울 생활은 제게 무섭고 어려운 일이다(최인호, 《지구인》).

(4) 기왕에 서울까지 어려운 사정에 여비를 장만해서 올라왔으니 돈은 벌고 싶다(황석영, 《어둠의 자식들》).

(5) 웅보는 여전히 병석에 자리보전을 하고 있었는데, 의원의 말로는 여름을 넘기기가 어려울 것 같다고 하였다(문순태, 《타오르는 강》).

(6) 환국이 서울로 공부 간다는 말을 들었기에 가고 나면 당분간 보기 어려울 것 같아서 한번 보려고 왔다는 말도 했다(박경리, 《토지》).

벼는 익을수록 고개를 숙인다. 어디를 숙인 것일까? 사전에는 목의 뒷등이 되는 부분, 사람이나 동물의 목을 포함한 머리 부분이라고 풀이되어 있다. 고개를 숙인다는 말이 (남에게 승복하거나 아첨하거나 겸양하는 뜻으로) 머리를 수그리는 행동이라고 되어 있으니까 벼가 머리를 수그린다는 말일까? 벼에도 머리가 있다는 말인가? 말이란 글자 그대로 풀이하면 이렇게 서로 모순되는 경우가 많다. 모름지기 속담을 글자 그대로 풀이하는 것은 언어학에서 피해야 하는 일이다. 벼는 익을수록 고개를 숙인다는 말은 그냥 많이 알수록 겸손해야 한다는 도덕적 표현이다. 더 이상 벼에 머리가 있는지, 목의 뒷등이 있는지를 따질 수는 없는 노릇이다.

'고개'를 "목의 뒷등이 되는 부분" 혹은 "사람이나 동물의 목을 포함한 머리 부분"이라고 했으므로, 우리가 알 수 있는 한 가지 사실은 사람이나 동물에 대해 이 단어가 널리 쓰이리라는 점이다. 그리하여 고개를 흔든다는 말은 고개를 좌우로 움직여 부정이나 거절의 뜻을 나타내는 것이다. 또 고개를 꼰다거나 고개를 비튼다는 말은 이리저리 생각하면서 망설이느라 고개를 이리저리 돌리는 것을 가리키며 믿지 아니하고 의심하여 고개를 이리저리 돌린다는 것을 의미하기도 한다. 고개를 돌린다는 말은 어떤 사람이나 일이나 상황 따위를 외면한다는 것이다. 이 밖에 고개를 묻는다는 것은 활을 당길 때 화살 깃이 얼굴을 스칠 정도로 고개를 약간 앞으로 숙이는 물리적 행동을 가리킨다.

어떤 책에서는 상대의 권위나 능력에 굴복하는 태도를 취할 때는 머리가 아니라 고개를 숙인다고 해야 한다면서, 동시에 자신을 철저히 낮추고 무조건 용서를 빌 사안일 때는 머리 숙여 사과하는 것이 옳다고 말한다. 깊이 사과할 때는 머리를 숙여야 한다는 것이다. 헷갈린다. 굴복할 때는 고개를 숙이고 사과할 때는 머리를 숙이라? 사과하는 것이 굴복하는 것 아닌가?

이러한 오해는 고개와 머리를 너무 대립적으로만 보려는 데에서 생긴 것으로 보인다. 머리는 고개 위에 있으므로 고개를 숙인다는 말은 곧 머리를 숙인다는 것이다. 우리말은 직접적인 표현을 피하고 에둘러 표현하는 경우가 많다. 즉, 직접적으로 머리를 숙인다고 할 수도 있지만, 고개를 숙인다고 말함으로써 결과적으로 머리를 숙이는 것까지 포함하여 표현하는 것이다. 머리야말로 자존심이고 권위이고 능력의 표상이다.

자존심이 강한 사람이나 권위적인 사람이 머리를 빳빳하게 세우고 다니는 것은 동양이나 서양이나 마찬가지이다. 반대로 자존심이 구겨지고 권위나 능력도 없고 자신감을 상실한 사람은 당연히 머리를 축 늘어뜨릴 것이다. 고개를 숙이면 자연히 머리도 숙여지기 때문에 우리는 간접적으로, 에둘러 표현하여 고개를 숙인다고 하는 것이다. 고개만 숙이고 머리를 쳐들 수는 없지 않은가. 고개 숙인 남자란 기실 머리 숙인 남자라는 뜻이다. 머리를 조아린다는 말은 황송하여 이마가 바닥에 닿을 정도로 머리를 자꾸 숙인다는 뜻이다. 그러니까 결국 자존심은 머리와 관계된 것이지 고개와 관계된 것은 아니다. 고개는 머리를 움직이기 위한 중간 과정인 것이다. 고개를 조아린다는 말이 어색하다고 느끼는 사람은 반복적으로 숙이는 행동은 아무래도 고개 부분보다는 머리 부분이 더 확연하게 드러나기 때문이다.

"고개를 빳빳이 쳐들고 대드는 모양이 여간내기가 아닌 듯싶었다"라는 말은 결국 머리를 쳐들었다는 표현에 지나지 않는다. "그렇게 빳빳하게 굴더니 이제야 고개를 숙이는구나"를 보자. 고개를 숙이면 머리도 숙여진다. 그러나 그 정도를 보자면 "머리를 숙였다"라고 할 때보다는 덜 숙였을 수도 있다. 그렇기 때문에 머리를 숙였다는 말은 좀 더 복종이나 굴복에 가깝게 느껴지는 것이다. 머리를 숙이는 행동이 무조건적이고 본능적인 복종의 뜻이며 동물의 행동이라는 주장에는 동의할 수 없다.

그러면 왜 깊이 사과할 때는 머리를 숙이라는 주장이 나오게 되었을까? 고개를 숙이는 것보다 머리를 숙이는 것이 결과적으로 머리를 더 숙이게 되니까 더욱 낮은 데로 임할 때는 직접적으로 머리를 숙인다고 표현해야 하지 않을까 싶다.

푸틴이 중임 제한에 걸려 할 수 없이 총리로 내려앉고, 메드베데프가 형식상의 대통령이 되었다가 나중에 푸틴이 다시 대통령에 출마한다.

그러나 푸틴은 중임 제한에 걸린 것이 아니라 연임 제한에 걸린 것이다. 중임은 말 그대로 되풀이한다는 뜻이고, 연임은 연이어서 한다는 뜻이다. 중임 제한이 없고, 연임 제한만 있는 나라에서는 대통령을 연속해서 하지만 않으면 여러 번 하는 것이 허용된다. 중임 제한이 있는 나라에서는 연속으로 대통령을 하는 것도 금지되고 한 번 한 후 쉬었다가 다시 하는 것도 금지된다.

미국은 한 번에 한해 중임을 허용하기 때문에 대개 한 번의 연임이 가능하다. 미국 헌법은 대통령을 한 번 하고 쉬었다가 다시 대통령을 하는 것도 이론적으로 허용한다. 중임이 가능하므로. 실제로 시어도어 루스벨트(Theodore Roosevelt)는 1901년부터 1909년까지 대통령을 지냈고 1912년에 대통령 선거에 다시 출마하여 실패했다. 미국은 또 다른 루스벨트(Franklin D. Roosevelt) 대통령의 4선 연임을 처음이자 마지막으로 하고 이후 헌법을 개정하여 중임까지만 허용하고 있다.

블라디미르 푸틴은 2000년부터 2008년까지 러시아의 대통령을 지냈다. 이미 연임한 것이다. 그런데 러시아 헌법은 세 번 연임하는 것을 제한하기 때문에 한 번 쉬고 2008년부터 2012년까지 자신의 심복인 메드베데프를 대통령으로 세우고 자신은 그 밑에서 총리직을 수행하고 있다가 2012년 선거에 다시 출마함으로써 헌법의 세 번 연임 제한을 피한 것이다(원고를 준비하는 동안 푸틴은 실제로 대통령 선거에 출마하여 세 번째 임기를 시작했다). 그러니까 중임 제한이 아니고, 연임 제한도 아니고, 사실은 세 번 연임 제한이 정확한 것이다.

한 번 중임을 허용하면 두 가지 가능성이 있다. 한 번의 연임을 하거나, 아니면 한 번 대통령을 하고 쉬었다가 다시 한 번만 더 하는 것이다. 한 번이라는 단서 조항 없이 중임을 허용한다는 조항을 헌법에 넣을 필요가 있을까? 없다. 대통령을 여러 번 할 수 있다면 굳이 헌법에 그런 내용을 넣을 필요는 없을 것이다. 1회에 한하여 연임을 허용한다는 제한 조항은 헌법 조항으로서의 가치가 있다. 우리나라의 일부 정치가와 정치학자가 주장하는 것이기도 하다. 이런 제도에서는 말 그대로 딱 한 번 연속으로 대통령을 할 수 있을 것이다.

그런데 이런 제도에서 대통령을 한 번 하고 쉬었다가 나중에 다시 대통령을 할 수 있을까? 문자적으로는 불가능할 것 같다. 연속이 아니니까. 그러므로 이러한 취지를 살리려면 그냥 1회에 한해 중임을 허용한다고 하면 된다. 중임과 연임은 해와 달만큼이나 서로 다른 개념이다. 이를 혼동해서 사용함으로써 스스로의 품격을 떨어뜨릴 필요는 없겠다.

지금은 많은 사람이 도시에 살기 때문에 농촌 문화를 체험하기가 쉽지 않다. 농작물도 시장에서 구하고 고기도 정육점에서 살 뿐, 직접 닭을 잡거나 돼지를 도축하는 현장을 보기는 쉽지 않다. 어린 시절을 시골에서 보낸 필자는 명절이 되면 아버지가 닭 잡는 것을 봐야 했다. 비위가 약해서 시뻘건 닭의 피를 보고 나면 그날 저녁 닭고기를 먹지 못했다. 물론 닭 잡는 모습을 보지 않으면 아무 문제가 없었지만. 어머니는 그럴 때마다 비위가 그렇게 약해서 군대는 어찌 갈까 염려하시곤 했다.

비위가 무엇인지를 안 것은 아주 오랜 후였다. 비위(脾胃)는 지라와 위를 함께 부르는 말이다. 비위가 약한 사람은 "어떤 음식물이나 일에 대하여 먹고 싶거나 하고 싶은 마음"이 적을 수밖에 없고 "음식물을 삭여내거나 아니꼽고 싫은 것을 견디어내는 성미"가 약할 수밖에 없다. 나이가 들면 모든 일에 둔감해지니까, 비위도 강해지는 것 같다. 끔찍한 도살 장면만 보지 않는다면 아무리 붉은 피를 보아도 식탁에 올라온 닭고기나 쇠고기가 맛있는 것을 보면 비위, 즉 지라와 위의 민감성도 바뀌는 것 같다.

성인이 된 후에는 또 다른 비위가 있다는 사실을 알게 되었다. 비위(非違) 말이다. "허위 경력, 비위 사실 확인" 혹은 "비위 공직자의 의원면직에 관한 법률" 등 '비위'라는 단어를 너무나 자주 보게 되었다.

'비위'는 "법에 어긋남이나 그러한 일"을 가리킨다. 다시 말하면 위법이 '비위'인 것이다. "비위가 발각되다", "비위를 저지른 공무원이 파면되다"에 쓰인 '비위'는 법을 위반한 행위를 가리킨다. "그 학생은 더 참지 못하고 강단 위로 올라가 목사의 멱살을 잡고 끌어내리며 그의 비위를 폭로했습니다"(이문열, 《사람의 아들》)에서도 목사가 범법 행위를 저질렀음을 암시한다. 우리의 대통령 훈령 제143호는 "비위 공직자의 의원면직 처리 제한에 관한 규정"으로 1조에 "비위와 관련하여 형사사건으로 기소 중인 때" 의원면직이 된다고 정하고 있다. 형사사건으로 기소되는 것은 법을 위반한 경우이다. 그러니까 당연한 말이지만, '비위'는 법에 어긋나는 것을 의미한다.

'비리'의 사전적 의미는 "올바른 이치나 도리에서 어그러짐"이다. '비위'와 다른 점은 둘 다 나쁘지만 '비리'가 이치나 도리의 문제라는 것이다. '비위'가 실정법의 문제라면 '비리'는 도덕의 문제라는 차이가 있다.

그런데 "공직 비리 잇따라 적발" 혹은 "비리 의혹" 등과 같이 흔히 보는 표현을 보면 '비리' 역시 처벌의 경계선에 있음을 알 수 있다. '병역 비리'나 '납품 비리'를 저지른 자는 법의 처벌을 받을 수도 있다. 그러나 기본적으로 '비리'는 '부도덕'이나 '부정행위'에 가까운 일탈 행위를 가리킨다. 처벌의 수준으로 보자면 '비위'가 '비리'보다 더 심한 처벌을 받는다고 할 수도 있다.

‘비리’와 ‘비위’를 구별하기란 쉽지 않다. ‘비위 공직자’라는 말이나 ‘비리 공직자’라는 말이 둘 다 자주 쓰이기 때문이다. 신문을 보면 “간이 배 밖으로 나온 비리 공무원”, “비리 공무원 비호하는 도의원” 같은 구절이 나온다. 한 가지 구별 방법은, 규모의 측면에서 비위가 비리보다 더 크다는 것이다. ‘비위’는 법을 위반하는 수준이고, ‘비리’는 도덕과 규범을 위반하는 수준이라고 생각하면 된다.

발자국은 셀 수 없다
발자국과 발짝

- 난 착한 남편을 만났으니 벌써 성공에 한 발자국 들어간 것인가?
- 주어진 상황에서 한 발자국만 물러서서 바라보면 너 자신을 알게 된다.
- 한국은 그 가족주의 문화를 자신의 가족에서 한 발자국도 떼지 못했다.

이 문장들은 언뜻 보기에는 아주 자연스럽고 아무런 문제도 없어 보인다. 그런데 사전에 의하면 여기 쓰인 '발자국'은 '발짝'으로 써야 맞는다. 수량을 나타내는 말 뒤에 쓰여 발을 한 번 떼어놓는 걸음을 세는 단위는 '발자국'이 아니라 '발짝'이기 때문이다. 수량을 나타내는 말은 또 뭘까? '한, 두, 세, 열, 백, 여러' 따위의 말을 말한다. 이 문장들에서는 '한'이 수량을 나타내는 말이다.

'발자국'은 "발로 밟은 자리에 남은 모양"이다. 발로 밟은 자리에는 '발자국'이 남고, 손으로 누른 자리에는 손자국이 남을 것이며, 바퀴가 지나간 자리에는 바큇자국이 남을 것이다. 눈물 자국, 여드름 자국, 수술 자국, 상처 자국, 공룡 발자국처럼 남아 있는 흔적이 '자국'이다. "사냥꾼은 노루의 발자국을 따라 노루를 추격해 갔다", "깊은 밤 골목길은 사람의 발자국 하나 없는 하얀 눈길이었다"(한무숙, 〈어둠에 갇힌 불꽃들〉), "땅 위에 황소 발자국과 뒤섞여 외팔이의 고무신 신은 발자국이 찍혀 있었다"(전상국,《바람난 마을》) 같은 예문이 '발자국'의 쓰임을 잘 보여준다.

그런데 작가들도 가끔 '발자국'과 '발짝'을 혼동하는 것 같다. "다만 발자국을 옮기는 소리만이 사박사박 일어날 뿐이었다"(박종화,《임진왜란》)에 쓰인 '발자국'은 옮길 수 없는 것이다. 눈이나 길 위에 발을 밟아서 만들어진 흔적을 어떻게 옮기며 그것을 옮기는 소리가 사박사박 날 리가 없으니까. 여기서는 '발짝'이 맞는 표현이다. 이 밖에도 "밖으로 나오자 두어 발자국 걷더니 윤두명이 우뚝 서며 말했다"(이병주,《행복어 사전》), "벌써 축축하게 흐르는 물 때문에 땅이 미끄러워져서 여삼은 몇 발자국 가지 못하고 자빠져버렸다"(유현종,《들불》), "상혁이 문득 서너 발자국쯤 옮기다가 뒤쪽의 헌병 앞을 통과할 무렵 두 손을 잠깐 헌병에게 뻗는 듯했다"(홍성원,〈육이오〉)에서도 '발자국'이 잘못 쓰이고 있다.

한편 표준어규정에 의하면 '발자국'의 의미로 쓰는 '발자귀', '발자욱'은 옳은 표기가 아니다. "발을 한 번 떼어놓는 걸음을 세는 단위"가 '발짝'이다. 예를 들면 이렇다.

- 집이 한 발짝 한 발짝 가까워질수록 그의 마음은 불안해졌다. 대여섯 발짝 옮기다 말고 그는 갑자기 뒤돌아섰다(윤흥길,《완장》).
- 웅보는 한 발짝도 움직일 수가 없었다(문순태,《타오르는 강》).

그런데 같은 작가인데도 '발자국'과 '발짝'을 혼용하는 경우도 있다. 다음을 보자.

- 다시 몸을 왼편으로 꺾어 돌담을 따라 여남은 발자국 떨어진 곳까지 걸어온 지 서방은 돌담 가까이 해묵은 소나무 한 그루를 올려다본다(박경리,《토지》).
- 공 노인이 어둠을 향해 몇 발짝인가 걸었을 때 드르륵 현관문 여는 소리가 들렸다(박경리,《토지》).

자세히 보면 첫 문장에 쓰인 '발자국'은 말 그대로 발자국 여남은 개가 떨어진 거리를 나타내기 위해 쓰인 것이고, 두 번째 문장의 "몇 발짝인가 걸었을 때"는 걸음걸이의 수이니까 '발짝'을 쓴 것이다.

그렇지만 "형이 차를 세운 곳으로부터 열 발짝가량 떨어진 곳에 전에는 없었던 성모 마리아상이 서 있었다"(김용성,《도둑 일기》)는 박경리 식으로 쓰자면 "열 발자국가량 떨어진"이 되어야 하니까 결론적으로 작가들도 둘을 철저히 구분하지 않는다고 말할 수밖에 없다.

'발자국'은 한자로 '족적(足跡)'이라고 한다. "우리 민족의 족적을 돌아보다" 혹은 "그는 현대사에 큰 족적을 남겼다"라고 할 때의 '족

적’ 말이다. ‘발자국’이 주로 물리적이고 일차원적인 의미로 쓰인다면 ‘족적’은 추상적인 경우에도 사용된다. 이렇게 추상적인 의미로 쓰인 ‘족적’은 다시 우리말 ‘발자취’와 상응한다. ‘발자취’는 물리적인 흔적에도 사용될 수 있지만 추상적인 의미로도 사용된다. “거리에는 벌써 행인의 발자취가 끊기고 군데군데의 구멍가게는 문을 닫았다”(심훈, 《영원의 미소》)에서는 구체적이고 물리적인 흔적이라는 의미로 쓰였지만, “이 책은 그가 자신의 50년 인생의 발자취를 더듬어 쓴 것이다”에서는 추상적인 의미로 사용되었다. 그러니까 ‘발자취’라는 말은 “지나온 과거의 역정을 비유적으로 이르는 말”이라고 할 수 있다.

플래카드와 현수막

오래 안 써서 낯선 우리말 어휘가 참으로 많다. 현수막이라는 어휘도 그중 하나이다. 대학 캠퍼스에 여러 장 걸려 있는 학술 대회 선전 막을 현수막이라고 할 것 같은데 사실은 그렇지 않다. 선거철마다 골목길을 가로지르는 수많은 선전 막도 현수막이 아니다.

현수막은 선전 문구 따위를 써서 위에서 아래로 내려 드리운 선전 막을 가리키는 말이다. 가로로 거는 선전 막은 현수막이라고 하지 않고 '플래카드'라고 한다. 그러니까 대학가에 수없이 걸려 있는 가로 선전 막, 선거철마다 골목길을 장식하는 가로 선전 막은 모두 '플래카드'이고 '현수막'은 세로로 늘어뜨린 선전 막을 가리키는 것이다. 역시 한자를 이용하면 이해하기 쉽다. '현수(懸垂)'는 "아래로 매달려 드리워짐"이라는 뜻이다.

가로 선전 막을 지칭하는 한자가 없는 것을 보면 가로 선전 막은 비교적 최근의 현상으로 보인다. 게다가 가로 선전 막에 영어에서 유래된 '플래카드'라는 단어를 사용하는 것을 보면, 이러한 문화가 아마도 서양에서 유래했음을 짐작할 수 있다. 아닌 게 아니라 중국·한국·일본을 포함한 동양 사회에서는, 농악대에서도 볼 수 있듯이 선전 막이 세로로 되어 있는 경우가 많다.

플래카드의 사전적 풀이를 보면 "긴 천에 표어 따위를 적어 양쪽을 장대에 매어 높이 들거나 길 위에 달아놓은 표지물"이라고 되어 있고 영어로 'placard'라고 되어 있다. 그런데 서양에서는 우리가 대학 구내에서나 선거철에 보는 것과 같이 커다란 플래카드를 붙박이로 고정시켜놓는 일은 거의 없다. 이들은 주로 행진을 할 때 두 사람이 플래카드의 양쪽 끝을 잡고 걸어간다.

일부에서 플래카드를 '플랭카드'라고 쓰기도 하는데 이는 잘못 알고 있는 것이다. 이는 영어도 아니고 우리말도 아닌 국적 불명의 잘못된 표기이다. 플래카드가 비교적 최근에 영어에서 도입된 외래어이다 보니 사용자들이 혼란을 겪는 것 같다. 우리 사회에서는 '플랭카드'라는 잘못된 표현이 의외로 널리 사용되고 있다.

- 벌써 지난달 말 국회를 통과한 주택법 개정안을 환영하는 플랭카드가 걸려 있었다.
- 신호 대기 중 대로가 잘 보이는 쪽에 새로운 플랭카드가 걸려 있더군요.
- 투표 독려 플랭카드를 한번 만들어봤는데요.

'플랭카드'가 아니라 '플래카드'가 맞는 표기법이지만, 우리 국민 절대다수가 '플랭카드'라고 사용한다면 국어사전은 그에 따라 고쳐질 수밖에 없다. 그런데 아직은 '플래카드'가 맞는다는 의견이 더 세를 얻고 있는 것 같다.

이미 헷갈리는 분에게는 더 헷갈릴 수도 있겠지만, 플래카드와 유사한 말로 배너가 있다. 배너(banner)는 플래카드와 거의 유사하지만 고정시키기보다는 주로 가지고 다니는 플래카드라고 보면 된다.

- There were big banners hung around the campus.
  교내에 큰 플래카드들이 걸렸다.
- Demonstrators marched through the streets holding banners.
  시위대는 플래카드를 들고 거리를 행진했다.

요즘 우리 사회에서는 포털 사이트의 가로 광고를 주로 배너 광고라고 부른다. 이제 언중은 현수막, 플래카드, 배너의 세 가지 개념을 구분하든가 그중 하나를 대표로 사용해야 하는 선택의 기로에 서 있다.

자동차는 '차로'로 달린다
차선과 차로

원칙적으로 맞고 현실적으로 쓰지 않을 때는 어떻게 해야 할까? 원칙을 고집하는 사람을 보수주의자라고 하고, 현실을 따르는 사람을 자유주의자라고 한다. 현실주의자라고도 한다. 그런데 이유는 알 수 없지만 자유주의자라고 하면 왠지 멋있어 보이고 현실주의자라고 하면 어딘가 속되고 저급한 느낌이 든다. 언어생활에서도 마찬가지이다. 학교 교사가 다소 보수적이라면 청소년들은 엄청 진보적이다.

'차로'와 '차선'이 꼭 그런 경우이다. '차로'라고 써야 하는 대부분의 경우에 사람들은 '차선'이라는 말을 쓴다. 운전을 처음 배울 때 "좌회전 차선으로 붙어", "1차선에서 깜빡이를 켜고", "1차선은 주행차선이야", "차선을 자주 바꾸지 마라" 따위의 말을 수없이 듣게 된다. 이 문장들에서는 모두 '차선'이 아니라 '차로'가 맞는 표현이다. 그렇지만 어쩌랴. '차선'이라고 해도 아무도 이해를 못하거나 그것 때문에 사고를 내는 것도 아니니.

그래도 틀린 것은 틀린 것이니까 이야기를 계속해보자. 자동차가 달리는 곳은 '차선'이 아니라 '차로'이다. 자동차는 길로 다니고 '길'은 한자로 '로(路)'라고 하니까. '차선'은 1차로와 2차로 혹은 2차로와 3차로를 구분하는 선을 말한다.

‘차선’은 ‘차로’를 구분해주는 선으로, 여러 종류가 있다. 예를 들면, 흰색 실선은 차로 변경 금지 구역이고, 흰색 점선은 차로 변경 가능 지역이다. 흰색 실선으로 된 차선은 주로 다리 위, 터널 안, 교차로 부근에 있다.

또 ‘차선’이라는 말은 도로에 주행선이 몇 개인지를 나타낼 때 사용한다. 예를 들어 ‘편도 2차선 도로’라고 하면 차로가 두 개인 도로가 된다.

품격 있는
우리말 지킴이 1

광고인 박웅현

박웅현은 TBWA KOREA의 수석 크리에이티브 디렉터(ECD)로 칸 국제광고제, 아시아퍼시픽 광고제 심사위원을 맡기도 했다. 새로운 생각, 좋은 생각을 찾아 그것을 사람들과 함께 나누기를 좋아해 글도 열심히 쓰고 있다.

그의 머리에서 나온 대표적인 카피 또는 캠페인으로 "그녀의 자전거가 내 가슴속으로 들어왔다", "2등은 아무도 기억하지 않는다", "넥타이와 청바지는 평등하다", "나이는 숫자에 불과하다", "사람을 향합니다", SK 텔레콤의 "생활의 중심" 캠페인, 네이버의 "세상의 모든 지식" 캠페인 등이 있다.

흔히 광고라고 하면 튀는 아이디어와 눈을 확 끄는 강렬한 이미지로 승부해야 할 것이라고 생각하지만, 광고계의 전설이라고 불리는 박웅현은 《인문학으로 광고하다》라는 저서를 통해 광고의 가장 큰 무기는 인문학적 소양임을 말하고 있다. 우리가 잘 알고 있는 "진심이 짓는다", "사람을 향합니다" 등 그가 전하고자 하는 광고 카피는 확 튀진 않지만 사람들의 가슴을 오랫동안 따뜻하게 해준다.

광고는 수많은 이에게 말을 걸고 소통을 해야 하는 임무를 가지고 있고, 우리말의 정수를 뽑아내서 사람들의 마음을 움직여야 한다고 생각한다. 그래서 박웅현 CD에게 우리말에 대한 여러 가지를 묻고 싶었다.

먼저 박웅현은 어떻게 광고계에 입문했을까? 의외로 그는 어려서부터 나서는 것을 싫어해서 구석 자리가 자신의 자리였다고 말한다. 남들 앞에 서는 공포가 30대 중반까지 갔다고 한다.

"굉장히 큰 상을 받게 된 적이 있는데, 시상식에도 못 갔어요. 시상식을 호텔에서 하는데 걸어 나가는 그 2분이 두려워서 한 달 전부터 고민을 했죠. 당일 7시가 행사 시작인데, 4시부터 술을 마시고 결국 못 갔답니다. 직업상 프레젠테이션은 반드시 제가 직접 해야 하는데, 자신도 없고 두려워서 5년 차까지 제가 직접 진행해야 하는 프레젠테이션을 한 번도 제가 하지 않고 동료들에게 부탁해서 위기의 순간들을 모면했답니다. 그러다가 어느 순간 한계에 부딪혀서 첫 프레젠테이션을 했던 기억이 나네요. 다섯 명 정도 앉아 있는 회의실에서 하는 프레젠테이션이었는데, 타이핑을 하고, 외우고, 집사람 앞에서 연습해보고……. 더운 날이 아니었는데 온몸에 땀이 흠뻑 젖었던 기억이 새롭습니다."

남들 앞에서 말하는 것은 두려웠지만, 문장을 구성하는 것, 글쓰기는 어릴 때부터 좋아했다고 한다.

"문어의 단단함은 구어가 이길 수 없죠. 문어의 훈련이 되어 있는 사람은 구어로 돌아가기 용이하다고 생각해요. 언어는 생각의 집입니다. 내 생각이 남에게 나갈 수 있는 가장 효율적인 방법이 언어죠. 그런데 내 생각의 집을 완전히 다 지어서 던져야지, 완전히 짓지 않고 던지게 되면, 집 전체가 나가는 게 아니라 집의 재료만 흩어져서 나가는 꼴이 되기 십상이거든요. 광고주 앞에서 짧은 시간 안에 내가 생각하는 바를 명료하게 전달하지 않으면 기회는 날아갑니다. 그래서 중요한 말만 남기는데, 논리적 프레임을 그리는 작업, 이런 훈련을 20년 하다 보니, 정말 중요한 말을 담는 내성이 쌓인 거죠. 예를 들어, '진심이 짓는다', 한 줄이잖아요. 산문이 운문으로 바뀌고, 말하고자 하는 것이 원고지 1매가 안 나오게 되고, 글이 짧아지는 거죠. 여하튼 말하는 것이 직업상 매우 중요한데, 말하는 것을 두려워했던 저를 이기게 한 원동력, 계기는 바로 생업이었습니다. '더 이상은 피할 수 없다. 이 일을 그만두거나 얘길 해야 한다.' 그만두기에는 생업을 너무 사랑했던 거죠."

피할 수 없이, 프레젠테이션 하는 것을 각고의 노력 끝에 이겨낸 박 CD에게서 말을 하기 전 어떤 준비를 하는지에 대한 대답을 듣고 싶었다.

"저는 항상 생각합니다. 사람들의 마음을 어떻게 연화 작용을 시킬 것이냐? 머리를 두드려서는 들어가지 않아요. 가슴이 두드려져야 들어가니까요. 그래서 저는 이성적이기보다는 감성적인 것 같고요. '언어는 생각의 집'이죠. 그러니까 '소통'을 해야 하는데, 자신의 생각을 디자인하지 않으면 그 생각은 전달되지 않죠.

'생각의 데생!'이 필요하죠. 데생이란 구체적인 형체를 몇 개의 선으로 잡잖아요. 내가 전달하고자 하는 뜻을 머릿속에 데생 하지 않으면 정확히 전달되지 않죠. 머리에서 데생 한 작업이 언어로 튀어나오는 작업, 그런 훈련을 해야 해요. 그런데 우리나라 사람들은 이런 훈련이 거의 안 되어 있죠. 그러다 보니 주어 하나에 술어가 다섯 개가 나오는 거예요. 문어에는 거의 이런 실수가 없는데, 구어는 심하죠. 쉽게 말하면 운동선수들의 인터뷰를 보시면 돼요. '뭐, 어, 저희들이 열심히 하려고 했고, 어, 감독님이 기회를 주셨는데, 어, 글쎄요, 어, 꼭 이기겠다는 마음이 있었고, 어, 고맙습니다.' 지금 텔레비전 채널을 돌리면 이런 문장이 수도 없이 나오죠. 문장 구성 훈련이 안 되었어요.

과거에 우리나라 사람들은 말 잘하면 사기꾼이라고 했어요. 그런 사고방식이 여전히 존재하죠. 저는 우리나라의 이런 사고방식의 장점을 인정합니다. 우리 문화는 사색의 문화예요. 사색의 문화는 시가 발달해요. 그런데 영어 문화권은 사색이 아니라 토론 문화죠. 토론 문화는 레토릭이 발달하죠. 레토릭은 자신의 뜻을 더 설득적으로 전달하는 효과적인 수단이죠.

오늘날 사회생활을 할 때는 레토릭의 세계가 우리에게 필요하다고 생각해요. 레토릭의 세계는 철저히 훈련이 필요하거든요. 평소에 그 훈련이 되지 않으면, 우리나라 국회의 멱살잡이는 끝나지 않아요.

국회에서 멱살 잡는 게, 이 사람의 말과 내 말이 논리적으로 토론이 되지 않으니까 얘기하다가 화가 나는 거죠. '얻다 대고 반말이야? 너 몇 살이야? 이게 나잇살이나 처먹어가지고……' 하는 거예요. 말하고자 하는 문맥과 전혀 다른 거예요. 미국의 대통령 선거 토론을 보면, 무서워요. 총으로 쏴 죽이고 싶을 거 같죠. 그런데 그걸 말로 계속 싸워나가거든요. 이런 훈련을 어렸을 때부터 하기 때문에 가능한 거거든요."

박웅현 하면 떠오르는 독특하고도 개성 있는 캐릭터는 어떻게 탄생되었을까?

"의도적으로 만들려고 노력한 적도 없고, 노력한다고 만들어지지도 않을 것 같은데요? 제 자연스러운 모습, 사심 없는 진정성, 진심은 통한다는 모습이 타인으로 하여금 저를 각인시키는 과정이지 않았을까요?"

주변에서 우리말을 잘하는 사람으로 느낀 사람이 있다면 그 사람의 특징과 태도에 공통점이 있는지 물었다.

"글쎄요, 아나운서분들, 백지연, 박경철, 마동훈 교수, 저를 인터뷰하고 있는 오 교수를 포함해서 많죠! 이들은 우선, 아무래도 훈련을 많이 한 거죠. 이들의 공통점은 갖고 있는 생각이 많아요. 머리에 든 게 많은 거죠. 또, 머릿속에 정문 형식이 많이 쌓여 있는 거 같아요."

요즘 젊은 사람들의 언어 습관에 대해 어떻게 생각하는지를 물어보았다.

"젊은 사람들이 어떤 언어를 사용하는지, 그들의 언어 습관을 끊임없이 관찰할 수 있는 건 제 직업의 혜택인 것 같습니다. 전통은 신선한 감각이 올라올 때 존재하는 것이겠죠. 언어라는 건 집단의 습관일 뿐입니다. 그런데 요즘 애들, 예를 들어 '졸라' 이런 말을 입에 달고 살더군요. '졸라의 어원이 뭔지 아니? 이런 말 쓰고 싶니?' 했더니, 확실히 그 단어를 쓰는 빈도가 줄어들더라고요."

1. 말하기 전에 생각을 정리해라.

2. 듣는 사람이 어떤 상태인지를 역지사지해라.

초등학생인지 대학생인지, 나이대와 심리에 따라 이를 배려하지 않으면 소통이 일어나지 않아요. 초등학생에게는 초등학생이 듣고 싶은 얘길 해줘야 하고, 청년에게는 청년이 들어야 하는 얘길 해줘야겠죠.

3. 인상적인 문구를 기억해놓아라.

제 직업이 저를 힘들게 했지만, 짧은 시간에 효율적인 말을 하자는 일념이 저에게 말하는 방법에 대한 기술을 터득하게 해준 것 같습니다. 저의 프레젠테이션은 3분 내로 깊은 인상을 주지 않으면 기회를 그 자리에서 잃게 되거든요.

4. 남들 앞에 서서 이야기하는 순간이 왔을 때, '왜 이렇게 떨고 있지?'를 생각해보자.

잘해야 한다는 강박관념이 있는 게 분명합니다. '왜 잘해야 하지?' 하고 생각해보면, 별로 답이 없어요. 우리가 준비한 것을 말하면 되는 거죠. 내가 생각한 것을 정확히 말하면 된다고 편하게 마음먹는 게 필요한 것 같아요.

5. 마지막으로, 적어도 주술 일치만은 시키자.

예를 들어, 이런 문구를 많이 볼 수 있죠. "옆 사람에게 피해를 주는 행위는 법에 의해 처벌을 받게 되는 경우가 있습니다." 주술일치가 안 되는 거죠. 주어가 '행위'이고 술어가 '처벌을 받는다'인데, 그렇다면 어떤 행위를 투옥한다는 이야기가 되는 거죠. 이보다는 주어를 제대로 넣어서 "당신이 옆 사람에게 피해를 준다면, 법에 의해 처벌받을 수 있습니다"라고 바꾸면 훨씬 듣기 편하겠지요?

품격 있는
우리말 지킴이 2

배우 최송현

지금은 배우가 된 최송현, 그녀를 처음 소개받았을 때는 그녀가 아나운서를 열심히 준비하고 있던 대학교 4학년 시절이었던 것 같다. 방송사 아나운서 공채 시험을 보고 있다는 얘기를 들은 지 얼마 지나지 않아, KBS 아나운서로 입사했다는 경사스러운 소식도 바로 들을 수 있었다. 보통 언론 고시를 준비하면 재수, 삼수 하는 경우가 태반인데, 그녀는 재수 시절을 거치지 않고 바로 입사에 성공한 경우이다. 이후로 KBS 채널에서 그녀가 활동하는 모습을 어렵지 않게 볼 수 있었기에, 탄탄대로 아나운서 생활에 터를 닦아나가는 모습을 바라보던 나까지 매우 뿌듯할 정도였다.

그러던 어느 날 그녀는 아나운서를 그만두고 배우의 길을 선택했다. 지금은 MBC 일일 드라마에 캐스팅되어서 밤낮없이 촬영으로 바쁜 시간을 보내고 있지만, 이 바쁜 시간이 너무나도 즐겁다고 말하는 프로페셔널 배우가 된 것이다.

그녀가 KBS에 입사하자마자 두각을 나타내며 주목을 받았던 가장 큰 요인은 아마도 스스로 꿈꾸며 도전하는 모습이 눈에 띄었기 때문인 것 같다. '최송현' 하면 떠오르는 개성 있는 캐릭터가 존재한다. 그녀가 입사 초기에 맡았던 프로그램 중에 선배인 노현정 아나운서가 이끌던 〈상상플러스〉라는 프로그램이 있는데, 제일 기억에 남는 프로그램이다. '노현정'이라는 그 시대에 가장 잘나간다는 아나운서 선배가 잘 닦아놓은 프로그램이었고 백승주 아나운서가 그 바통을 잘 넘겨받았던 터라 후속 타자로 나선다는 것이 큰 부담이었을 텐데, 그녀는 그녀만이 소화해낼 수 있는 자신감과 도전 의식으로 자신의 색깔이 담긴 프로그램으로 만들어나갔다. 이러한 새로운 도전에 대해, 배우가 된 지금도 새로운 작품을 시작할 때나 새 프로그램의 진행을 맡게 될 때마다 많은 사람이 긍정적으로 생각해주고 겁내지 말라는 응원과 하고 싶은 것은 하라는 격려를 끊임없이 보내주는 것 같다.

그렇다면 배우 최송현은 원래 어려서부터 나서서 이야기하는 것을 좋아했을까?

"초등학교 내내 반장을 하며 친구들 앞에서 선생님 말씀을 전달하거나 선생님의 요청으로 친구들을 재밌게 해줄 수 있는 이야기를 종종 했던 것 같아요. 그냥 어린 시절부터 반 친구들 앞에서 말할 기회가 많았어요. 언변이 좋으신 부모님으로부터 좋은 재능을 물려받은 것 같기도 하고요"라는 대답이 돌아왔다. 재능도 재능이지만, 또 전직도 전직이지만, 옆에서 보기에 그녀는 지금도 많은 시청자 앞에 모습을 드러내야 하는 직업이기 때문에 바른 말을 쓰려고 노력하고 있다. 그녀는 아나운서가 되기 전에도 언론 고시를 통과하려고 우리말 공부를 게을리하지 않았지만, 여전히 우리말은 매우 어렵다는 데 공감한다.

재밌는 것은, 그녀는 대중 앞에 설 때뿐만이 아니라 평소에도 말하기 전에 늘 머리로 먼저 대화 내용을 그려보는 습관을 가지고 있다는 점이다. 예를 들어, 서비스 직종의 상담원과 전화 통화를 할 때도 전화번호를 누르기 전에 무슨 말부터 전개해야 하는지 미리 생각한다고 한다. 그냥 습관이라고는 하는데, 이런 습관이 지금의 최송현을 단련시킨 것이라는 생각이 든다. 매사에 어떻게 하면 더 효과적으로 예의를 갖춰서 서로 원하는 이야기를 나눌 수 있을지를 고민하면서 살아온 이런 습관은 아나운서로 입사해서 방송 생활을 하는 데에도 많은 도움이 되었을 것이다.

방송을 진행하다 보면, 사실 인터뷰이가 되어 당황스러운 질문을 받거나 인터뷰어로서 기대하지 못했던 인터뷰이의 대답을 들을 때가 많다. 이럴 때 어떻게 대처하느냐가 방송인으로서의 자질을 검증받을 절호의 순간이다. 적절한 대처를 해나가기가 정말 쉽지 않기 때문이다. 하지만 그녀는 다양한 대화 상황을 늘 생각하고 준비하면서, 반드시 똑같은 흐름은 아니더라도 적절히 응용해서 매끄럽게 그 상황에 대응할 수 있는 노력을 끊임없이 했다. 무엇보다 철저한 준비 과정을 거치면서 실수하지 않을 거라는 자신감을 가지려고 노력한 것이 실전에서 빛날 수 있는 가장 큰 무기였다고 말한다.

그녀는 발음과 표준어, 올바른 표기법이 헷갈릴 때, 그때그때 사전을 찾아본다. "서로 우리말 틀린 것 지적해주기"라며 대화를 한 적이 있는데, 그녀는 지적에 인색하다. 장시간 대화를 나누다 보면 분명히 잘못된 우리말을 발견할 만도 한데 말이다. 왠지 잘난 척하는 것 같고, 괜히 불편한 분위기를 만들기 싫다며 지적하지 않는다.

"스스로도 늘 바른 우리말을 사용하는 것도 아닌데 지적한다는 게 우습지 않아요? 저는 우리말이 헷갈릴 때마다 누구에게 묻는 것보다 스마트 폰으로 인터넷 사전을 찾는 편이에요. 도움이 많이 되더라고요. 그런데 저는 무엇보다도, 영어 철자 틀리는 것은 부끄러워하면서도 우리말 사용할 때 헷갈리는 단어는 거리낌 없이 바로 사용하는 사람이 너무 많은 것 같아서 안타까워요. 올바른 단어를 사용하는 것도 중요하지만, 확실하지 않은 우리말에 대해 사전을 찾아보려는 의지와 습관을 갖는 것이 우리말 가꾸기에 우선인 것 같아요. 관심과 애정은 늘 더 큰 발전을 가져오게 되니까요."

지적에는 인색하면서 그녀 자신의 언어 습관에는 꽤 철저하다. 잘못 튀어나오는 우리말을 바로잡으려고 일상에서 실천하는 실천형이다.

"친구와 문자를 주고받다가, 또는 인터넷 댓글에 잘못된 우리말이 발견되면, 바르게 고쳐서 대답해주는 방법을 곧잘 사용해요. 예를 들어 '몇 일 동안 안 보였어요'라는 문자에 대해 답신을 '며칠 동안 바빴어요'라고 보내요. 또 친구에게 '나 몸이 너무 안 좋다'라고 했더니 '빨리 낳아'라는 문자를 받은 적이 있는데, 이때 '빨리 나을게~^^'라고 대답한 기억이 나요. 미혼인 저에게 빨리 낳으라니!"

소심한 방법이라는 생각도 들었지만, 이것이 나름대로 긴장을 늦추지 않는 최송현식 우리말 가꾸기 방식이었다.

아나운서 시절에 우리말 가꾸기를 위해 노력한 것이 배우가 되어서도 도움이 되느냐는 질문에는 주저 없이 "당연하지요!"라고 말한다. "배우에게도 우리말 발음은 아주 중요한 문제예요. 대사를 정확히 전달하기 위해 올바른 발음은 필수 요소지요. 때론 캐릭터 때문에 일부러 틀린 말을 쓰거나 어설픈 발음을 사용하기도 하지만, 기본적으로는 발음과 내용 전달을 위해 적절한 끊어 읽기와 호흡이 중요합니다. 대본은 평소 내가 잘 사용하지 않는 말투나 어휘를 포함할 때가 많아요. 그럴 때면 그 말을 내 것으로 만들기 위해 끊임없이 소리 내어 읽고 또 읽습니다."

그러면 아나운서 시절만큼 배우가 되어서도 우리말에 신경을 쓰느냐는 질문에는 이렇게 대답했다.

"사실 KBS를 그만둔 이후로는 우리말 소재의 책을 따로 찾아보진 않았어요. 하지만 시집과 소설, 에세이 등 우리말로 쓰인 다양한 책을 많이 읽는 것은 어휘력 향상과 올바른 우리말 사용에 큰 도움이 돼죠. 저는 책 욕심이 많아서 시간이 날 때마다 읽는데, 소설·에세이·자기계발서 등 장르를 가리진 않습니다. 그리고 드라마 대본도 좋은 우리말 선생님이에요. 연세 있으신 작가 선생님들의 대본에는 저도 잘 모르는 귀한 우리말이나 좋은 고사성어가 종종 등장하거든요. 멋진 이야기 안에 소중한 우리말도 담아내니 대본을 읽으면서 감탄한답니다."

배우로 전향했지만, 그녀는 여전히 우리말과 긴밀한 인연을 맺으며 살고 있다.

최송현이 생각하는 말을 잘하기 위한 방법이 있다면 무엇인지 물어보았다.

"글쎄요, 어디를 가든 어려운 질문은 맨 마지막에 하시더라고요, 호호. 말을 잘하려면 먼저 말 잘하는 사람의 말을 자주 들어야 해요.

말 잘하는 사람은 올바른 발음, 풍부한 어휘, 청중을 집중하게 만드는 매력을 두루 갖춘 사람이거든요. 그들의 모습을 자주 보면서 익숙해지는 시간이 필요하죠. 그다음에는 따라 해보는 거예요. 머리로 생각하는 말은 글쓰기에는 도움이 되지만, 실제 말하기 실력을 높이는 데에는 한계가 있더라고요. 입 밖으로 소리를 내어 책, 뉴스 기사 등을 읽거나 말 잘하는 사람들의 말을 따라 하는 연습이 유창한 말하기에 큰 도움이 됩니다. 그 후에는 자신이 직접 작성한 원고로 말하기 연습을 해보는 거죠. 지겹게 연습해서 보지 않고도 술술 이야기할 정도가 되면, 말하기에 자신감이 생기는 걸 느낄 수 있을 거예요.”

말 잘하는 그녀도 우리말 관련한 실수가 있었다고 한다.

“얼마 전 인터뷰에서 저도 모르게 ‘유도리 있게’라는 표현을 해버렸습니다. 평소 언어 습관이 은연중에 나타날 수 있다는 좋은 예죠. 융통성이라는 단어를 기억해내지 못해서 순간적으로 저도 모르게 뱉어낸 것 같아요. 애써 태연한 척했지만 사실 지금도 계속 그때 그 순간이 신경 쓰이네요, 하하하!”

그녀는 여전히 이금희 아나운서의 라디오 프로그램을 즐겨 듣는다고 한다.

“이금희 선배님의 우리말은 참 따뜻하고 아름다워요. 사실 정확한 발음을 가진 사람들은 종종 차갑고 정 없는 이미지로 낯설게 느껴질 수도 있는데, 이금희 선배님의 우리말은 부드럽고 온화하면서도 정확하거든요. 장단음이 살아 있어서 듣기 편하고 좋은 음성을 가지셨기 때문이지만, 그 외에도 무언가 더 특별한 비밀이 있을 것 같아요. 아마도 따뜻한 인품이 말에 드러나는 것 같아요."

아, 따뜻한 인품이 말에도 녹아 나온다는 그녀의 말이 계속 머리에 맴돈다. 어쩌면 우리말을 품격 있게 한다는 것은 따뜻한 마음에서 우러나오는 결정체가 아닐까 생각해본다.

■ 품격 있는 우리말을 사용하기 위한 도움말

"젊은 세대의 젊은 감각을 표현할 수 있는 다양한 신조어가 생겨나는 것은 재밌는 현상이에요. 처음 듣는 말이지만 그 단어를 들으면 기존의 단어가 가지지 못했던 독특한 개성을 담고 있는 것 같아 저도 동화되어 사용하기도 합니다. 언어는 고정되어 머무르는 것이 아니라 시대와 환경에 따라 변화하는 것이기 때문에 어른들의 말과 다르다고 해서 나쁜 언어라고 평가할 수는 없지요.

최종규 선생님의 2011년 작《10대와 통하는 우리말 바로쓰기》를 보면, 저자는 청소년들에게 '외계어'나 '통신체'를 쓴다고 나무라는 어른들이 정작 스스로는 일본 한자어나 일본 말투, 서양 번역 투나 영어를 사용한다고 지적합니다. 일상생활에서 잘못 사용되는 우리말을 돌아보고 우리말을 아끼는 것이 나 자신을 아끼는 것이라고 강조하고 있답니다. 젊은 세대나 기성세대나 바른 말을 사용하려는 노력은 끊임없이 해야 하지 않을까요?"

품격 있는
우리말 지킴이 3

전(前) 외교통상부 장관 김성환

김성환 장관은 오스트리아 대사, 외교통상부 제2차관, 대통령실 외교안보수석비서관을 거쳐 제36대 외교통상부 수장으로, 외교통상부를 이끌었다. 어디서 많이 본 듯한 좋은 인상인데, 생각해보니 원로 배우 김성원과 무척 닮았다.

어느 날 외교통상부에서 기획한 장관과 시민의 성역 없는 신년 대담회의 진행자로 나서달라는 요청을 받고 그를 만났다. 대한민국 정부 역사상 처음으로 불특정 다수의 시민과 장관이 실시간 소통하는 장을 마련한다는 취지였다. 흔쾌히 제안을 받아들이고 늦은 저녁 시간에 모인 리허설에서 캐주얼한 점퍼 차림의 김성환 장관을 만났다.

그는 한중 정상회담을 수행하고 중국에서 귀국하자마자 잡힌 이 일정으로 신경이 많이 쓰일 만도 했지만, 어떤 질문이 나와도 미소를 띠며 편안하고 여유 있는 모습을 보였다. 민감한 질문에는 잠깐 미소를 멈추고 시민들과의 소통을 이끌어내는 언어 전략가다운 모습도 인상 깊었다. 사실 정부 역사상 한 번도 시도해보지 않았던 이런 일을 시민들과 '소통'하겠다는 일념으로 도전하는 외교통상부의 모습도 높이 살 만했다. 이 대담을 통해 김성환 장관에게서 소통하는 법, 도전하는 법, 여유로워지는 법을 배울 수 있었다. 그래서 이를 독자들과도 소통하고 싶은 마음에 '우리말을 잘하는 방법'에 대한 인터뷰를 요청하게 되었다.

장관실에 정식으로 인터뷰 절차를 밟을 당시 외교통상부는 국가적으로 긴박하고 미묘한 사안이 산적해 있던 터라 인터뷰 요청을 거절하면 어떻게 할까 걱정이 앞섰던 것도 사실이다. 하지만 역시 기대를 저버리지 않을 만한 정보를 받을 수 있었다.

김성환 장관에게 제일 먼저 궁금했던 것은 어려서부터 외교관을 꿈꾸었는지, 타고난 말재주가 있었는지에 대한 내용이었다.

"말을 잘한다고 평가해주시니 고맙습니다. 아직도 정확한 메시지를 전달하기 위해 노력하고 있는걸요. 직업상 메시지를 간결하고 설득력 있게 전달하기 위해 평소 생각도 많이 하고 좋은 글도 꾸준히 참고하고 있지요. 영어로 우리 입장을 효과적으로 표현하려고 노력하는 과정에서 자연스럽게 핵심 메시지나 전달 방식 등에 대해서도 많이 생각하게 되는 것 같습니다."

역시 외교관다운 답변이 돌아왔다. 장관이라는 자리는 여러 가지 바쁜 일정을 소화해야 하는 관계로, 따로 시간을 정해놓고 우리말을 공부하기는 어려울 것이다. 하지만 그는 특별히 시간이 날 때마다 다양한 책과 신문을 읽고 좋은 표현과 글귀를 기록하는 습관을 갖고 있었다. 이렇게 기록된 메모가 우리말을 표현하는 데에 직간접적으로 많은 도움이 된다고 한다.

"특히 우리 옛말 중에 선인들의 지혜가 담긴 좋은 글이 많아서 더욱 관심을 가지고 읽고 있습니다. 고사성어도 언어생활뿐 아니라 선인들의 지혜를 배울 수 있다는 점에서 좋은 참고가 되지요. 저의 경우는 우리말을 특별히 공부할 시간을 만들기보다는 주변에서, 예를 들어 우리말을 인상 깊게 잘하시는 유홍준 전 문화재청장님의 말씀을 듣거나《나의 문화유산 답사기》에 수록된 글을 자주 접하려고 합니다. 그런 글을 접하다 보면 우리 역사와 문화에 대한 깊은 열정과 사랑을 느낄 수 있답니다. 좋은 말과 글은 유려한 표현과 함께 해박한 지식과 경험, 지혜가 녹아들어 있어야 한다고 생각해요. 최근에 발간된 책 중에,《셰익스피어와 함께 읽는 채근담》(이병국·이태주 공저, 2012)과《영어로 배우는 논어》(서지문, 2001)가 있습니다. 동양의 대표적인 고전을 우리말과 영어로 풀어낸 책인데 동양적 사고와 의미를 두 개의 언어로 현대적 의미에 맞게 해석하고 있어, 우리말뿐 아니라 영어를 공부하는 데에도 도움이 될 것으로 봅니다. 우리말과 관련된 책으로는 서한 문집이나 연설문들을 수시로 읽고 있습니다.

품격 있는 우리말을 쓰시는 분이라면, 저는 과거 동아방송 아나운서를 하셨던 전영우 씨가 생각나는데 장단 모음까지도 정확히 발음하면서 품위 있는 우리말을 구사하시는 분이죠. 과거 아나운서 시절에 방송을 통해 나오는 부드럽고 차분한 음성과 호소력 있는 표현이 많은 사람의 마음을 끌었던 것 같습니다."

장관과의 신년 대담은 '국민들과 함께하는 대담'이 콘셉트였다. 다시 말해, 예상된 질문보다 실시간으로 올라오는 질문에 임기응변으로 대답을 해주어야 하는 상황이었다. 이러한 SNS 생방송은 정부 부처 중에서는 처음 시도하는 일인데, 이를 기획한 취지가 궁금했다.

"장관님께서는 한중 정상회담을 수행하시고 어제 오후에 중국에서 귀국하셨는데, 이번 한중 양국 정상은 언론 발표문을 통해 한중 양측이 미래지향적 '한중 전략적 협력 동반자 관계'를 더욱 충실히 할 것을 확인했다고 들었습니다. 미래지향적 한중 관계를 충실히 한다는 말이 막연하게 느껴지는데, 구체적으로 무엇을 의미합니까?"

이런 첫 질문에서부터, 김성환 장관의 답변을 듣다가 의문 나는 점 혹은 외교통상부에 바라는 점 등을 누구든지 트위터와 페이스북으로 질문할 수 있도록 소통 창구를 열어놓은 것이다. 어떤 질문에도 전혀 흔들림 없이 차분하게 시민들을 이해시키려는 김성환 장관의 대답을 들을 수 있었다. 그는 대답하기 전에 어떤 준비를 하는 것일까 하는 의문이 생겼다.

"저는 연설이나 글을 준비할 때 사전에 전달할 핵심 메시지와 이를 효과적으로 표현하기 위한 글의 구성 방식에 대해 많이 고민합니다. 청중과 독자의 시각에서 어떤 방식으로 어떤 메시지를 전달하는 것이 좋을지에 대해 많은 시간을 할애하고 있습니다. 특히 가능한 한 말을 쉽게 하고 복잡한 개념을 단순화하려고 노력합니다. 듣는 이들의 관심과 생각을 전제로 말을 하거나 글을 준비하다 보면 종종 이전에 생각하지 못했던 새로운 시각으로 문제를 접근해보는 기회를 갖게 되기도 합니다. 그래서 가능하면 다양한 분야, 다양한 세대의 사람들과 소통하는 기회를 가지려고 노력하고 있습니다. 외교 활동을 하는 가운데에서는 주로 영어를 사용하다 보니 외국어를 통해 우리의 메시지를 정확하게 전달하는 것에 많은 관심을 기울입니다. 우리말을 영어로 효과적으로 표현하려고 노력하고 있으며, 이런 과정은 외국어를 우리말로 잘 표현하는 데에도 도움이 되고, 일면 우리말을 품격 있게 가꾸어나가는 데에도 도움이 된다고 생각합니다.”

김성환 장관은 평소에 무협 소설을 즐겨 읽는다고 한다. 워낙 책 읽기를 즐긴다는 소문이 나서 그런지, 최근에는 주위의 많은 분이 좋은 책을 너무 많이 보내주어서 아직도 읽지 못한 책이 서재에 쌓이고 있다며 아쉬워한다. 학창 시절에 즐겨 보았던 무협 소설을 요즘도 짬이 날 때 들춰 보고, 다양한 소설과 함께 인문학 서적도 가까이한다. 특히 인문학 서적은 인류의 지혜와 고민이 담겨 있는 책들이라며, 이런 서적을 가까이하다 보면 행정을 살피는 데 있어서도 많은 도움이 된다는 지론이다.

김성환 장관과 신년 대담을 마치고 우리는 오찬을 함께했다. 식사를 하면서도 함께 대담을 했던 하영선 교수와 필자를 비롯해 오찬에 함께 배석한 분들과 끊임없이 우리 문화, 우리 전통, 우리 외교 등에 대해 토론했다. 김성환 장관은 하영선 교수의 최근 저서 《역사 속의 젊은 그들》을 읽은 후 많은 생각에 잠겼다고 했다. 박지원, 정약용 등 19세기 젊은 선각자들의 외교적 고민이 잘 담긴 이 책의 마지막 장에는 ‘탈냉전’에서 ‘복합’으로 21세기 외교 환경의 변화와 함께 복합파의 연구를 소개하고 있는데, 김성환 장관은 취임사에서도 줄곧 복합 외교를 강조해온 주인공이다.

결국 김성환 장관에게서 나오는 언변의 카리스마는 바로 ‘학구적인 마인드’라는 결론에 도달했다. 어쩌면 일반 시민들이 소화하기에는 버겁고 어려운 외교통상부의 행정 업무에 대해 이야기를 하면 서도, 보통의 아저씨가 일상의 이야기를 해주는 것처럼 쉽고 명쾌 하게 다가오는 이유는 바로 그의 깊게 생각하고 깊게 파고드는 학 구적인 저력에서 뿜어져 나오는 것이었다. 장기간 쌓인 학구적인 마인드에서 나오는 언변은 단기간에 남들이 쉽게 따라 하기는 어려 운 아우라일 것이라는 생각이 든다. 종종 외국의 저명한 학자들이 말할 때 다소 서툴고 어눌한 언변으로 대화를 이끌고 있음에도 그 말에 100퍼센트 공감할 수 있는 것처럼, 김성환 장관에게서도 이와 비슷한 힘을 느꼈다. 말을 잘하는 방법? 어렵지만 매일의 학구적이 고 진취적인 습관이 결국 그 사람의 말하는 방법을 결정짓는 것이 아닐까.

"우리말은 호칭이 제일 어려운 것 같습니다. 아직도 저는 우리말 의 높임말 중에서 특히 호칭과 관련된 말은 가끔씩 실수를 하는 경 우가 있습니다. 그래서 글쓰기나 말을 할 때 이 부분에서 실수하지 않으려고 긴장을 늦추지 않는 편이고, 좀 더 세심한 주의를 기울이 려고 노력한답니다. 또, 제 직업상 영어로 메시지를 전달하는 데에 도 신경을 쓰다 보니 우리말을 할 때 영어를 섞어서 말하는 경우가 종종 있는 것 같습니다. 어찌 보면 직업병이라고도 할 수 있을 텐데 요. 가급적 영어를 쓰지 않고 우리말을 효과적으로 표현하려고 노 력하고 있습니다."

"아직도 부족한 점이 많고, 사실 저의 말과 글도 여전히 발전해가는 진행형이라고 할 수 있겠지요. 다만 후배들이 저와 같은 시행착오를 덜 겪도록 한다는 차원에서 말씀드리자면, 폭넓게 독서하고, 꾸준히 생각하고, 연습하라는 것입니다. "Practice makes perfect." 효과적인 메시지 전달은 글과 말을 불문하고 오랜 연습과 경험 없이는 불가능하다고 봅니다."

2장

잘못 사용하면
치명적으로 틀리는 말

과도한 높임은 공손함이 아니다
사랑하는과 사랑하시는

"사랑하시는 하나님, 오늘도 우리에게……."

자주 들을 수 있는 말이다. 국어학자가 보기에 이 문장은 과도한 경어법이 아니라 틀린 어법이다. '사랑하다'의 주체는 말하는 사람이고, 하나님은 그 사랑의 대상이기 때문에 올바른 표현은 "사랑하는 하나님"이 되어야 한다. 혹시 우리에 대한 하나님의 사랑이라면 목적어를 써서 "우리를 사랑하시는 하나님"이라고 해야 할 것이다.

실제로 필자가 다니는 교회의 목사님도 "사랑하시는 하나님"을 참으로 자주 쓰신다. 그뿐만이 아니다. "사랑하시는 성도 여러분"도 자주 사용하신다. 이 말은 분명 목사님이 성도들을 사랑한다는 뜻이므로 "(내가) 사랑하는 성도 여러분"이 되어야 할 것인데 말이다. 어쩌면 '사랑하시는'이 목사님의 마음속 어휘 사전에 하나의 항목으로 굳어진 것이 아닐까 하는 생각이 들 정도였다.

존칭 어미 '-시-'를 과도하게 사용하는 것은 목사뿐 아니라 우리 사회 여러 분야에서 나타나는 현상이다. 어떤 교수님도 자신을 지칭하면서 말할 때도 늘 '-시-'를 덧붙여서 그 말을 들을 때마다 많은 생각을 하게 한다.

존칭 어미를 과도하게 사용하는 것은 과도한 존경의 의미를 전하는 경우에는 그래도 괜찮을 것이다. 그러나 혹시 경어법을 잘못 사용하여 상대방을 높이고 자신을 낮추는 것이 아니라 반대로 상대방을 낮추고 자신을 높이는 결과를 초래한다면 그야말로 잘못된 일다. 백화점이나 이발소 같은 서비스 업종에 종사하는 직원의 경우를 생각해보자. 자신을 주어로 하는 문장에서 존칭 어미 '-시-'를 남발한다면 이 직원은 품격이 떨어지는 것을 넘어 우리말 실력이 형편없거나 이상한 사람으로 오해받을 것이다. 백화점의 직원이 고객이 찾는 옷을 보여주면서 "제가 갖다 드리시겠습니다"라고 말한다면, 참으로 난감한 상황이 아닐 수 없다. 물론 "제가 꺼내 드리겠습니다"가 맞다. 이러한 상황을 겪으면서 우리말에 대해, 그리고 우리말의 변해가는 모습에 대해 생각하게 된다.

이와 반대로 자신을 과도하게 낮추어서 상대에게 공손함을 표하고자 하는 경우도 있다. 바로 '저희 나라'라고 하는 경우이다. 학생들에게서 "저희 나라에서 계속 공부하고 나중에 학생들을 가르치는 훌륭한 선생님이 되어서……" 같은 표현을 흔히 들을 수 있다. 그런 학생에게 간혹 묻는다. 저희 나라가 어느 나라냐고. 물론 한국이라고 대답한다.

안타깝게도 이런 표현을 심심치 않게 본다. 우리나라와 저희 나라, 우리 학교와 저희 학교, 우리 반과 저희 반……. 물론 '저희'는 '우리'를 좀 더 낮추어 말하는 것으로, 말하는 사람의 공손한 태도를 엿볼 수 있게 해주는 말이다.

그런데 대화에 참여한 모든 사람이 한국인인데, 한국을 지칭하면서 '저희 나라'라고 하면 갑자기 참여자들이 두 집단으로 분리된다. 말하자면 '저희 나라'와 '너희 나라'로 구분되는 것이다.

공손함을 위해 부정확한 단어를 사용할 수는 없다. '저희'라는 단어는 상대방, 즉 청자 집단과 구별되는 화자 집단을 공손하게 표현하는 데 사용된다. 그러니까 상대방을 포함하는 일인칭 복수는 '우리'이고 우리를 스스로 겸손하게 낮추는 것은 경어법 사용 상황이 아니기 때문에 불필요할 뿐 아니라 잘못된 것이다. '저희 나라'라는 단어가 특히 잘못된 것은 이런 대화가 언제나 같은 나라 사람들 사이에서 벌어지기 때문이다. 말하는 사람도 듣는 사람도 같은 나라 사람인데, 말하는 사람이 '저희 나라'라고 하면 듣는 사람은 다른 나라 사람이 되어야 하는데 그렇지 않으니까, 잘못 되었다는 것이다. 겸손함은 좋지만, 지나치게 겸손한 결과 우리말을 제대로 사용하지 못하는 것을 드러낼 뿐 아니라 비굴하게 보이기까지 한다면 안 될 것이다. 품격을 높이는 것도 중요하지만, 지나치게 낮아져서 비굴해지는 것은 피해야 한다.

충돌과 추돌

"아, 미치겠네. 이번엔 추돌 사고가 났어요."

"충돌 사고라고요?"

"아니요, 추돌 사고요."

얼마 전에 추돌 사고가 난 친구와 나눈 대화이다. 친구는 경황이 없을 텐데도 충돌 사고가 아니라 추돌 사고라고 설명해주었다. 충돌 사고는 앞에서 부딪치는 사고이고, 추돌 사고는 뒤에서 와서 부딪치는 사고라는 것이다. 즉, 본인의 잘못이 아니라 뒤에서 다른 차가 와서 부딪친 것이다. 추돌과 충돌을 잘못 바꾸어 쓰면 듣는 사람에게는 정반대의 상상을 불러일으킨다. 특히나 사고를 전하는 기자나 아나운서가 이를 혼동하여 사용했다면, 시청자들은 완전히 다르게 이해할 것이다.

뒤에서 달려와 앞지른다는 의미의 추월(追越)에서 보듯이, 추돌(追突)의 '추(追)'는 '밀다'라는 뜻을 가진다. 그러니까 추돌은 도로의 같은 방향에서 뒤에서 오던 차가 앞서 가는 차의 꽁무니에 와서 부딪치는 것이다. 사전에서도 추돌을 "자동차나 기차 따위가 뒤에서 들이받음"이라고 풀이한다. 그러니까 "앞차와 추돌하다"는 말이 되지만, 뒤차와 추돌하거나 마주 오는 차와 추돌할 수는 없다.

3중 추돌 사고라면 차 세 대가 앞으로 밀려와서 연쇄적으로 부딪치는 사고이다. 고속도로에서 안전거리를 유지해야 하는 이유가 바로 이런 추돌 사고의 위험 때문이다. 반면에 충돌은 두 물건이 정면으로 부딪치는 것이다. 충돌 사고는 마주 오는 차가 부딪치는 것이니까 중앙선을 침범해서 역방향으로 오는 차가 저지르게 된다.

- 급정차나 급가속은 추돌 사고를 일으킬 수 있으므로 삼가야 한다.
- 승용차가 트럭을 뒤늦게 발견하고 급제동하였으나 미치지 못하여 추돌 사고가 났다.
- 김 씨 부부는 지난 1995년 12월 아들의 친구 한 모 씨가 아들 소유의 차를 운전하다 추돌 사고를 내는 바람에 아들과 한 씨, 여자 동승객 2명 등 모두 4명이 숨진 뒤 지난 6월 동승객들의 가족이 김 씨 부부와 한 씨의 부모를 상대로 각각 1억 2천만 원씩을 요구하는 연대 손해 배상 청구 소송을 제기하자 지난해 11월 14일 위헌 심판 제청 신청을 제기했다(《매일경제》, 1997. 1. 29.).
- 우회전하던 차가 직진하던 차를 추돌하는 사고가 발생했다.

충돌은 "서로 맞부딪치거나 맞섬" 혹은 "움직이는 두 물체가 접촉하여 짧은 시간 내에 서로 힘을 미침, 또는 그런 현상"을 말한다.

- 시위대와 경찰의 격렬한 충돌로 많은 사람이 다쳤다.
- 친구 사이에 반감이 생기면서 마침내 충돌을 일으켰다.

• 쓸데없는 충돌을 피하기 위하여 자세를 누그러뜨렸다.

• 지지 군중 사이의 충돌과 적대감은 정치 집단 일반에 대한 민중의 통
  제력을 없애버린다(이문열,《시대와의 불화》).

• 가두 충돌까지 있었다는 소문이 설창까지 흘러들어 왔었다(김원일,《불
  의 제전》).

• 첩자의 보고에 의지하면 간간 의견의 충돌도 있는 모양이었다(김동인,
  〈대수양〉).

"부장님, 결제 부탁드립니다."

메모를 남긴 직원을 불렀더니 마침 자리를 비우고 없었다. 참으로 의아한 일이었다. 내가 외상값을 갚지 않은 게 있나? 아니면 부서에서 물건이라도 산 것인가? 할 수 없이 그 직원에게 전화를 걸었더니 내용인즉 '전자 결재'를 부탁한다는 것이었다. 당장 컴퓨터를 켜고 전자 결재를 해줄 수 있는 참으로 편한 세상이다. 집에서든 연구실에서든 길거리에서든 컴퓨터 장치만 있으면 업무를 볼 수 있으니까. 때와 장소에 제약을 받지 않는 시대가 된 것이다. 아니, 이런 것 때문에 일부러 컴퓨터를 멀리하는 반문명주의자도 있기는 하다.

결재를 하고 나니까, '아니 그러면 결재라고 썼어야지' 하는 생각이 들었다. '결제(決濟)'는 카드 결제처럼 밀린 돈을 청산하는 것이고, '결재(決裁)'는 서류에 서명하는 것인데. 국어사전에 의하면, '결재'는 "결정할 권한이 있는 상관이 부하가 제출한 안건을 검토하여 허가하거나 승인"하는 것이고, '결제'는 "일을 처리하여 끝을 내는 것" 또는 "대금을 주고받아 매매 당사자 사이의 거래 관계를 끝맺는 것"을 의미한다. 그러므로 다음과 같은 예문이 가능한 것이다.

• 물품 대금은 나중에 예치금에서 자동으로 결제된다.

• 만기어음을 결제하지 못하면 부도로 처리된다.

• 그는 물품 대금을 언제나 신용카드로 결제했다.

• 월급에서 카드 결제할 것을 빼고 나니 남는 돈이 거의 없다.

사립학교에 있으면, 학교의 최고 어른인 이사장의 연설을 들을 기회가 종종 있다. 매 학기 개강할 때 전체교수회의 같은 경우 말이다. 매우 활기차고 정열이 넘쳐흐르는 이사장의 연설을 듣고 있자면 가끔 의아할 때가 있다.

"세계 인류 대학을 지양하고……."

아니 이분이 "지양하고"라고 하셨나, "지향하고"라고 하셨나? 물론 '지향'이라고 하셨을 것이다. 국어사전에 의하면, '지양하다'는 "더 높은 단계로 오르기 위하여 어떠한 것을 하지 아니하다"라는 뜻이고 '지향하다'는 "어떤 목표로 뜻이 쏠리어 향하다"라는 뜻이니까 당연히 '지향'이라고 말씀하셨을 것이다. '지양'은 피하는 것이고 '지향'은 추구하는 것이니까 어떤 의미에서 두 단어는 반의어이다. 피한다고 말해야 할 것을 추구한다고 말하거나 반대로 추구한다고 말해야 할 것을 피한다고 말한다면, 그야말로 치명적인 결과를 초래할 것이다.

그런데 '지향'이 왜 '지양'으로 들렸을까? 이것은 우리만의 문제가 아니다. 우리말뿐만 아니라 전 세계 어느 나라 언어에서든 [ㅎ] 음은 매우 불안정하고 알아듣기 어려운 음이다.

필자가 다니는 교회에 시온 찬양대라는 성가대가 있다. 그 성가대에 소속된 한 분이 어떤 모임에서 자기소개를 하는데 이렇게 들리는 것이었다.

“저는 [순천향대]에 있습니다.”

그 후 한동안 그분이 순천향대학교의 교수라고 생각했다.

[순천향대]
[시온찬양대]

독자들도 한번 발음해보시라. 거의 비슷하게 들릴 것이다. 게다가 사람은 제 편한 대로, 제가 듣고 싶은 대로 듣는다. 필자가 대학에 근무하다 보니까 [시온찬양대]가 마치 어느 대학 이름처럼 들린 것이다. 한번은 그분에게 전공이 무엇이냐고 하니까 그분이 알토라고 해서 필자는 또 그분의 전공이 음악 중에서도 성악이구나 했다. 아마 순천향대학교 음대에서 가르치나 보다 이렇게 생각한 것이다.

[ㅎ] 음은 종종 잘 들리지 않는다. 우리말에서도 [ㅎ]이 탈락되는 현상은 아주 흔하다. ‘한강, 한길, 한가위’에서 보듯이 크다는 의미를 가지는 ‘한’은 [ㅎ]이 탈락되어 ‘온 누리’나 ‘온 세상’에서 보듯이 ‘온’으로 쓰이기도 한다.

영어에서도 [h]는 음가를 잃어버리고 묵음으로 쓰이는 경우가 많다. 현대 영어에서는 'human, humor' 등에서 [h]를 발음하지 않는다. 심지어 필자의 지도 교수였던 분은 미국 텍사스 주의 도시인 휴스턴(Houston)을 [유스턴]이라고 발음하곤 하셨다. 영어의 'home, heaven' 등에서 아직도 [h]가 발음되는 이유는 아마도 [h] 뒤에 나오는 모음이 전설모음이기 때문일 듯한데, 하여간 언젠가 여기서도 [h]가 발음되지 않을지도 모른다. 현대 불어에서는 모든 [h]가 음가를 상실해서 음가가 없다. 따라서 'homme(사람), heure(시간), histoire(역사, 이야기), Hugo, Harvard' 등에서 [h]는 발음되지 않는다.

물론 [ㅎ] 음이 구별하기 어렵다고 해서 '지향'과 '지양'을 혼동해서는 안 될 것이다. 그것은 오로지 듣는 사람이 아니라 말하는 사람의 책임으로 귀결될 것이니까.

'지향'은 "어떤 목표로 뜻이 쏠리어 향함, 또는 그 방향이나 그쪽으로 쏠리는 의지"를 말하는 것이다. 그러므로 "평화를 지향하다", "안정을 지향하다" 혹은 "복지국가를 지향하다"와 같이 쓸 수 있다.

- 밤이 이슥하도록 까닭을 잊어버린 채 이 거리 저 거리로 지향 없이 헤매었다(이상, 〈날개〉).
- 그는 아직도 이상을 지향하는 이상주의자이다.

이에 반해 '지양'은 "더 높은 단계로 오르기 위하여 어떠한 것을 하지 아니함"으로, '피함'이나 '하지 않음'과 같은 순화된 표현이 있다.

- 많은 젊은이들이 이데올로기의 깃발을 앞세웠으나, 그 내면적인 지양은 이데아에 지나지 않았다(이문열,《시대와의 불화》).

- 상대 후보에 대한 네거티브 캠페인을 지양하고 교육, 경제 등 현안에 대한 정책 비전을 제시할 방침이다(《한국경제》, 1997. 11. 24.).

- 세조는 선대의 이와 같은 북방 정책을 지양하고 모든 지방관을 중앙에서 직접 파견하는 집권 정책을 사용했다(정병욱 외,《한국의 인간상》).

- 역사상의 세력 투쟁에 있어 양극단이 서로 양보하여 절장보단으로 지양·종합된 적은 한 번도 없다는 것이다(조지훈,《돌의 미학》).

말(馬)과 말(言)

몇 년 전에 국어과 교수인 한 친구와 함께 그의 은사를 찾아뵌 적이 있다. 이 친구와 절친하게 지내다 보니 그의 은사님과도 교류가 생겼기 때문이다. 국어학계에서는 내로라하는 이분과 이런저런 말씀을 나누다가 불현듯 제주도를 방문한 이야기를 꺼냈다.

"아, 그런데 제주도에 갔더니 정말 말이 많던데요."
"말이 많아? 왜 말이 많던가?"
"예?"

아니, 제주도에 말이 많다는 것은 초등학교 시절에 이미 배우는 것이고, 제주도에 가서 눈으로 확인해보니 듣던 대로 말이 많더라는 것을 이야기한 것인데. 뭔가 잘못 말했나 싶어서 친구를 쳐다보았지만 그 친구도 어리둥절한 표정이었다. 약간의 어색한 침묵이 흐르고 원로 교수님께서 미소를 지으시면서 말을 이으셨다.

"난 장 선생이 우리말을 얼마나 잘 알고 있는지 궁금해서 한번 시험해본 것일세."

그분의 설명은 이랬다. 타는 말(馬)과 인간의 말(言)은 길이가 다르다는 것이다. 타는 말은 단음이고, 인간의 말은 장음이라는 것이다. 그런데 장음으로 발음하면 제주도에 시끄러운 문제가 생겨서 사람들의 말이 많다는 식으로 들린 것이다.

아하, 깨달음이 왔다. 국문과 원로 교수님 앞에서는 언제나 말조심해야겠다는 깨달음. 그분에게는 젊은 영문과 교수의 우리말 실력이 형편없는 것으로 낙인찍혔을 가능성이 높다. 그 후 그 원로 교수님을 찾아뵐 때마다 늘 친구를 동반했고, 말을 줄이고 그분의 말씀을 경청하는 태도를 견지했음은 물론이다.

그 원로 교수님은 경상남도 진주가 고향이시다. 오늘날 우리말에서 장단의 구분이 남아 있는 지역은 경상남북도의 일부 지역밖에 없다. 물론 그분은 국어학자이기 때문에 이런 구분에 더더욱 민감할 것이다. 젊은 세대는 장단의 구별을 거의 하지 못한다. 초등학교에서 장단의 구별을 가르치기도 하지만 일상 언어생활에서 장단의 구별을 하는 것 같지는 않다. 게다가 문어체에서는 장단의 구별을 표기할 방법도 없으니까. 중국어의 성조와 달리 우리말의 고저장단은 이제 사문화되었다고 해도 과언이 아니다. 그러나 우리말을 좀더 잘 알고 사용하고자 하는 사람이라면 장단을 알아두는 것도 나쁘지는 않을 듯하다.

아주 오래전 핀란드에서 온 유학생을 만난 적이 있는데, 그가 낸 퀴즈는 정말 하나도 알 수 없는 것들이었다. '굴(oyster)'과 '굴(cave)', '밤(night)'과 '밤(chestnut)', '가지(eggplant)'와 '가지(branch)' 등을 듣고 어느 것이 어느 것인지를 구분해보라는 것이었다. 그것참 대략 난감했다. 외국인에게 우리말 테스트를 당하는데, 더 심각한 문제는 필자가 답을 모른다는 것이었다. 궁여지책으로 요즘 세대는 우리말의 장단음 구분을 거의 하지 않는다고 둘러댔다. 그때, 시선이 우연히 반바지를 입고 있던 그 핀란드 유학생의 다리를 향하게 되었다. 그가 이렇게 말했다.

"다리에 머리가 많죠?"

오잉? 다리에 머리가? 웃음을 터뜨렸더니 이번엔 그가 어리둥절해했다. 서구어에서는 머리에 난 것이든 다리에 난 것이든 모두 'hair'라는 단어를 쓰지만, 우리말에서는 머리에 난 것은 '머리(hair)', 다리에 난 것은 '털(fur)'이라고 한다고 설명해주었다.

그러고 보니까 'hair'에 대한 우리말의 세분화는 생각보다 더 자세하다. 입가에 나는 털이 '수(鬚)'이고 뺨이나 턱에 나는 털이 '염(髥)'이니, 이를 합해 수염(鬚髥)이라고 한다. 그리고 귀밑에 나는 털은 빈(鬢)이라고 한다. 영어에서는 턱수염을 'beard', 콧수염을 'moustache', 양쪽 뺨의 옆에 나는 털을 'sideburns'라고 구분한다.

갑절과 곱절

갑절은 "어떤 수나 양을 두 번 합한 만큼"이라는 뜻으로, 두 배의 의미로만 쓰인다. 이에 비해 곱절은 "어떤 수나 양을 두 번 합한 만큼" 또는 흔히 숫자를 나타내는 말 뒤에 쓰어 "일정한 수나 양이 그 수만큼 거듭됨"을 이르는 말이다. 갑절은 딱 두 배이고, 곱절은 배수, 즉 곱하는 것이니까 앞의 수식어에 따라 양이 달라진다. 즉, 세 곱절은 세 번 곱한 것이고, 네 곱절은 네 번 곱한 것이다. 갑절이 연임처럼 숫자 2와 관계가 있다면, 곱절은 중임처럼 배수로 커지는 것이다. 3중임이 세 번 임기를 담당하는 것이듯이, 세 곱절은 세 번 곱한 것이다. 곱절이 갑절과 같은 경우는 딱 한 번 있다. 즉, 두 곱절이 갑절에 해당하는 것이다.

우선 '갑절'의 쓰임을 보자. "그의 몸무게는 나보다 갑절이나 무겁다", "이곳 집값은 다른 곳의 갑절이다", "연휴를 앞둔 토요일이라 서울을 빠져나가기가 갑절로 힘들다" 같은 예를 통해 '갑절'의 쓰임을 확인할 수 있다.

서울, 나도 가봤어요. 서울에서 오빠 만났어요. 그 다음 날 여기 왔어요, 오빠랑. 리엔은 제 나이보다 갑절이 많은 남편을 그렇게 불렀다.

2012년 《농민신문》 신춘문예 당선작인 황경란의 〈그날 이후로〉라는 단편소설에 나오는 구절이다. 그런가 하면 《구약성서》의 〈열왕기 하〉 2장 9절에도 다음과 같은 구절이 나온다.

요단 강 맞은쪽에 이르러 엘리야가 엘리사에게 말하였다. "주님께서 나를 데려가시기 전에 내가 네게 어떻게 해주기를 바라느냐?" 엘리사는 엘리야에게 "스승님이 가지고 계신 능력을 제가 갑절로 받기를 바랍니다" 하고 대답하였다.

'곱절'은 배수라는 뜻이니까 홀로 쓰이면 암묵적으로 두 곱절을 의미하지만 보통은 앞에 수사를 덧붙여 세 곱절, 네 곱절, 몇 곱절 등으로 쓰이는 일이 많다. 이를테면 "생산량이 작년보다 곱절이나 늘었다"나 "그 상점은 도매보다 가격을 곱절로 비싸게 부른다" 따위가 전형적인 예이다. "철도국에서 토지를 수용할 때 일본인에게는 조선인보다 곱절을 넘게 후한 값을 쳐주기 때문이라는 실토까지 듣고 보니 의심할 건덕지가 없었다"(박완서, 《미망》)나 "걱정이의 장광도는 비수 쉼직하게 적고 연천령의 환도는 장광도보다 곱절 넘어 커서 서로 어울리기만 하면 걱정이가 훨씬 불리할 것 같았다"(홍명희, 《임꺽정》)의 예도 마찬가지이다.

그러나 곱절은 배수라는 뜻이니까 앞에서 말한 것처럼 '세 곱절' 혹은 '여러 곱절' 등으로도 쓸 수 있다. "영농 방식을 이처럼 개선하면 소득이 몇 곱절 높아진다"에서처럼.

한편 갑절이라는 말 자체가 두 곱절에 해당하므로 두 갑절이라는 말은 성립하지 않는다. 갑절이 두 곱절이므로 두 갑절이 허용된다면 그것은 '두 두 곱절'로 풀이되는데, 그럼 이상하니까. 그런데도 두 갑절이라는 말을 쓰는 사람이 많은 것은 마치 역 앞을 '역전 앞' 혹은 돼지 발을 '족발'이라고 하는 것과 같은 이치이다. "할 일이 두 갑절은 늘었다" 따위는 흔히 듣는 말이다. 인터넷에 떠도는 용례를 보면 '두 갑절'이라는 표현이 의외로 자주 사용되는 것을 볼 수 있다. "태국산 고추는 국내산보다 두 갑절이나 더 맵다", "그것은 원수의 머리를 무참히 내리치는 두 갑절의 몽둥이가 될 것", "무죄한 가운데 피를 뿌리면 담대함이 두 갑절이 된다", "이성은 한쪽이 다른 쪽의 두 갑절이 되는 두 개의 평방수가 없다는 것을 증명한다"라는 표현을 볼 수 있다. 공신력을 자랑하는 신문에서도 "지난 20년간 조세부담률이 두 갑절로 늘어나면서" 혹은 "더구나 새해에도 금년처럼 전망보다 두 갑절 가까이 국제수지 흑자가 늘거나" 따위의 잘못된 표현을 볼 수 있다.

국어학자들이 올바른 용법이 아니라고 아무리 주장해도 일부 언중이 '역전 앞' 같은 잉여적 표현을 사용하는 것처럼, 일부 언중은 갑절을 강조하는 의미에서 '두 갑절'이라는 잉여적 표현을 사용하기도 한다.

"과연 듣던 대로 헌헌장부로다."

사극에서 자주 듣는 말이다. 위기에 빠진 나라를 구하기 위해 나선 젊은이에게 시름에 잠겨 있던 왕이 젊은이의 용기를 치하하며 말한다. 이미 소문을 들었지만 젊은이가 훌륭한 장군이 되리라는 것을 두 눈으로 확인이라도 하는 것 같다.

'과연'은 "아닌 게 아니라 정말로"라는 의미이다. 주로 생각과 실제가 같음을 확인할 때에 쓴다. "과연 그가 말한 곳을 파보았더니 단검 한 자루가 숨겨져 있었다"라든가 "작품을 보니 소문에 듣던 대로 이 사람은 과연 훌륭한 예술가로구나"와 같이 쓸 수 있다. '과연'은 또 "참으로, 도대체"라는 의미를 가진다. 예를 들면 "그 실력으로 과연 시험에 합격할 수 있을까?", "그런 작품을 쓰면서도 과연 진정한 작가라고 할 수 있을까", "온실 속에서 자란 아이가 과연 혹독한 훈련을 견뎌낼 수 있을까?" 등과 같이 사용할 수 있다. 이런 경우에는 '과연' 대신에 '도대체', '정말로', '참으로'를 쓸 수도 있다.

'과연'은 이미 알고 있거나 예상했던 것과 실제가 같을 때도 사용한다. 그런데 사전에 보면 '역시'라는 말도 "또한, 생각하였던 대로,

예전과 마찬가지로"라는 의미를 가진다. 그러니까 '과연'과 '역시'는 둘 다 생각했던 것과 실제가 같을 때 사용될 수 있는 것이다. '또한'이라는 의미에 대해서는 간단하다. "나 역시 찬성이다"라는 문장은 "나 또한 찬성이다"로 바꾸어 쓸 수 있으며, 이때 '역시'는 '과연'과 전혀 의미가 겹치지 않는다. 그러나 "자네는 역시 대단해"라는 문장을 "자네는 과연 대단해"로 바꾸어 써도 자연스럽다.

- 대개 아낙들이 짐작은 했으나 ＿＿＿ 강청댁은 임이네 집 마당으로 돌진해 들어갔다(박경리, 《토지》).
- 백승하는 ＿＿＿ 근성이 있는 배우였다(양귀자, 《나는 소망한다 내게 금지된 것을》).
- 입시가 가까워져 때로는 단념했던 과목들에 절망적으로 도전해보기도 하지만, ＿＿＿ 그가 할 수 있는 공부에는 한계가 있었다(이문열, 《변경》).

이 예문들에서 작가들은 모두 '역시'를 쓰고 있지만 '과연'이나 '역시'나 다 잘 어울리는 것 같다.

그런데 둘 사이에는 미세한 차이가 있다. '과연'은 놀라움이나 긍정적인 판단을 암시하는 반면, '역시'는 예상이 딱 맞는 경우나 예상에 못 미치는 경우에 자주 쓰이고 다소 부정적인 판단을 암시한다. "소문에 듣던 대로 과연 절세미인이로구나"에서는 남에게서 들은 소문을 처음으로 직접 확인함으로써 놀라움을 표현하기 때문에 '과연'이 자연스럽다. 이에 반해 "설마 했는데 역시 소문대로로군"에서는 놀라움의 낌새가 전혀 없고 오히려 기대치의 반감을 엿볼 수 있

다. "애들은 역시 애들일 수밖에 없다"라는 말에서도 기대치대로라
는 느낌을 확인할 수 있다.

어떤 책에서는 '과연'이 남에게서 들은 소문이나 평판에 근거할
때 쓰이는 반면 '역시'는 화자의 직접적인 경험이나 지식을 통해 판
단하는 경우에 쓴다고 설명하고 있다. 일견 맞는 설명이지만 꼭 그
렇지는 않다. 이를테면 "애들은 역시 애들이다"는 '나'의 직접적인
경험이나 지식과 상관없이 보편적으로 받아들여지는 말이다. 또
"설마 했는데 역시 그의 짐작대로였다" 같은 예문에서도 '나'의 직
접적 경험과 지식은 관계가 없다.

우리는 '과연'이 새로운 발견에 대한 놀라움 혹은 예상했던 대로
이지만 놀랍다는 감정을 긍정적으로 표현하는 기능이 있는 반면,
'역시'는 부정적이거나 기대치에 못 미치는 발견에 대해 사용한다
고 판단한다. 동일한 아이들이라도 아이들 특유의 창조적인 특성
으로 어떤 놀라운 일을 성취했을 했을 때는 "애들은 과연 애들이었
다"라는 표현이 훨씬 더 자연스러워 보인다. 이에 반해 "애들은 역
시 애들이었다"는 아이들이 너무 떠들고 산만하다거나 부과한 과제
를 성취하지 못했을 때를 연상시킨다. 다시 말해, 주로 어떤 일을 성
취하지 못한 경우나 부정적인 결과, 기대에 미치지 못하는 결과만
을 가져왔을 때 사용하는 것이 자연스럽다. '과연'과 '역시'도 관점
의 차이가 개입된 것이다.

추돌(追突)과 충돌(衝突)에서 보듯이 '돌(突)'은 '갑자기'라는 뜻이다. '돌(突)'의 가능한 의미는 "갑자기, 갑작스럽다, 내밀다, 쑥 나오다, 부딪치다, 구멍을 파서 뚫다, 굴뚝, 대머리, 사나운 말" 등이다. 그러니까 추돌은 뒤에서 오던 차가 '갑자기' 앞으로 달려와 앞차의 범퍼를 들이받는 사고이고, 충돌은 앞의 반대 차선에서 오던 차가 중앙선을 넘어와 '갑자기' 부딪치는 사고이다. 돌진은 "갑자기 내달리는 것"이고, 돌격은 "갑자기 내달아 공격하는 것"이다.

'돌파'라는 말은 "쳐서 깨뜨려 뚫고 나아감, 일정한 기준이나 기록 따위를 지나서 넘어섬, 장애나 어려움 따위를 이겨냄"이라는 의미를 가진다. 일반적으로는 두 번째 의미에서 보듯이 어려움을 극복하고 더 높은 경지에 이른다는 긍정적 의미로 사용된다.

정부에서 더 많은 외국인 방문객을 유치하기 위해 한국 방문의 해로 정했던 2010년에 외국 방문객이 드디어 980만 명을 돌파했다는 기사를 본 적이 있다. 어려움까지는 아니더라도 어쨌든 긍정적인 경우이므로 돌파했다는 표현은 제대로 쓰인 것이다.

그런데 신문에서 가끔 "유가 배럴당 100선 돌파" 또는 "실업자 백만 돌파" 어쩌고 하는 기사를 보면 왠지 어색한 느낌이 든다.

국제 유가가 다시금 배럴당 100달러를 돌파하면서 원유를 필두로 다른 상품 역시 강세를 보였다.

최근에 어느 경제 신문에 난 기사이다. 긍정적인 측면에서 목표치와 기대치를 뛰어넘어 성취했을 때 우리는 '돌파'라는 단어를 쓴다. 1980년대에 꿈의 구호였던 "수출 100억 불 돌파" 또는 "제주 관광객 사상 첫 800만 명 돌파" 같은 데에 쓰는 단어이다.

교수로 재직 중이다 보니 이런저런 국가고시의 문제를 출제하는 경우가 있다. 그때마다 그 사실을 알게 된 주변의 사람들이 묻기도 하고, 힐난조로 말하기도 한다. 이번 시험은 난이도가 너무 높았다고, 혹은 난이도가 너무 쉬어서 변별력이 떨어진다고.

난이도, 변별력, 복수 정답, 표준편차, 원점수, 환산 점수, 백분율, 벨커브……. 이런 전문용어는 사실 응시생은 물론 시험 출제자도 잘 모르는 경우가 있다. 소수 전문가 외에는 알 필요도 없고.

시험 출제와 관련하여 가장 중요한 것은 무답을 포함하여 정답 시비에 휘말리지 않는 것이고, 그다음으로는 준비를 잘한 사람과 그렇지 못한 사람을 구별해주는 변별력을 유지하는 것이며, 그다음으로는 점수가 낮은 사람도 희망을 가지고 점수가 높은 사람도 문제가 너무 쉽지 않았다고 느끼도록 적절한 난이도를 유지하는 것이다.

난이도(難易度)는 말 그대로 시험의 "어려움과 쉬움의 정도"이다. 어려움과 쉬움의 정도이니까 그것이 '높거나 쉬울' 수는 없다. 문제가 쉽거나 어려울 수는 있겠지만. 어려움의 정도라는 의미를 가지는 '난도(難度)'는 높거나 낮을 수 있다. 어려움의 정도가 높으면 어려운 것이고, 어려움의 정도가 낮으면 쉬운 것이니까. 그럼에도 이런 표현은 너무나 자주 널리 쓰이고 있다.

- 관악산의 육봉능선은 가장 난이도가 높기로 이름난 능선입니다.
- 자격증 중에 도로교통사고감정사 시험은 난이도가 높은가요?
- ○○○ 시험은 총 9개 파트, 14개 문항으로 구성되며, 난이도가 낮은 문제부터 점차 난이도가 높은 문제로 구성되어 있다.

'난이도'는 있거나 없을 수는 있다. 즉, 난이도가 있는 문제는 어렵거나 쉬운 정도가 있다는 말이니 문제의 수준 차이가 있다는 말이다. 난이도가 없는 문제는 어렵거나 쉬운 정도가 없다는 말이니 문제의 수준 차이가 없다는 말이다.

시험 출제자는 언제나 난이도를 조정하기 위해 갖은 노력을 다하지만 언제나 성공하는 것은 아니다. 난이도를 조정함으로써 변별력을 유지하고 변별력이 있어야 응시생들의 실력 차를 측정할 수 있기 때문이다. 우리나라의 국가지대사라고 할 수학능력시험(이것이 언제까지 유지될지는 모르지만)이 끝나면 기자들과 학부모들이 난이도 조정에 실패했다느니 변별력이 없다느니 하는 비판을 쏟아낸다. 응시생 60만 명이 치르는 시험의 난이도를 정교하게 조정하여 모든 응시생을 만족시키는 시험을 출제하는 것은 참으로 어려운 일일 것이다.

'애쓰다'는 보통 윗사람이 아랫사람에게 쓰는 말이다. 양반집 주인마님이 연로한 종에게 "애쓰시게"라고 할 수는 있어도 연로한 종이 주인마님에게 "애쓰시게"라고 하지는 않는다. 학생들이 교수에게 "애쓰시네요"라고 하는 것은 매우 무례하게 보인다. 교수가 학생에게 "애쓰는군"이라고 할 수는 있겠지만.

같은 맥락에서 젊은 사람들이 윗사람에게 "수고하세요"라는 말을 자주 쓰는데 이것도 맞는 용법은 아니다. '수고'라는 말은 '고통을 받음'이라는 한자 '受苦'이다. 자기보다 연장자이거나 윗사람에게 고통을 받으라고 할 수는 없는 것이니까 "수고하세요"는 윗사람에게 쓰면 결례임이 분명하다. 물론 연장자가 아랫사람에게 "수고하시게"라고 하는 것은 자연스럽다. 아무리 '수고하다'의 본래 뜻이 흐려지거나 망각되었다고는 하지만 역시 품격에 관한 문제이다.

학교에 있다 보면 여러 학생이 이런저런 일로 연구실에 왔다 가면서 "교수님, 그럼 수고하세요"라고 말하는 경우를 볼 수 있다. 직장에서도 젊은 사원이 먼저 퇴근하면서 상사에게 "수고하십시오"라고 말하는 것을 볼 수 있다. 다른 말을 하든가 "수고하십시오"라는 말은 차라리 하지 않는 것이 낫다.

어떤 우리말 책에서는 ‘애쓰다’가 정신적 노동에 더 잘 어울리고 더 정중한 반면, ‘수고하다’는 육체적 노동에 더 잘 어울리고 자칫 형식적이며 의례적인 느낌을 준다고 지적하고 있다. 그러면서 윗사람한테는 “수고하셨습니다”보다는 “애쓰셨습니다” 하는 것이 상대방의 마음 씀씀이와 노심초사를 위로하는 표현이 된다고 주장한다. 하지만 “수고하셨습니다”와 “애쓰셨습니다”가 모두 윗사람에게는 적절하지 않다는 것이 우리의 생각이다. 그것은 두 표현의 의미 때문이라기보다는 우리 사회의 구조 때문이라고 할 수 있다.

즉, 우리 사회에서는 윗사람에 대해 어떤 식으로든 평가하는 듯한 태도나 언사는 환영받지 못하기 때문이다. 윗사람에 대해서는 “고맙습니다”나 “감사합니다”라는 취지의 표현이 가장 적절하다고 할 수 있다. 윗사람에게 부탁하는 경우에도 “수고해주세요”나 “애써주십시오”보다는 “잘 부탁드립니다” 같은 표현이 더 적절하다고 생각한다.

그럼 윗사람에게 “수고하세요”라고 말해야 하는 상황에서 어떤 표현을 써야 하는가? 국립국어원에서 펴낸 〈표준 화법 해설〉(1992)에서도 구체적인 해결책을 제시하지는 않았다. 그러므로 상황에 맞게 “도와주셔서 고맙습니다”, “안녕히 계십시오”, “감사합니다” 등으로 인사할 수밖에 없다.

마치기 전에 참고로 ‘애쓰다’에 관해 한마디 덧붙인다. ‘애’는 ‘창자’를 뜻하는 우리 고유어이다. “애쓰다, 애먹다, 애달프다, 애간장을 녹이는” 등과 같은 표현이 있다. 창자가 끊어지거나 창자를 녹이면 얼마나 고통스럽겠는가. 음식 중에 애가 들어간 것이 있다. 대구맑

은탕에 가끔 우윳빛의 흰 것이 들어 있는데 생선의 간이다. 친구들은 애가 맛있다고 서로 달라고 하지만, 육지에서 자랐기 때문인지 아직도 그 음식을 먹을 수가 없다.

아주 슬픈 사연을 말할 때 '애끓는 사연'이라는 말을 들을 수 있다. 이 말은 아마도 '애끊는 사연'에서 발음이 변화된 것이 아닌가 싶다. 애를 뜨거운 물에 끓이는 것이 아니고, 창자를 끊어내는 것과 같은 슬픈 사연이라는 의미이므로 일종의 과도한 자음접변에 의한 발음변화가 아닐까 싶다.

크기일까, 양일까?
작다와 적다

어떤 책에서 "적은 고추가 맵지 않을 수 있다"라고 한 말을 보았다. 처음엔 무슨 말인가 했는데, 곰곰이 생각해보니까 맞는 말이다. "작은 고추가 맵다"라는 속담을 살짝 비틀어서 한 말이다. 크기가 작은 고추라는 의미의 '작은 고추'를 양이 적다는 의미의 '적은 고추'로 바꾸었으니까 아주 절묘한 바꿔치기이다. 양이 적으면 그 고추는 매울 수도 있고 맵지 않을 수도 있을 것이다. 맵기로 둘째가라면 서러울 멕시코산 고추도, 인도산 고추도 그 양이 아주 적다면 별로 맵지 않을 것이다.

'적다'와 '작다'는 같은 의미를 가지지만 대상이 다르다. 영어로 표현하면 '적다'는 'small in quantity'이고 '작다'는 'small in size'라고 할 수 있다.

'작다'는 크기에 관한 말이니까, 길이·부피·넓이·높이·키 등에 관해 쓸 수 있고, 그것이 추상적으로 확대된 의미에도 쓸 수 있다. 목소리가 작아서 잘 들을 수 없다든가 옷이 너무 작아져서 더 이상 입을 수가 없다든가 하는 표현에서는 실제 크기에 관한 말이다. "그 사람은 도량이 작다"라든가 "그는 우리의 지도자가 되기에는 인물이 작다"라는 표현은 추상적 의미에서의 크기와 관련된 표현이다.

'작다'가 단순히 상대적 크기의 문제라면, '적다'는 모자람을 암시한다. 아이가 둘 있는 집은 대개 '큰애'와 '작은애'라고 부른다. 첫째 아이가 둘째 아이보다 더 크기 때문일 것이다. 그렇다고 둘째 애를 '적은 애'라고는 하지 않는다. 둘째가 뭐 모자라는 게 있는 것은 아니니까. 조미료 광고에서는 "적은 양으로도 같은 맛을 낸다"라고 할 수 있다. 다른 제품 같으면 한 숟가락을 써야 할 것을 한 숟가락이 안 되는 양으로도 동일한 맛을 낼 수 있다는 취지에서 '적은 양'이 된다.

작다는 것은 크기에 관한 것이니까 작은 것이 큰 것의 속에 들어갈 수 있다. 기원전 4세기에 살았다는 중국의 혜시는 이 세상에서 가장 작은 것을 다음과 같이 정의했다고 한다.

지소무내(至小無內)

즉, 가장 작은 것은 안쪽이 없는 것이라는 말이다. 그럼 세상에서 가장 큰 것을 정의하면? 지대무외(至大無外)이다.

물론 '적다'와 '작다'의 의미를 모르는 사람은 많지 않을 것이다. 그러나 우리말에는 모양과 발음이 비슷하게 생긴 어휘가 많아서 혼동하는 사람도 많다. '적은 돈'과 '작은 돈'은 둘 다 사용할 수 있다. 적은 돈은 미리 생각해둔 액수보다 못 미치는 돈을 말하는 것이고, 작은 돈은 액면가가 낮은 단위의 돈을 말한다. 오천 원짜리 한 장은 만 원짜리에 비해 작은 돈이기도 하고, 만 원짜리 물건을 사기에는 적은 돈이기도 하다.

표준어규정(2장 4절 17항)에 의하면 '떠벌리다'의 의미로 '떠벌이다'를 쓰는 경우가 있으나 '떠벌리다'만 표준어로 삼는다고 되어 있다. 그러나 사실 '떠벌이다'는 "굉장한 규모로 차리다"라는 의미이고, '떠벌리다'는 "이야기를 과장하여 늘어놓다"라는 의미이므로, 둘은 엄격히 다른 단어이다. 그런데도 둘을 혼동하여 사용한다면 경우에 따라서는 그야말로 치명적인 결과를 초래할 수도 있다.

'떠벌리다'는 "이야기를 과장하여 늘어놓다"라는 의미이다. "자신의 이력을 떠벌리다", "아직 입 밖에 한 번도 낸 적이 없는 이 말을 팔기는 기어이 참지 못하고 떠벌리고 만다"(김춘복, 《쌈짓골》), "아편 장사, 일본 헌병의 밀정 노릇……그런 거 하다가 돌아와서는 독립운동했다고 떠벌리는 사람이 한둘인 줄 알아?"(최일남, 《거룩한 응달》), "막걸리를 마시고 술기운이 오르면 노예근성들을 버려야 한다고 떠벌렸다"(이호철, 《소시민》) 등에서 '떠벌리다'의 용법을 볼 수 있다. 비슷한 말로는 '남발하다, 난발하다, 떠들다' 등이 있다. "대체 무슨 생각인지 좀 떠벌려보세요"는 어디 한번 길게 늘어놓아 보라는 힐난조의 어투이다.

반면에 '떠벌이다'는 "굉장한 규모로 차리다"라는 의미를 가진다.

"그는 사업을 떠벌여놓고 곤욕을 치르고 있다"와 같이 쓸 수 있다. '떠벌이어, 떠벌여' 등으로 활용한다. 단어의 형태에서도 알 수 있지만, '떠벌이다'는 강조의 접두사 '떠-'와 동사 '벌이다'가 결합한 것이다. 그러므로 기본적으로는 '벌이다'의 의미를 포함한다. 뒤에서 다루는 '벌이다'와 '벌리다' 부분에서도 살펴보겠지만, '벌이다'는 "일을 계획하여 시작하거나 펼쳐놓다", "놀이판이나 노름판 따위를 차려놓다", "여러 가지 물건을 늘어놓다"라는 의미를 가진다.

벌이다 : 일을 계획하여 시작하거나 펼치다.
벌리다 : 사이를 넓히거나 열다.

떠벌이다 : 굉장한 규모로 차리다.
떠벌리다 : 과장하여 늘어놓다.

이 단어쌍에서 볼 수 있는 것처럼, 적어도 '떠벌이다'는 '벌이다'와 기본 의미가 같음을 알 수 있다.

'떠벌리다'라는 동사에 명사화 접미사 '-이'를 붙이면 '떠벌이'가 되어야 할 것이다. 그런데 사전에는 "자주 수다스럽게 떠드는 사람을 낮잡아 이르는 말"로 '떠버리'를 제시하고 있다. 그 이유는 한글 맞춤법에서 명사화 접미사 '-이, -음'이 결합하여 된 단어라도 그 어간의 본뜻과 멀어진 것은 원형을 밝히어 적지 않고 소리 나는 대로 적는다고 규정하고 있기 때문이다. 즉, '떠버리'는 '떠벌리다'에서 온 것으로 추측할 수 있으나, '떠벌-'이라는 어간이 독립적으로 존재하지 않기 때문에 '떠벌+이'의 형태라고 단정하기 어렵다는 것이다. 그리하여 '떠벌리다'의 명사형은 '떠버리'가 된다.

그러면 '떠벌이다'의 명사형은 무엇인가? 이 단어는 '떠벌리다'와 달리 '떠-'와 '벌이다'의 결합형이다. '벌이다'의 명사형이 없기 때문에 '떠벌이다'의 명사형도 존재하지 않는다. '벌이다'의 명사형을 굳이 만든다면, 명사화 접미사 '-기'를 덧붙여 '벌이기' 정도가 되겠지만, 그것은 행위를 하는 사람이라는 뜻은 아니다. "일을 벌이기를 좋아하는 사람"이라든가 "잔치를 벌이기 위하여 음식을 차려놓은 상"과 같이 쓸 수 있다.

스승으로 삼으면 사사하는 것
사사하다와 사사받다

어떤 마술사를 소개하는 구절이다. "2005년 국내 최연소 단독 매직 콘서트를 진행했고, 2007년에는 중국에서 변검을 사사받았다." 또 어떤 음악가를 소개하는 온라인 백과사전의 구절이다. "8세 무렵 피아니스트인 어머니의 친구인 히사이시 조에게서 피아노를 사사받음." 이 밖에도 "사제가 되기 위한 수덕(修德)과 학문 등 모든 것을 콜베 신부께 직접 사사받음"이나 "세계적인 타악인 아기콜론에게 사사받음" 등과 같이 '사사받다'라는 표현을 어렵지 않게 볼 수 있다.

음악, 미술 등 예술 분야 인물의 성장 과정을 소개할 때 흔히 '사사받다'라는 잘못된 표현을 쓰는 경우가 많다. "스승으로 삼고 섬기다" 또는 "스승으로 삼고 가르침을 받다"라는 뜻으로 쓰이는 이 말은 정확하게는 '사사하다'가 맞는다. 스승 사(師)와 섬길 사(事)가 합해서 이루어진 단어이니까 그야말로 "스승으로 섬기다"라는 의미이다. 따라서 "아무개에게 사사를 받다"라는 말은 "아무개를 사사하다", 즉 "아무개를 스승으로 섬기다"라고 해야 한다.

"사사를 받다"는 "아무개로부터 스승으로 섬김을 받다"라는 피동의 의미로 쓰일 수는 있다. 이러한 경우는 중국 고사에 나오는 것처럼 아주 특수한 상황에서만 가능할 것이다. 중국 남북조시대에 이밀이라는 사람이 어려서 공번을 스승으로 모시고 있었다. 그런데 훗날 공번이 보기에 이밀이 자신의 학문을 능가한다고 여겨 제자인 이밀에게 자신의 스승이 되어달라고 청했다. 이런 경우 이밀은 "황송하게도 스승으로부터 사사를 받았다"라는 말을 할 수 있다. 그야말로 스승과 제자가 뒤바뀌는 상황에서 제자가 황송한 나머지 할 수 있는 말이다.

"사열을 받다"라는 표현도 '사열하다'가 맞는 표현이다. 사열(査閱)은 조사할 사(査)와 볼 열(閱)이 합한 것이므로, '사사하다'와 마찬가지로 능동의 뜻을 가진다. 검열이나 조사를 위해 실지로 하나하나 살펴본다는 뜻이니까 '하는 것'이지 '받는 것'이 아니다. 조사하는 사람은 '사열하는' 것이고, 조사를 받는 사람은 '사열을 받는' 것이다. 대통령은 사열하는 것이고 도열한 장병들은 사열을 받는 것이다.

"기술이나 지식 따위를 전하여 주다"라는 의미의 '전수하다'라는 단어도 '전수받다'로 잘못 쓰이곤 한다. 이와 유사하게 "신청이나 신고 따위를 구두(口頭)나 문서로 받다"라는 뜻의 '접수하다'라는 말도 종종 '접수받다'로 잘못 쓰인다.

한때 해진 청바지가 유행했다. 유행이란 이유 없는 것이니까 왜 해진 청바지가 유행하기 시작했는지는 알 수 없다. 해진 청바지가 없는 청소년들은 새로 산 청바지에 구멍을 내서 해진 청바지로 만들어 입기도 했다. 돈에 민감한 장사꾼들은 아예 해진 청바지를 팔기 시작했다. 그리고 그 유행은 지금도 사라졌다고는 할 수 없다. 해진 청바지! 이상하게 보이는가? 아니, 청바지가 아니라 '해진 청바지'라는 글자 말이다. 그런 사람은 아마도 '헤진 청바지'를 생각했을지도 모르겠다.

아닌 게 아니라 '해지다'를 '헤지다'로 쓰는 언중이 참으로 많다. 오죽하면 표준어규정(2장 4절 17항)에서까지 '해지다'의 의미로 '헤지다'를 쓰는 경우가 있으나 '해지다'만 표준어로 삼는다고 규정했을까. '해어지다'와 그 준말인 '해지다'는 "닳아서 떨어지다"라는 의미이다. 새로 산 청바지에 구멍이 숭숭 뚫려 있는 것은 물론 닳아서 떨어진 것은 아닐 수도 있다. 그러니 이것을 해진 청바지라고 해야 할지 그냥 구멍 난 청바지라고 해야 할지 모르겠다. 한 미국 교포에게 물어보았더니 에어컨 청바지라고 하던데. 어쨌거나 이 청바지는 '헤지다'가 아니라 '해지다'로 표현해야 맞다.

"해진 구두", "해진 양말을 깁다", "옷소매가 너덜너덜하게 해지다" 따위를 보면 그 용법을 확실히 알 수 있을 것이다.

이에 반해 '헤지다'는 '헤어지다'의 준말로, "모여 있던 사람들이 따로따로 흩어지다" 혹은 "사귐이나 맺은 정을 끊고 갈라서다"라는 의미를 가진다. 또 "뭉치거나 붙어 있는 물체가 따로따로 흩어지거나 떨어지다"라는 의미도 가진다. 핵심 의미는 '분리'이다. 사람이든 물체든 분리되는 것을 의미하는 것이다. 그러므로 "오랜만에 만난 동창들과 헤질 시간이 되자 좀 더 같이 있고 싶은 생각이 들었다"라든가 "아이들은 함께 놀다가 저녁때가 되자 제각기 뿔뿔이 헤졌다" 같은 표현이 가능한 것이다. 비슷한 사례로 다음을 볼 수 있다.

- 그 부부는 성격 차이로 결국 헤지고 말았다.
- 소금 국물에다가 젓가락만 대면 와르르 헤지던 감옥의 콩밥을 맛있게 먹던 생각을 하였다(심훈, 《영원의 미소》).

'헤지다'는 확장된 의미로 "살갗이 터져 갈라지다"를 뜻하기도 한다. "시험공부로 밤을 새웠더니 입안이 모두 헤져 밥을 못 먹겠다"라는 표현이 여기에 해당한다. 어떻게 보면 입안이 '헤지는' 것이나 청바지가 '해지는' 것이나 같다고 볼 수도 있겠다. 또 모여 있던 사람들이 헤지는 것도 결국은 분리되는 현상을 나타내는 것이니까 입 안이 '헤지는' 것도, 청바지가 '해지는' 것도 광의의 의미에서는 동일한 현상이다. 그렇기 때문에 사람들이 많이 혼동해서 쓰는 것일 수도 있다. 우리말을 배우는 외국인이라면 고생깨나 할 것 같다. [해지다]나 [헤지다]나 발음 차이가 크지 않기 때문이다. 우리도 글씨로 볼 때는 영어의 'pan'과 'pen'이 아주 다른 것 같지만 이 두 단어를 순전히 발음만 듣고 구별해야 한다면 쉽지 않을 것이다. 'sand'와 'send'도 그렇고, 'land'와 'lend', 'pat'과 'pet' 등을 발음만 듣고 구별할 수 있다면 그런 사람은 예민한 귀를 가진 사람이거나 아니면 음운론 전공자가 아닐까.

그래도 우리는 우리말 모범생이니까 '해지다'는 청바지에, '헤지다'는 친구들에 대해 사용하는 것이 좋을 듯하다.

선거철에는 선거구를 자기에게 유리하게 확정하려고 서로 '다투다 보니' 민생 현안을 처리하기 위한 의사일정 진행이 뒷전으로 밀리는 경우도 허다하다. 국회의원들의 '밥그릇 싸움'이야 이제는 일상다반사가 되었지만, 어느새 국회의원이 국민을 걱정하는 시대가 아니라 국민이 의원을 걱정하는 시대로 전도되었다. 물론 밥그릇 싸움은 국회의원만 하는 것이 아니다. 모든 이익집단은 저마다 밥그릇을 지키기 위한 싸움질을 한다. 신문을 보면 "국민은 안중에 없고 밥그릇 싸움만 하는 검경"이라든가 "어린이집 파업, 원장들 밥그릇 싸움" 등의 제목을 볼 수 있다.

그런데 다투는 것은 뭐고 싸우는 것은 뭘까? 싸우는 것이 다투는 것 아닌가? 둘은 아주 흡사하면서도 사실 다르다. 이미 앞에서 보았지만 '밥그릇'은 '싸움'과 잘 어울린다. '부부'나 '집안'도 '싸움'과 잘 어울린다. 그런데 '권력'은 '다툼'과 더 잘 어울리고 '순위'도 '다툼'과 더 잘 어울린다.

사전에서는 '다투다'를 "의견이나 이해의 대립으로 서로 따지며 싸우다"로 풀이하고 있다. 물론 '싸우다'와 전혀 상관이 없는 또 다른 의미로 "승부나 우열을 가리다"라는 뜻도 가지고 있다. "쌍둥이

형제가 반에서 1, 2등을 다툰다" 같은 경우 말이다. "사태가 매우 급하다", "대단히 소중히 여기거나 아끼다", "어떤 정도의 정밀성이나 정확성을 필요로 하다", "어떤 일을 남보다 먼저 하거나 잘하려고 경쟁적으로 서두르다" 등의 의미도 가지고 있다. 이런 의미의 '다투다'는 '싸우다'와 전혀 관련이 없는 것으로, 대체하여 사용할 수 없다. 급하다는 의미의 '다투다'는 "이 환자의 생명은 일분일초를 다툰다" 같은 문장에서 흔히 볼 수 있다. 소중히 여긴다는 의미의 '다투다'는 "일분일초를 다투어 공부에 전념하다"에서 볼 수 있다. 정확성을 의미하는 '다투다'는 "0.0001mm를 다투는 정밀성이 요구됨"에서 볼 수 있다. 또 서로 경쟁한다는 뜻으로 쓰인 '다투다'는 "선생님의 질문에 아이들은 앞을 다투어 손을 든다"라는 문장에서 볼 수 있다.

그러니까 이런 의미의 '다투다'를 제외하고 '싸우다'와 너무 비슷하여 혼동하기 쉬운 용법을 살펴보자. 즉, '다투다'가 "의견이나 이해의 대립으로 서로 따지며 싸우다"라는 의미를 가지는 경우 말이다. 의견이나 이해관계가 맞지 않아 서로 따지며 옥신각신하는 경우에 '다투다'를 쓴다고 했으니까, 다음과 같은 경우에는 모두 '다투다'가 자연스럽다.

- 큰아이는 장난감을 놓고 동생과 자주 다툰다.
- 두 남매는 의가 좋아 좀처럼 다투는 일 없이 잘 지낸다.
- 서로가 먹을 것을 놓고 다투는 추한 모습을 보이지 말자.

이해관계나 의견 차이는 아무래도 가까운 사람들과 가장 많이 생기게 마련이므로, 가까운 사람들과 다툴 일이 많을 수밖에 없다. 형제들은 서로 다투기 쉽고, 부부는 여러 가지 문제로 다툴 일이 많으며, 자식은 장래 문제로 부모와 다툴 경우가 있다. "우린 이미 없어진 50만 원의 소유권을 갖고 다투었지만 온종일 다투어도 소유권이 밝혀질 것 같지 않았다"(박완서,《도시의 흉년》)에서 보듯 소유권은 매우 큰 이해관계이고, 따라서 '다투다'가 쓰이고 있다.

'다투다'는 이익을 지키기 위한 의지가 주로 말로 나타나지만, 말이 없이 이루어지는 행위도 있다. 이를테면 '권력 다툼'이라는 표현은 꼬집어서 말로 싸우는 행위를 가리키는 것이 아니라 권력을 얻거나 유지하려는 온갖 암투를 포함한다.

이에 반해 '싸우다'는 사람이나 동물이 완력을 써서 상대를 공격하는 것을 가리킨다. 물론 말싸움처럼 비유적인 의미의 완력도 생각해볼 수는 있다. 그렇지만 '싸우다'는 기본적으로 물리적 폭력을 수반하는 것을 가리킨다. 다툼은 앞에서도 살펴본 것처럼 "이해관계로 싸우다, 경쟁하다, 옥신각신하다" 등 여러 가지 의미를 가진다.

다툼은 이익을 지키려는 의지가 개입되므로 두 개인 사이에서 혹은 두 집단 사이에서 주로 말의 형태로 발생한다. 싸움은 꼭 두 집단 사이가 아니라 여러 사람 사이에서 벌어질 수도 있고 방향성이 없이 물리력의 형태로 벌어질 수도 있다. 자, 그럼 문제 하나. "고래 싸움에 새우등 터진다"에서 보듯이 '고래'는 꼭 '싸움'하고만 어울리는가? 아니다. 고래 두 마리가 정말로 머리를 치고받으며 피 흘려 싸운다면 그때는 당연히 고래 싸움이다. 그러나 두 마리의 고래가 영역을 지키려고 끊임없이 신경전을 벌인다면 그때는 '다툼'이라는 말을 쓸 수밖에 없다. 고래들의 영역 다툼이랄까.

다툼은 이익을 지키려는 데 초점이 있고, 싸움은 상대를 제압하는 데 초점이 있다. 그러니까 권력 다툼은 상대를 이기려는 데 초점이 있다기보다 권력을 쟁취하려는 것이 목적이다. 이에 비해 부부 싸움은 사실 뚜렷한 목적이 없다. 부부 싸움은 대개 사소한 말싸움에서 시작되어 나중에는 목적이 무엇인지도 모르는 채 언쟁을 벌이다가 결론 없이 끝나기도 한다. 부부 싸움이 어떤 이익을 지키기 위해 벌어지는 경우는 절대로 없다. 싸움은 상대가 초점이니까 부부 싸움은 결국 상대방을 굴복시키려는 것밖에는 아무런 목적도 없다. 만일 누가 권력 다툼이라고 해야 할 것을 '권력 싸움'이라고 말한다면, 그 경우는 권력으로 상대방을 무너뜨리려는 것 외에 자신이 아무런 이익도 얻지 못하는 소모적 행위를 염두에 둔 것이라고 할 수 있다.

운동경기를 생각해보자. 우승이 목표라면, "우승을 다툰다"라고 말할 것이다. 그런데 우승 가능성이 없지만 최선을 다했다면 "강팀을 맞아 최선을 다해 싸웠다"라고 하지 "최선을 다해 다퉜다"라고는 하지 않는다. 부부간에 싸움이 자주 있다면, 그 부부는 아무런 목적 없이 습관적으로 자주 싸운다는 의미이다. 부부간에 다툼이 자주 있다면, 그 부부는 어떤 목적이나 이해관계 때문에 충돌이 자주 일어난다는 의미로 그 이익이 충족되고 나면 다툼은 줄어들 것이 분명하다.

닭싸움이나 개싸움이 '닭다툼'이나 '개다툼'이 안 되는 이유는 이제 명확해졌다. 닭이나 개가 이익을 지키려고 싸우는 것이 아니라 인간이 그들의 완력을 보려고 싸움을 시켰기 때문에 '다툼'이 아니라 '싸움'인 것이다.

'싸우다'는 의미가 확대되어 추상적으로도 사용된다. 즉, "고통과의 싸움, 병마와의 싸움" 등에서 보는 것처럼, 정신적인 측면에서의 싸움도 있다.

다툼과 싸움이 이렇게 서로 구분되어 사용된다면, 말다툼과 말싸움이 모두 성립하는 이유는 뭘까? 말로 누가 상대방을 굴복시키는가에 초점이 있다면 그것은 말싸움이다. 말을 주고받아 싸우면서 어떤 목적을 이루거나 이익을 지키고자 한다면 그때는 말다툼이 된다.

시계가 한 시간 이르다

빠르다와 이르다

"이른 아침에 잠에서 깨어 너를 바라볼 수 있다면, 물안개 피는 강가에 서서 작은 미소로 너를 부르리." 한때는 국민가요처럼 한반도를 휩쓸었던 김종환의 〈사랑을 위하여〉에 나오는 구절이다. 가사도 좋지만 그의 호소력은 가히 국민가요가 되기에 충분할 정도였다. 하기야 좋아하는 사람은 이른 아침에 바라보든 오후에 바라보든 한밤중에 바라보든 언제나 좋지 않을까.

이른 아침은 언제를 말하는 것일까. 이른 아침은 당연히 아침보다 이른 시간이다. 아침이 7시라면 이른 아침은 그 이전 시간이고, 아침이 8시라면 이른 아침은 그 이전 시간이다. 그러니까 '이르다'라는 말은 정해진 시각보다 앞선 시각을 가리키는 것이다. 어떤 시점이 기준이 되는 정해진 시점보다 앞서는 것이 이른 것이다. "은퇴하기엔 아직 이르다"라고 말한다면 대화자들은 은퇴 시기가 언제인지를 알고 있음을 전제한다. 은퇴 나이가 65세라면 64세나 그 이전 시기는 모두 이른 시기이다. 은퇴 나이가 450세라면 그 이전 나이는 모두 이른 시기이다. 그러니까 어떤 절대적인 시점보다 앞서는 시점이 이른 시기가 아니라 대화에서 혹은 상식적으로 정해진 어떤 시점보다 앞서는 시점은 모두 이른 시기가 되는 것이다. "우리 학교는 수업이 이르다"라고 하면, 다른 학교들의 수업 시각보다 우리 학교가 수업을 더 일찍 시작한다는 말이다. 한마디로 '이르다'는 기준 시점보다 앞서는 시점을 말한다.

'빠르다'는 시점이 아니라 속도에 관한 말이다. 즉, 어떤 동작이나 행위, 사건에 걸리는 시간이 보통보다 짧게 걸릴 때 '빠르다'라고 말한다. 일반적으로 100미터를 15초에 뛰는데, 누가 그보다 짧은 시간에 뛰었다면 그는 '빨리' 뛴 것이다. 모두들 숙제를 이틀 만에 끝냈는데, 누가 숙제를 하루 만에 끝냈다면 그도 숙제를 '빨리' 한 것이다.

이렇게 분명한데, 굳이 '빠르다'와 '이르다'를 장황하게 설명할 필요가 있을까? 있다. 어떤 학생이 수업 시간보다 30분 먼저 학교에 왔다고 치자. 그러면 친구나 선생님이 그 학생에게 "오늘은 왜 이렇게 빨리 왔니?"라고 말하는 것을 흔히 볼 수 있다. 또 학교에 늘 지각하는 학생에게 선생님이 "내일은 좀 빨리 올 수 있겠니?"라고 말하는 것도 볼 수 있다. "우리 회사는 출근 시간이 빠르다"라고 말하는 것도 들을 수 있다. 여기서는 모두 '이르다'나 '일찍'이 맞는 표현이다. 어떤 일을 이른 시각에 하는 것이 그 일을 '일찍' 하는 것이니까. 또 어떤 사람들은 시계가 표준 시각보다 한 시간 먼저 가는 경우에 "시계가 한 시간 빠르다"라고 말한다. 너무 자주 쓰는 말이긴 하지만 이 경우에도 '이르다'가 맞는 말이다. 신문에서 자주 보는 "검찰은 김 의원을 빠르면 주말쯤 소환할 예정"이라는 표현에서도 '빠르면'이 아니라 '이르면'이 맞는 표현이다.

'빠르다'는 속도에 관한 것이니까 말을 빨리한다는 것은 말하는

데 드는 시간이 다른 사람보다 적게 든다는 것이다. 그러므로 눈치 빠른 사람은 보통 사람보다 훨씬 적은 시간에 상황을 파악하는 사람이다. 두뇌 회전이 빠른 사람도 다른 사람들보다 적은 시간에 상황을 파악하거나 해결하는 사람이다. 어떤 사람이 승진이 빠르다면, 그는 다른 사람에 비해 짧은 시간에 승진이 되었다는 것을 의미한다. 경기회복이 빠르다면, 예상했던 것보다 짧은 시간에 경기가 회복되는 것이다. 어떤 사업체가 자금 회전이 빠르다면, 그 회사는 일반적으로 예상되는 것보다 더 짧은 시간 안에 자금이 회전된다는 것이다.

"여드름을 빠른 시일 내에 없애는 방법"은 옳은 표현이다. 보통 걸리는 시간보다 더 짧은 시간이라는 의미이므로 '빠른 시일'이 맞다. 그런데 비슷한 상황에서 "여드름이 나기 시작하면 이른 시일 내에 여드름 전문 한의원을 방문해 치료받아야 한다"라는 표현도 많이 볼 수 있다. 이 경우는 약간의 의미 차이가 있다. 암묵적으로 정해진 어떤 시일보다 이른 날짜라는 의미에서 '이른 시일'도 가능하기 때문이다.

'빠르다'의 반의어는 '느리다'이다. 말을 빨리 하거나 빠르게 하는 사람은 말을 느리게 하는 사람에 비해 같은 시간이라면 훨씬 더 많은 말을 하게 될 것이다.• 참고로 '이르다'의 반의어는 '늦다'이다. 그러므로 '이른 시각'의 반대말은 '늦은 시각'이 된다.

• '빨리'와 '빠르게'의 의미 차이가 있긴 하지만 그에 대해서는 여기에서 다루지 않겠다. 이에 관한 논의로는 장영준, 《언어 속으로》(서울 : 태학사, 2005)를 참고하라.

붙이다와 부치다

'붙이다'와 '부치다'는 우리말의 종성 발음 특성을 설명하고 있다. [ㅅ, ㅆ, ㅈ, ㅊ, ㄷ, ㅌ, ㅎ] 일곱 가지 발음이 종성으로 쓰일 경우 발음이 똑같다는 사실 말이다. '붙이다'와 '부치다' 역시 어원이 같을 뿐만 아니라 연음 현상으로 인해 발음이 동일해진다. 영어에서도 이런 현상이 없는 것은 아니다. 'grade A'와 'gray day'는 완전히 다른 뜻이지만 빠른 발음에서는 동일하게 발음되므로 문맥이 주어지지 않으면 무슨 뜻인지 구별하기가 쉽지 않다. '붙이다'는 구개음화로 인해 '부치다'로 발음된다. 그렇지만 이 둘은 '맞추다'와 '맞히다'보다도 더 큰 의미 차이가 있다.

'붙이다'는 접착이고 '부치다'는 보내는 것이니까 그야말로 완전히 다른 의미이다. 그런데도 둘이 혼동을 일으키는 것은 구어에서의 동일한 발음 때문일 것이다. 벽보나 포스터는 붙이는 것이고, 편지는 부치는 것이다.

'붙이다'는 접착의 의미를 가진다. '맞다'에서 '맞히다'라는 사동형이 나온 것처럼 '붙이다' 역시 '붙다'에서 파생된 사동형이다. 두 물체가 접착된 것은 '붙은' 것이고 그렇게 만드는 것은 '붙이는' 것이다. "담배에 성냥불을 붙이다", "이력서에 사진을 붙이다", "담벼락에

137

선거 벽보를 붙이다” 등은 모두 물리적인 접착이나 밀착을 나타낸다. “계약서에 단서를 붙이다”, “새로운 이름을 붙이다”, “독서에 취미를 붙이다”, “며느리에게 정을 붙이다” 등은 확장된 추상적 의미의 접착이나 밀착을 나타낸다. “싸움은 말리고 흥정은 붙인다” 역시 마찬가지로 추상화된 접착이나 밀착을 나타낸다. “지나가는 사람에게 말을 붙이다”나 “상관에게 경례를 붙이다” 같은 표현도 있다.

반드시 물리적 접착이 아니더라도 비유적으로 ‘붙이다’를 사용하는 경우가 있다. “경호원을 붙여주다”나 “비서를 붙여주다” 혹은 “너 어느 쪽에 붙을래?”가 이런 경우이다. 이런 표현은 물리적 접촉이나 밀착은 아니지만 심리적 밀착 상태를 나타낸다.

‘부치다’는 무엇을 보내는 것이다. 편지, 소포, 짐, 돈을 보내는 것을 부친다고 표현할 수 있다. 보낸다는 의미에서 다소 추상화되어 무엇을 시작하는 것도 부친다고 말한다. 이를테면 “안건을 토의에 부친다”라든가 “사건을 재판에 부친다” 같은 표현이 여기에 해당한다. 좀 더 나아가서 “비밀에 부친다”, “불문에 부친다” 같은 표현도 같은 의미로 쓰인 것이다. 신문 제목에서 자주 보는 “백 주년 기념일에 부쳐” 같은 경우도 무엇을 시작하는 것이다. 한편 ‘부치다’는 모자란다는 의미도 있다. 어떤 일을 하기에 힘이 부친다고 하면, 그 말은 힘이 부족하다는 말이다.

품격 있는
우리말 지킴이 4

KBS 아나운서 이현주

KBS 〈생방송 오늘〉이라는 프로그램을 진행할 무렵, 이현주 아나운서를 처음 만났다. 개편에 맞춰 박은영 아나운서의 후임으로 이현주 아나운서가 이 프로그램 진행자로 서면서 이현주 아나운서와는 지금까지 끈끈한 우정과 인연을 쌓아가고 있다.

이현주 아나운서가 우리 학교에 놀러 왔을 때, 교정을 걷고 있는 우리에게 한 학생이 따라와서 이현주 아나운서에게 "혹시 어디에서 오셨어요?"라는 질문을 던져 우리를 파안대소하게 만들었던 추억이 있다. 그 학생을 이해할 수 있다. 이현주 아나운서를 보면 그런 질문이 나올 법도 하니까. 하늘에서 내려온 여신 같은 순수함과 청순함을 갖고 있는 아나운서라고 소개하고 싶다. 처음 이현주 아나운서를 만났을 때, 수줍은 듯 미소를 지으며 인사하던 그녀의 모습이 선명하다. 화면에 보이는 것처럼, 그녀는 선한 모습에 격의 없이 상대방을 배려할 줄 아는 데다 털털한 여유까지 겸비한 사람이다. 이현주 아나운서와 대화를 나누다가, 방송 생활을 하면서 겪었던 힘들고 괴로웠던 점들을 떠올리면서 위로를 해주려고 말을 꺼냈다가 오히려 후배의 담담하고도 담대한 모습에 놀랐던 적이 있다.

"현주야, 너 대단하다! 그래 그렇게 크게 생각할 수 있다는 것은 방송 생활을 오래하게 만드는 밑천이 될 거야!"라는 얘기를 해주었던 기억이 난다.

나의 선견지명이 맞았을까. 2012년 7월 16일부터 이현주 아나운서는 〈KBS 뉴스 9〉의 안방마님이 되었다. 친한 후배의 선전에 기쁘지 않을 수 없었다. 이현주 아나운서는 잘해낼 거라고 생각했다. 베테랑 선배가 3년간 데스크를 지켜온 터라 부담이 될 수도 있는 상황에서, 그녀는 의연한 모습을 잃지 않았다. 외유내강의 성격은 그녀가 방송 생활을 성공적으로 하고 있는 지혜이기도 하다. 그녀의 좋은 성격은 어느 순간에서든지 방송을 즐기면서 임할 수 있도록 만드는 디딤돌이 되어주기도 한다. 그녀는 35기 KBS 공채 아나운서로 합격하여 지금까지 시청자에게 차분하고 다정하며 친근한 이미지를 각인시켰다.

〈KBS 뉴스 9〉의 이현주 아나운서와 대화를 하다 보면, 어렸을 때의 모습이 잘 그려지지 않을 때가 많다. 수다스러웠을 것 같기도 하고 내성적인 모습도 있었을 것 같아서 가늠하기가 어렵다. 그녀는 원래 나서서 마이크를 잡거나 발표하는 것을 좋아하는 스타일은 아니었다고 한다. 그 대신 어려서부터 텔레비전에 나오는 진행자나 사회자의 역할을 좋아해서 항상 많이 따라 했고, 특히 온 가족이 함께 모였을 때 혹은 가족 단위로 어디에 놀러 가거나 할 때에는 가족을 대상으로 사회를 보는 것을 즐겼다고 이야기한다.

"제가 라디오를 좋아했어요. 디제이가 하는 말을 따라서 해보기도 하고, 친구들과 녹음하고, 이런 것을 좋아했어요."

앞에 나서는 것을 좋아하지는 않았기 때문에 방송을 해야겠다고 선뜻 다짐을 했던 것은 아니었다. 하지만 초등학교 시절에 아나운서라는 직업이 있다는 것을 어렴풋이 알게 되었고, 텔레비전에 나오는 사회자의 역할이 좋아 보여서 시나브로 아나운서의 꿈을 가져왔다고 회상한다.

"저는 스스로 말을 잘한다고 생각하지는 않아요. 어렸을 때도 느꼈던 부분이지만, 제가 달변 스타일은 아니거든요. 어릴 때는 말을 잘한다고 하면 어디 나가서 웃기는 역할 잘하고 농담도 잘하는 그런 친구들이라고 생각했어요. 저는 그렇지는 않았거든요. 아나운서로서의 소질을 느낀 것은, 제가 어디 나서서 웃기지도 못하고 모임에 나가서 나서지도 않지만 항상 저는 정리를 잘하더라고요. 어떤 모임이든 자리든 행사든, 제가 주인공이 되어 사람들을 웃기는 실력은 없지만 그 상황을 정리해서 잘 끝내니까요! 결국 아나운서의 역할이란 게 화려하게 말을 잘해서 좌중을 압도하기보다는 쇼를 이끌어가고 중심을 잡고 출연자를 돋보이게 해야 한다고 생각하거든요. 그런 역할이 나에게 어울리지 않을까 생각한 거죠."

이현주 아나운서와 대화를 나누다 보면 마음이 편해진다. 생각해보니 그녀는 주로 상대방이 하는 이야기를 들어주는 형인 것 같다. 그래서 편한가 보다. 그녀에 대해 떠오르는 것은 실제로 상대방이 하는 이야기를 먼저 들어주고 공감해주는 모습이다.

"제가 나서서 다른 사람을 웃기기보다는 그런 사람들의 얘기를 듣고 웃고 정리해주고 진행하다 보면, 얘기하고 싶어 하는 사람의 모습이 저에겐 보여요. '그래, 네 얘기 좀 들어보자'라고 물어봐 줄 수 있는 그런 역할과 위치가 저는 좋아요! 아나운서라는 직업은 언제든 사람들의 말을 들어줄 준비를 하고 있으면서 상대방의 이야기를 경청해주어야 하는데, 다른 사람의 이야기를 들어주면서 공감하고, 상대방이 이야기를 끊임없이 할 수 있도록 보조하는 역할을 하는 것에 보람을 느껴요."

매일 밤 9시 뉴스를 진행한다는 것은 쉽지 않은 일이다. 이런 와중에 우리말에 대해 얼마나 공부하는지 궁금하다.

"오히려 아나운서가 되고 나서 바쁘다는 핑계로 못 하는 것 같아요. 준비할 때는 열심히 했던 것 같은데, 막상 방송에 치이면 해내기 바쁘잖아요. 방송해야 하는 분량에 충실히 임하다 보면, 따로 우리말 공부할 시간을 내기가 힘들어요. 방송에서 바른 말 쓰는 분들의 말을 주의 깊게 듣고, 틀린 말을 할 때는 이런 건 고쳐야겠다는 생각도 하죠. 방송할 때도 상대방의 이야기를 주의 깊게 듣고, 배운다는 생각으로 한답니다."

그녀는 종종 KBS 아나운서 선배들의 우리말 사랑, 우리말 공부에 대한 얘기를 해준다.

"선배님들은 정말 우리말 교육이 제대로 되어 있어요. 타 방송사와는 또 다른 우리말 연구 분위기가 있는 것 같아요. 이론이 되어 있는 상태에서 방송을 하세요. 이론이라는 게 표준어규정, 한글맞춤법 같은 것인데, 이런 책들을 놓고 선배님들은 꾸준히 공부를 하시더라고요. 항상 머리에서 지우지 않고 되새기세요. 보통은 잊어버리는데, 보통 사람들이 잊어버릴 때쯤이면 다시 각인시키고, 그러면서 방송에서도 활용하시고, 결국 바른 말을 체득하시는 거예요. 저도 그런 모습을 많이 배워야 해요."

또, 우리말을 품격 있게 쓰는 사람으로 배철수 씨를 언급한다.

"말 잘 쓰는 분들이 몇몇 있어요. 제가 라디오를 많이 듣는 편인데, 배철수 씨가 바른 언어를 구사하려고 노력하시더라고요. 어법에 맞지 않는 말을 쓰지 않으려고 노력하는 모습을 많이 봤어요. 라디오 디제이로서 노력하는 모습이 아름다워 보이더라고요."

이 밖에 그녀가 하는 우리말 공부로는 칼럼, 시사 칼럼, 주간지 및 각종 잡지의 칼럼을 자주 접하려고 노력하는 것이다.

"칼럼을 쓰는 사람은 대기자 혹은 한 분야에서 위에 계신 분이라, 그분들이 쓰는 문장은 거의 완벽하다고 생각하거든요. 맞춤법, 문법, 문장의 형태 등 배울 점이 많고, 가장 문어체적이 아니라고 보기 때문에, 칼럼은 방송 언어를 공부하는 데 도움이 많이 됩니다. 아나운서로서 우리말 가꾸기를 실천하기 위해서는, 저는 평소에 완벽하게 우리말을 잘 구사하는 베테랑 아나운서들처럼 어느 자리에서나 달변인 실력자가 아니고 배워가는 사람이기 때문에, 감을 잃지 않으려고 공부를 해요. 어문규정이나 한글맞춤법을 다시 보거나 주기적으로 공부하려는 노력이 필요한 것 같아요."

특히 마이크를 잡거나 대중 앞에 서서 진행해야 할 때, 따로 미리 준비하는 나름의 준비 요령에 대해 물었다.

"일단 주제에 대해서 공부를 해요. 자료를 최대한 많이 검색해서 배우고, 이 중에서 기억에 남거나 재밌는 것들을 정리해놓고, 이런 얘기가 있다는 것을 머릿속에 외워놓아요. 대본에 써서 좔좔 외우는 게 아니라 이런 게 있다는 것을 각인시켜놓으면, 시간이 뜨거나 이 상황에서 어울린다거나 할 때, 자연스럽게 풀어낼 수 있어요."

방송 직전에 준비해야 할 것들이 있다면, 평소에는 공부도 중요하지만, 문학작품을 꾸준히 읽는 것이 우리말 사용에 있어서 실질적인 도움이 된다고 말한다.

"문학작품은 소설가가 수많은 노력 끝에 정제되고 독창적인 예쁜 언어를 많이 쓰니까, 그것을 읽다 보면 단어나 표현이 체득되는 것 같아요. 사전을 찾고 공부를 하기보다는 자연스럽게 접하는 방법이 제일 좋은 것 같아요. 사전을 찾는 것보다는 자연스럽게 문학작품을 곁에 두면 단어나 문장에도 품격을 높일 수 있다고 봐요. 그래서 저는 실제로 문학작품을 자주 접하고, 문학작품 읽는 것을 좋아해요. 저는 딱히 국어 공부를 열심히 하진 않았어요. 잘된 글을 읽으면, 문인들이 쓴 글을 읽다 보면, 그냥 자연스럽게 배우게 되잖아요. 나쁜 말을 쓰는 사람들과 자주 대화를 하면 그 사람들의 말과 내 말이 비슷해지는 것처럼, 문학작품을 읽다 보면 자연스럽게 체득되는 게 있고 스스로 익숙해지는 것 같아요."

아나운서 자리에서도 정상을 달리고 있는 그녀가 항상 하는 말은, 아나운서의 발음이나 목소리도 중요하지만 좀 더 내용이 알찬 말을 하는 아나운서가 되고 싶다는 이야기이다. "발음 좋다, 목소리 좋다, 그래서 아나운서 하는 거지, 아나운서는 앵무새 아니냐"라는 말을 제일 듣기 싫어한다. "앵무새가 아니라 자기 생각을 얘기하고, 진심에서 우러나오는 말을 한다는 말을 듣고 싶어요. 발음을 신경 쓰다 보면 내용을 신경 쓰지 못할 때가 있고, 입에 발린 말, 아름다운 말만 골라서 쓰게 되거든요. 한마디를 하더라도 의미가 있고 진정으로 우러나와서 말을 하는 아나운서가 되고 싶어요.”

그녀와 인터뷰하면서 진정성 있는 아나운서가 된다는 것은 상대방의 이야기를 경청하고 공감할 줄 아는 것이고, 이는 품격 있는 우리말을 하기 위한 기본 마인드라는 것을 새삼 깨달았다. 똑 부러지는 아나운서인 그녀에게도 말실수가 있었을까?

“말실수 진짜 많이 했어요. 첫 단추를 잘 끼워야 한다는 말을 잘 풀었다고 한 거예요. 저는 몰랐어요. 그런데 주변에 사람들이 다 웃더라고요. 너무 긴장해서 제가 무슨 말을 하는지도 몰랐던 거죠. 단어 선택에 있어, 헷갈릴 때가 있어요. 아나운서는 생각할 시간이 없잖아요. 곧바로 적재적소의 단어가 나오려면 평소에 항상 노력해야겠다는 생각이 듭니다.”

“요즘엔 말 잘하는 사람이라고 하면 화려한 수사나 기술을 구사하는 사람이라고 생각하는 것 같아요. 사람마다 말을 잘한다는 기준이 다르겠지만, 제가 생각하기에는 말을 잘하려고 남을 압도하려는 자세를 가지기보다는 말을 하려는 대상에게 관심을 갖고 애정을 가지면서 마음에서 우러나오는 말을 하는 게 말을 잘하는 사람으로 기억된다고 생각해요.”

품격 있는 우리말 지킴이 5

조선일보 논설위원 김광일

논설위원이란 보통 신문사에서 사설이나 논설의 집필을 전담하는 언론인을 의미한다. 우리나라의 경우, 각 신문사에는 논설위원실이라는 부서가 있고, 그곳에 논설위원들이 소속되어 사설이나 논설 기사, 칼럼 등의 집필을 담당하고 있다. 《조선일보》의 김광일 논설위원은 파리에서 특파원 생활을 한 뒤 조선일보 문화부 문학 담당 기자를 거쳤다. 문화와 예술의 도시 파리에서 오랜 시간을 보내서 그런지, 김 논설위원이 쓴 《조선일보》〈만물상〉, 〈태평로〉, 또 그의 저서 《김광일의 책 읽어주는 남자》를 읽다 보면 글로벌 감각과 유럽풍의 섬세하고 화려한 문체가 독자를 매료한다.

김광일 위원의 문체는 간결하고 응축된 메시지를 담고 있다. 그래서 같은 분량인데도 단숨에 읽히는 묘한 매력이 있다. 2012년 7월 30일, 《조선일보》〈태평로〉 첫 단락 첫 문장은 이렇게 시작한다. "대체로 저녁이 '없는' 삶이었다. 5060 세대는 그랬다." 눈에 확 들어오는 문장이다. 읽지 않을 수 없게끔 궁금하게 만들면서도 부담스럽지 않다. 마지막 단락도 그렇다. "그런데 참 가엾기도 하지. 요즘 주요 뉴스는 '2분기 성장률 반 토막'이요, 한번 곤두박질치면 다시 치고 오르지 못하는 'L 자형 장기 불황 공포'에 끝을 모르는 '유럽 위기'다."

이렇게 간결한 어투로 시작해서 마무리를 하고 있다. 2012년 6월 25일,《조선일보》〈태평로〉첫 단락 첫 문장과 마지막 단락 첫 문장도 다음과 같이 짧고 굵은 한마디로 시작한다.

"글로벌 경제는 늪에 빠졌다."

"시스템이 죄(罪)다."

예시된 글뿐만 아니라 과거에 김광일 위원이 쓴 여러 인상 깊었던 칼럼을 보면서, '어떻게 하면 저런 필체를 흉내 낼 수 있을까?', '나도 저런 글을 써보고 싶다' 하고 부러워했던 적이 한두 번이 아니었다. 그런데 정말 우연한 기회에, 종합 편성 채널이 시작될 무렵 탄생한 TV조선의 〈크로스미디어 WHY?〉라는 시사 프로그램 공동 진행자로 김광일 논설위원을 만나게 되었고, 함께 프로그램을 이끌 수 있는 기회가 생겼다.

《조선일보》칼럼에서 김광일 위원의 프로필 모습에만 익숙해 있다가 실물로 처음 뵈었을 때, 장발의 모습으로 나타나서 깜짝 놀랐다. 아이템 회의와 시사 현안에 대해 논의를 하면서도 김 위원의 어투와 말씀 내용이 궁금해서 귀를 쫑긋 세웠던 기억이 새롭다.

김광일 위원은 문필가라서 그런지, 방송 진행이 처음이었음에도 보통의 남성 진행자와는 확실히 다른 카리스마가 있었다. 김 위원과 방송을 오래 같이하지는 못했지만, 방송을 하는 동안 즐거웠고 함께 진행하면서 많은 것을 배우고 느꼈던 터라, 이 책의 인터뷰도 기대를 가지고 요청할 수 있었다. 글과 말은 일맥상통하는 부분이 있는 것일까? 글을 잘 쓰는 사람들은 아무래도 논리적으로 생각을 정리하는 습관이 되어 있기 때문에, 말을 할 때도 훨씬 유리할 것 같은 생각이 들었다. 편견일 수도 있겠지만, 말과 글이라는 두 마리 토끼를 잡아보자는 심산으로 김 위원이 생각하는 우리말에 대해 질문했다. 우리나라의 가장 유력한 정통 보수 신문의 논설위원이라 혹시 어려서부터 소문난 글쟁이가 아니었을까 싶었다. 한데 김광일 위원의 대답이 재밌다.

"어렸을 때는 그림을 잘 그렸습니다. 노래도 잘했고요. 시골 학교 대표들이 모이는 노래 시합이 있었는데, 학교 대표로 뽑혀 노래를 불렀습니다. 3등을 했습니다. 사생 대회에서 상장도 참 많이 받았습니다. 그때는 제가 커서 글을 쓰는 기자가 되리라고 생각 못했습니다. 지금 돌이켜 생각해보면 노래는 글을 쓰는 데 리듬감을 살리게 해주고, 그림 그리는 훈련은 사물의 디테일을 관찰하는 데 도움을 준 것 같습니다. 박세리 선수가 그러더군요. 골프에서 제일 중요한 것이 경기의 리듬이라고요. 글도 마찬가지라고 봅니다. 짧은 글이든 긴 글이든 글쓰기의 밑바닥에는 모국어를 같이 쓰는 사람들끼리만 느낄 수 있는 리듬이 있거든요. 남의 글을 눈으로 읽지 않고 소리를 내서 읽으면 그 리듬을 더 확실히 느낄 수 있습니다. 글을 잘 쓰려면 간결하게 써야 하고, 쉽게 써야 하고, 분명하게 써야 합니다. 나는 그보다 흐름을 잘 타는 글이어야 한다고 생각합니다. 디테일을 쓰다듬으면서 흐름을 잘 타고 넘어가는 글을 쓸 수만 있다면 악마에게 영혼을 팔아도 좋습니다."

흐름을 타는 글이라……. 말도 마찬가지일 것이다. 간결하게 말하고, 쉽게 말하고, 분명하게 말을 할 수 있다면, 이것이 바로 흐름을 타는 말을 구사하는 방법일 것이다. 흐름을 타는 말이나 글을 쓰려면, 우리말에 대한 이해가 충분해야 할 텐데, 특별히 우리말에 대해서는 어떤 관심을 기울이는지 궁금해졌다.

"어려운 한자어나 외래어를 쓰지 않고 순수한 우리말을 쓰도록 노력합니다. '벚꽃, 라일락, 목련 등 봄에 피는 꽃들이 우리 아파트 정원에는 가득하다'라고 쓰지 않고 '벚꽃, 라일락, 목련 같은 봄에 피는 꽃들이 우리 아파트 정원에는 가득하다'라고 씁니다. 우리가 쓰는 문장을 찬찬히 살펴보면 무심코 한자어를 쓰는 때가 많습니다. 심지어 '29세'라고 쓰지 않고 '스물아홉 살'이라고 씁니다. 따로 우리말을 공부하지는 않습니다. 텔레비전 프로그램에 나와 우리말 겨루기를 하는 출연자들은 대단한 실력을 가졌더군요. 그분들은 달인이시데요. 꼭꼭 숨어 있는 주옥같은 우리말을 어쩜 그리도 잘 맞히시는지요. 저는 그저 무심코 넘어가는 한자어를 순수한 우리말로 바꿔 쓰려고 합니다. 문장이 훨씬 아기자기하고 부드러워지는 것을 발견할 수 있습니다."

김광일 위원은 한자어를 순수한 우리말로 바꿔 쓰려고 노력한다고 하는데, 방송을 모니터링하다 보면 의외로 많은 사람이 쉬운 우리말로 바꿔 쓸 수 있는데도 한자어를 사용한다. 게다가 사용하는 단어가 순수한 우리말인지, 한자어인지 분별조차 하지 않으려는 사람들도 눈에 띄게 늘고 있는 듯하다.

젊은 세대의 언어가 거칠어지는 것도 정말 문제이긴 하지만, 언론에서 적나라하게 눈길을 끄는 제목을 생산해내는 것도 그리 즐거운 현상만은 아닐 것이다. 균형 감각을 잃지 않으면서도 차분하게 글을 써 내려가는 김광일 위원의 경우는 과연 사전에 어떤 준비 태세를 갖추는지 궁금했다.

"자료를 많이 찾습니다. 큰 책방에 가서 관련 서적도 찾아보고, 인터넷도 많이 뒤집니다. 전화를 걸 수 있으면 몇 군데 전화를 걸어서 나보다 전문적인 식견을 가진 사람들의 의견도 들어봅니다. 기자이기 때문에 몸에 밴 습관입니다."

논설위원이기 때문에 그만이 가진 우리말 가꾸기 요령 좀 말씀해 달라고 부탁했는데, 역시 좋은 글과 좋은 말은 꾸준한 습관이 수반되어야 하나 보다.

"책이나 신문을 읽다가 빛나는 표현을 봤을 때 컴퓨터 안에 들어 있는 나만의 저장고에 넣어둡니다. 매일 꾸준히 합니다. 영화를 볼 때 멋있는 대사가 나오면 무릎 위에 놓인 메모지에 간단하게 적어 놓습니다. 사무실에 돌아와 그것을 컴퓨터 저장고에 넣습니다. 이것을 10여 년 동안 했더니 꽤 쌓여 있습니다."

함께 방송을 진행하면서 김광일 위원의 성량에는 색깔이 있다는 점을 많이 느꼈는데, 낮고 부드러운 목소리로 말한다. 글을 잘 쓰기 때문에 말을 하는 것도 크게 스트레스가 없을 거라는 생각이 들어서, 말을 할 때 특별히 주의를 기울이거나 신경 쓰는 점은 없는지를 여쭤보았다.

"절대 쓰기 싫은 말이 있습니다. 우리 일상생활에서는 잘 안 쓰는데, 유독 신문에서만 쓰는 말이 있습니다. '내홍을 겪고 있다', '일각에서는 다르게 보고 있다', '통합 논의가 급물살을 타고 있다' 같은 표현입니다. '내홍', '일각', '급물살' 같은 말은 틀린 말은 아니지만, 보통 사람들이 일상생활에서는 잘 쓰지 않는 말입니다. 저는 이런 말을 쓰지 않으려고 노력합니다. 아니, 제가 쓰는 글에는 절대 집어넣지 않습니다."

마지막으로, 김광일 위원은 품격 있는 언어생활을 위해 따로 사전을 본다거나 고사성어 책을 본다거나 하는 일이 크게 도움이 되지 않고, 무엇보다 자신이 쓴 글을 다시 한번 들여다보는 일이 중요하다고 말한다.

"저는 개인적으로 이렇게 주장합니다. 초등학교 1학년 시절에 썼던 언어생활로 돌아가야 한다고요. 일곱 살짜리 꼬마들은 말을 비틀어서 하지 않습니다. 상대의 눈치를 살피느라 쓸데없이 양보절 문장을 쓰지도 않습니다. '엄마도 무척 바쁜 줄 알지만 지금 나에게 물 좀 줄래?' 하고 말하지 않습니다. '엄마, 물 쥐' 합니다. 품격 있는 언어란, 마치 다림질로 쭉 편 것처럼, 평평한 곳을 달리듯 말해야 한다고 봅니다. 과녁을 향해 날아가는 화살처럼 쭉 뻗어가듯 반듯하게 쓰고 말하는 언어가 좋습니다.

또 우리말을 몰라서 손해 봤다고 하기보다 쓸데없이 비틀어서 말을 한 다음에 후회하는 경우가 더 많습니다. 모국어의 신께서는 우리에게 놀라운 능력을 주었습니다. 눈에 보이는 것, 귀에 들리는 것은 뭐든지 말로 표현할 수 있는 능력입니다. 괜히 멋을 부리다가 엉뚱한 표현이 튀어나오고, 나를 과장하려다가 어색한 말을 쓰게 됩니다. 주변에서 우리말을 잘하는 사람들은 책을 많이 읽고 남의 말을 귀 기울여 듣습니다. 낮고 부드러운 목소리로 말합니다."

"조선일보에 오태진 수석 논설위원이 있는데, 이분이 쓰는 개인 칼럼 〈오태진의 길 위에서〉를 찾아서 읽어보시라고 권해드립니다. 그동안 쓴 글들이 책으로도 엮여 나와 있지요. 무엇보다 글을 잘 쓰려면 쉽게 써야 한다고 생각합니다. 글을 잘 쓰려면 성격이 솔직해야 한다고 봅니다. 또 디테일에 강해야 한다고 생각합니다."

품격 있는
우리말 지킴이 6

MBC 아나운서 강재형

강재형 아나운서는 1987년에 MBC 아나운서로 입사하여 약 25년 동안 꾸준히 아나운서로 활동해왔다. 2008년에는 한글학회 우리말 지킴이 상도 받았고, 한국어문기자협회 미디어언어연구소장이기도 하다. '정부 언론 외래어 심의 위원회'와 국립국어원 '표준화법 자문 위원회', '우리말 다듬기 위원회'에서 활동하고 있는 우리말 지킴이다. 또한 텔레비전 프로그램 〈우리말 나들이〉를 기획해 수년간 제작·연출을 한 '아나듀서'이기도 하다.

《한겨레신문》의 〈말글살이〉라는 훌륭한 칼럼에서도 강재형 아나운서의 감칠맛 나는 문체를 자주 접할 수 있다. 이 칼럼을 꾸준히 찾아 읽는다면, 우리말에 대한 이해도 훨씬 수월해지고 품격 있는 우리말을 구사하는 좋은 방법도 배울 수 있을 것이다.

이렇게 강재형 아나운서는 다른 사람들이 미처 깨닫지 못한 중요하고도 객관적인 사실에 대해 먼저 깨달은 사람으로서 책임을 느끼는 것 같아. 또한 그 분야가 어떤 분야이든 필요하고 스스로가 적극적으로 나설 때 나아질 것이라는 확신이 생기면 정의를 위해 올곧게 전진한다. 많은 이가 정의의 방향으로 나아가도록 깨우치려고 노력하고, 그러한 방법으로 홍보 대사를 맡기도 하고, 글을 통해 많은 이와 소통한다. 그런 의미에서 말과 글에서 두각을 보이는 강재형 아나운서에게도 품격 있는 우리말을 쓰기 위한 인터뷰를 요청했다.

학창 시절 강재형 아나운서는 말을 잘하는 학생이었다기보다는 말하는 것에 관심이 많은 학생이었다고 한다. 그 시절부터 말하기 전에 먼저 머릿속에 그림을 그린 다음, 그것을 말로 바꿔서 그 내용이 정리가 된 다음 이야기를 했다고 한다. 보통 학생 시절에는 그냥 생각나는 대로 말을 하곤 하는데, 생각하고 말하는 습관을 어려서부터 갖추고 있었다는 말이다.

학창 시절부터 이런 좋은 습관을 가졌던 사람으로서 요즘 젊은 세대의 언어생활에 대해서는 어떻게 생각하고, 말을 잘하기 위해 평소 할 수 있는 것은 무엇이 있을까 하는 질문을 던졌다.

"요즘 학생들의 생각은 참신하고 기발한 것 같아요. 그런데 때때로 이야기에 초점이 없어 보일 때가 있어요. 나는 무엇을 말하고 싶은가, 상대가 무엇을 들어주길 바라는가, 그것을 분명히 파악하고 말을 시작하는 것이 필요합니다."

마이크를 잡거나 대중 앞에 서서 이야기(진행, 인터뷰, 연설 등)를 해야 할 때 따로 어떤 준비를 하는지 요령을 물었다.

"진정한 '내 이야기'를 솔직하게 하는 것이 중요합니다. 내가 전전긍긍하고 있으면 듣는 사람도 불안해집니다. 나를 특별한 사람이라고 믿고 자신감을 가지면 이야기가 훨씬 더 자연스러워지고, 또 설득력 있게 된답니다."

강재형 아나운서는 개인적으로 우리말을 가꾸려는 노력뿐만 아니라 많은 이가 우리말에 대해 관심과 애착을 갖게 하려는 노력도 쉬지 않고 하고 있다. 이런 노력의 구심점은 어디에 있을까?

"저는 MBC의 우리말 위원회 활동을 통해서 자연스럽게 우리말 가꾸기에 노력했던 것 같습니다."

품격 있는 우리말을 구사하기 위한 노력에 대해서 강재형 아나운서는 이렇게 답한다.

"품격 있는 언어생활이란 매 순간 겪을 수 있는 상대방과의 소통이라고 생각해요. 단답형으로 이야기하는 친구와 대화를 이어갈 때는 '응'이나 '아니'로 대답할 수 있는 질문보다는 '어떻게', ' 왜'와 같이 좀 더 길게 이야기할 수 있는 질문을 하는 것이 좋겠지요. 예를 들자면 '아침 먹었어?'라고 질문하기보다는 '너는 아침으로 무엇을 먹는 것이 좋아?'라고 묻는 편이 더 좋다는 것이지요. 항상 상황에 따라 대처하는 말하기에 대해 많이 생각하는 편입니다. 가령 처음 만나는 사람과 말을 할 때는 칭찬으로 시작하는 것이 좋죠. 칭찬은 사람을 즐겁게 해주니까요. 무엇보다 중요한 것은 웃는 얼굴이에요."

강재형 아나운서는 말실수나 유머보다는 말을 할 때 가장 힘들다고 생각되는, 부탁을 거절할 경우의 방법에 대해 얘기해주었다. 누구의 제안이나 부탁을 거절할 때는 먼저 상대방을 인정하는 것이 중요하다고 말한다. 예를 들어 친구가 "오늘 떡볶이 먹으러 갈까?"라고 말했을 때 "싫어"라고 바로 대답하면 서로 어색해질 수 있다. 이럴 경우, 먼저 "와, 좋은 생각이네"라고 긍정적으로 반응한 후에 "그런데 나 오늘 집에 일찍 가야 하는데"와 같이 거절하는 이유를 설명하는 방법이 있다고 한다. 이처럼 친구에게 좀 더 부드럽게 거절의 말을 하는 방법을 알려주었다. "우리말은 종합예술이에요. 부탁을 거절할 때 우리말의 뉘앙스를 백분 살려서 거절한다면, 품격 있는 우리말을 잘하는 사람이 될 수 있을 겁니다."

말을 잘한다는 것은 무엇일까? 말을 잘하려면 어떻게 해야 할지를 고민하기 전에 말을 잘하는 사람들을 꾸준히 분석하며 해답을 찾아나가는 노력이 필요하다는 생각을 해본다.

강재형 아나운서는 친한 동기 아나운서에 대한 이야기를 들려주었다. 친한 동기 아나운서를 볼 때마다 '쟤는 참 말을 잘한다'라는 느낌을 받았다고 한다. 생각해보니 그 친구는 관계가 어색하거나 서먹한 사람과 말을 할 때도 아주 친화력 있게 대화를 이끌어가는 매력이 있었다는 것이다. 어떻게 보면 쉬워 보일 수도 있지만, 의외로 어떤 자리에서든 누구를 만나든 친화력 있게 대화를 이끌어간다는 것이 쉽지는 않다. 그래서 강재형 아나운서는 말을 잘한다는 기준으로 '얼마나 친화력 있게 대화를 이끌어가는가'에 비중을 두고 있었다.

그렇다면 말 잘하는 그 친한 동기는 불편한 사람과도 어떻게 그렇게 웃으며 대화를 할 수 있을까 하는 질문에, 세 가지 정도 짤막한 자기표현을 만들어놓으라고 권했다. 아주 일상적인 인사말 같은 것이다. 그리고 먼저 말을 거는 것이다. 때에 따른 인사도 좋고 안부를 묻는 것도 좋다. 그러고 나서 이야기를 이어나가면 대화가 쉽게 풀릴 수 있다는 것이다. "대화의 단계를 곰곰이 생각해두고, 차근차근 밟아나가는 거예요."

대화의 단계? 대화에도 단계가 있다는 것을 생각해본다. 어떻게 단계를 만들어야 하는 것일까? 말을 잘하려고, 품격 있게 우리말을 구사하려고 노력하는 독자들에게 아나운서 25년 차, 우리말 고수로서 그는 격려의 메시지를 전한다.

"말하고자 하는 것을 크게 생각한 다음, 그것을 조각조각 나누어서 정리하는 습관을 들여보세요. 10분짜리 이야기라고 한다면 3분, 3분, 3분 정도로 끊고, 그것을 다시 1분 단위로 쪼개는 거죠. 처음엔 힘들지만, 자꾸 연습하면 익숙해집니다. 특히 10대들에게는 멀리 보라는 말을 해주고 싶어요. 운전을 잘하는 사람들은 멀리 보고, 최종 목적지를 떠올린 다음, 도로의 흐름을 타고 운전을 하지요. 여러분도 당장 내일의 공부, 이번 주의 시험에 전전긍긍하지 말고, 세상을 넓게 바라보길 바랍니다. 이제까지 살아온 날보다는 앞으로 살아갈 날이 많고, 이룰 것이 많은 10대니까요."

강재형 아나운서와 품격 있는 우리말 잘하기 방법에 대해 이야기를 나누면서 우리말에 대한 꾸준한 관심이 중요하고 필요하다는 생각이 들었다. 무엇이든 공짜로 얻을 수는 없는 법. 지속적으로 시간을 투자하고, 관심과 노력을 가지고, 또 한 번 더 생각하고 말하고 수정하고, 다시 해보는 단계와 절차를 끊임없이 반복하다 보면, 노력이 결실을 맺는다는 이야기이다. 강재형 아나운서도 물론 우리말을 바르게 사용해야 하는 직업적인 의식도 작용했겠지만, 스스로 우리말에 관심을 기울이려는 노력을 끊임없이 해왔고, 또 하고 있다. 쉽지 않은 노력이겠지만, 품격 있는 우리말을 사용하고자 이렇게 한 걸음 뗀 수준이라고 하더라도 작은 불씨에 큰 의미를 두고 꾸준히 전진하자.

3장

뿌리는 같지만 의미가 다른 말

쭉 들이키다? 들이켜다!
들이키다와 들이켜다

가끔 방송국 아나운서인 한 친구와 맥주를 한잔하면서 우리말에 대한 이야기를 나누곤 한다. 이 친구가 특히 좋아하는 주점이 압구정동에 있는 화전민이라는 곳이다. 골목 안쪽으로 들어가면 이곳 분위기와는 사뭇 다르게 아주 허름하게 생긴 주점이 나온다. 간판도 플라스틱에 투박하게 '화전민'이라고 쓰여 있다. 파전, 막걸리, 도토리묵 따위를 파는 집이다. 학생들이 유난히 막걸리를 많이 마시는 것으로 유명했던 대학을 함께 나온 때문인지 우리는 화전민에 가면 늘 막걸리와 돼지 수육을 먹으면서 마음의 평안을 얻는다.

친구가 말한다. '쭈~욱 들이키게." 어느덧 나이가 사십 줄 후반에 이르다 보니 우리의 말투도 종종 하게체로 바뀌었다. 옛날에는 "야, 쭉 들이켜." 이렇게 했을 것이다.

"난 쭈~욱 들이킬 수 없네."

"아, 쭈~욱 들이키고 나도 한 잔 주시지."

"글쎄, 쭈~욱 들이킬 수 없다니까."

"왜?"

"쭈~욱 들이키지 않고 들이켤 생각이거든, 하하."

사전에는 '들이키다'가 '들이켜다'의 잘못된 표현이라고 되어 있다. '들이켜다'의 북한어라고도 되어 있다. 그러나 우리말을 누구보다 사랑하는 이 친구조차도 '막걸리를 들이키'라고 말하는 것으로 보아 이 표현은 어느 정도 언중의 동의를 얻은 것 같다.

'들이켜다'의 '들이-'는 '들이밀다', '들이받다', '들이닥치다', '들이덮치다', '들이퍼붓다' 등에서 볼 수 있듯이 강조의 접두사이다. '켜다'는 "소금 먹은 놈이 물 켜는 법이다"라는 속담에서 볼 수 있듯이 마신다는 의미를 가진다.

"글씨, 어찌 되었든 밥맛이 입에 딱딱 달라붙는 게 물을 켜는 것도 눈에 띄게 좋아졌단 말씀이야."

당뇨병 환자가 처방전에 따라 식이요법을 한 후 의사에게 하는 말이다. "물을 켜다" 같은 표현을 잘 사용하지는 않지만, 분명한 것은 많은 사람이 '켜다'를 '마시다'의 의미로 사용하고 있다는 점이다.

들이켜야 할 것을 들이킨다고 해서 품격이 떨어질지 어떨지는 잘 판단이 서지 않는다. 그러나 막걸리는 하여튼 단숨에 쭉 마셔야 제맛이 나는 것이 확실하다.

우정은 두터울수록 좋다
두텁다와 두껍다

방송에서 간혹 '두터운 선수층'이라고 해야 할 것을 '두꺼운 선수층'
이라고 말하는 것을 볼 수 있다. 이 부자연스러운 느낌을 분석해보
자. 예를 들어, 모래층은 '두텁다'가 아니라 '두껍다'라고 하고, 반대
로 선수층은 '두껍다'라고 하지 않고 '두텁다'라고 해야 한다.

선수층이 두텁다.
모래층이 두껍다.

어떤 우리말 안내서에서는 '두텁다'를 규모가 큰 것에 쓴다거나
혹은 주관적이고 점잖은 표현이라고 설명하기도 한다. 이런 설명은
부분적으로는 맞을지 모르지만 두 단어의 특성을 정확하게 짚어낸
것은 아니다. 가령 우정이 두텁다는 표현은 가능한데, 우정은 규모
가 크다거나 점잖다거나 하는 것과는 별 관계가 없기 때문이다.

그러면 우리의 설명은 무엇인가? 모두 주목. '두껍다'는 물리적으
로 측정 가능한 것에 사용하는 반면, '두텁다'는 그렇지 않은 것, 즉
심정적이고 측정 가능하지 않은 경우에 사용한다. 끝.

더 자세한 설명을 하기 전에 '두껍다'의 명사형은 '두께'인데 왜

'두텁다'의 명사형은 '두테'가 되지 않는지 생각해보자. '두껍다'는 물리적으로 측정 가능한 것에 사용한다는 사실을 다시 한번 기억하자. 예전 저서에서 이와 관련이 있는 논의를 한 적이 있는데● 그 논의를 간략히 소개하면 이렇다.

반의어 짝을 이루는 우리말 형용사(필자는 이를 측정 형용사라고 부른다)를 보자. 가령 '높다'와 '낮다' 혹은 '깊다'와 '얕다'를 보자. 논의의 편의를 위해 전자를 기본형이라 하고 후자를 파생형이라 하자. 오로지 기본형에만 명사화 접미사 '-이'를 붙일 수 있고, 파생형에는 붙일 수 없다.

높다 〉 높이   낮다 〉 *낮이
깊다 〉 깊이   얕다 〉 *얕이

이러한 구분은 영어를 비롯한 거의 모든 언어에서 발견된다. 즉, 영어에서는 기본형에 접미사 '-t/th'를 붙일 수 있고 파생형에는 '-ness'만을 붙일 수 있다.

high 〉 height   low 〉 lowness (*lowth)
deep 〉 depth   shallow 〉 shallowness (*shallowth)

─────────

● 장영준,《언어 속으로》(서울 : 태학사, 2005), 19~22쪽.

이 정도로 하고 이제 '두껍다'와 '두텁다'를 비교해보자. '두껍다'가 물리적 현상을 묘사하는 기본형이라면 여기에 명사화 접미사 '-이'를 붙일 수 있을 것이다. 그리하여 '두껍다 〉 두껍+이 〉 두께'를 얻게 된다.

그러나 '두텁다'는 물리적으로 측정이 가능한 일차적인 현상에 대한 묘사가 아니라 정신적이고 추상적이고 주관적이고 무엇보다도 정교하게 측정할 수 없는 것에 사용한다. 우리 식으로 말하면 기본형이 아니라 파생형이라 할 수 있겠다. 그렇기 때문에 '두텁다 〉 두텁 + 이 〉 *두테'가 안 되는 것이다.

자, 그럼 이제 '두껍다'와 '두텁다'가 어떻게 다르게 쓰이는지 살펴보자. 사전에는 '두텁다'에 대해 이렇게 설명하고 있다.

⑴ 신의, 믿음, 관계, 인정 따위가 굳고 깊다.
⑵ '두껍다(1. 두께가 보통의 정도보다 크다)'의 북한어.
⑶ '두껍다(3. 어둠이나 안개, 그늘 따위가 짙다)'의 북한어.
⑷ '넉넉하다'의 북한어.

북한어나 옛말은 논외로 치자. '두텁다'의 사전적 풀이는 "신의, 믿음, 관계, 인정 따위가 굳고 깊다"라고 되어 있다. 아, 이런 부족한 풀이를 가지고 어떻게 하라는 것인지. 이런 풀이만으로는 도대체 "안개가 두텁다"는 써도 된다는 것인지, 쓰지 말라는 것인지 알 수가 없다. 게다가 '두텁다'의 유의어로 '깊다, 독실하다, 가깝다' 따위를 제시한 것으로 보아 이 사전 편찬자는 '두텁다'의 의미를 매우 제한적으로만 보고 있음을 알 수 있다. 깨끗이 포기하고 우리 식으로 보자.

'두껍다'가 옷, 벽, 책 등과 같은 고체에 자주 쓰이지만, 안개나 구름과 기체에는 '두텁다'가 더 자연스럽게 쓰이는 이유는 이제 분명해졌다. 전자는 측정이 가능지만, 후자는 측정이 용이하지 않기 때문이다. 물론 '두터운 안개'를 '짙은 안개'라고 할 수는 있지만 이것은 우리의 논의가 아니니까 넘어가자. '두터운 구름'과 '두터운 대기층'이 자연스러운 이유는 구름이나 대기층의 두께를 측정하기가 용이하지 않기 때문이다. '두터운 방어진'도 마찬가지이다. 방어진의 두께를 측정할 방법은 없기 때문이다.

그런데 '두터운 성벽'은 어찌된 영문인가? 성벽의 두께를 잴 수 없단 말인가? 그렇지 않다. 성벽의 두께가 대화의 주제라면 당연히 '성벽의 두께'가 얼마라고 할 것이다. 그러나 "적군이 침입하기에는 두터운 성벽이 가로막고 있었다"라고 말하는 경우에는 성벽의 두께를 측정하는 것이 주제가 아니고, 또 그런 경우에는 두께를 측정할 방법도 없으므로, 이 경우에는 '두터운'을 사용할 수 있는 것이다. 기발하지 않은가!

"선수층이 두껍다"라고 하는 것은 분명 잘못된 표현이다. 선수층의 두께를 어떻게 측정할 수 있단 말인가? 두께를 측정할 수 없기 때문에, 또 그럴 필요도 없기 때문에 선수층은 '두텁다'라고 말해야 한다.

사전에서 '두텁다'의 유의어로 '깊다, 독실하다, 가깝다'를 제시한 이유를 이해 못하는 것은 아니다. 이런 의미는 그 대상이 모두 물리적 측정이 불가능한 경우이다. '두터운 우정'이나 '두터운 신뢰 관계' 등은 모두 수치로 측정할 수 없는 경우이다. 어떤 우리말 안내서에서 '두텁다'를 주관적이고 심리적이라고 한 이유도 바로 여기에 있다. 측정 불가능한 대상에 '두텁다'를 사용하다 보니까 마치 주관적이고 심리적으로 보일 수도 있는 것이다.

그러면 "낯가죽이 두껍다"는 어이 된 일인가? 낯가죽의 두께를 측정할 수 있단 말인가? 그럴 필요가 있는가? '두껍다'가 가치중립적으로 사용되는 반면 '두텁다'는 긍정적인 뉘앙스를 가지고 있는 것이 아닌가 하지만 이런 설명만으로는 충분치 않다. '두터운 안개로 인해' 교통사고가 발생했다면, 이는 긍정적인 경우가 아니니까. 다만 낯가죽이 두껍다는 속담처럼 굳어진 표현에는 더 살펴보아야 할 요인이 많기 때문에 여기에서는 더 이상 논의하지 않겠다.

마지막으로 일부 방언에서 '두꺼비'를 '두터비'라고 하기도 하는데, 이는 '두껍다'가 본래 '두텁다'에서 유래했기 때문이다.

둗 + 겁 + 다 〉 둗겁다 〉 둑겁다 〉 두껍다
둗 + 겁 + 이 〉 둗겁이 〉 두껍이 〉 두꺼비
둗 + 겁 + 이 〉 둗겁이 〉 두께

그러니까 '두껍다'와 '두텁다'는 동일한 어원에서 유래한 것이다. 많은 사람이 두 단어를 혼용하고 혼동하는 이유도 여기에 있다.

스승의 가르침을 좇다
쫓다와 좇다

어떤 신문의 소제목이다. 이 제목을 그대로 해석하면 야당을 쫓
아내려다가 역풍을 맞을 우려가 있다는 것인데, 도대체 야당을 어
디서 어디로 쫓아낸다는 것일까? 그런데 기사 내용을 보면 야당을
쫓아낸다는 것이 아니라 모방한다는 취지이다. 어떤 보수 정치인을
인터뷰한 기사인데 그가 실제로 한 말은, 보수 정당이 중심과 정체
성을 잃고 대중의 입맛에 따라 진보 정당을 좇다 보면 걷잡을 수 없
는 역풍을 맞게 된다는 것이었다. 그러니까 진보 정당을 쫓아낸다
는 것이 아니라 '따라 한다'는 것이었다. 신문의 제목조차 '좇다'와
'쫓다'를 혼동하고 있다.

두 단어의 구분에 대한 질문과 대답은 인터넷에도 수년 동안 누
적된 자료로 남아 있다. 그만큼 많은 사람이 혼동하고 있다는 방증
일 것이다. 사전의 구분법은 공간과 관련된 것이다. '좇다'는 추상적
이고 정신적인 것을 추구하는 데 사용하고, '쫓다'는 구체적이고 물
리적인 것을 따라가는 데 사용한다는 것이다. 물론 이러한 기본적
인 의미만 확실히 해두면 혼동을 일으킬 염려는 없다. 그래도 편의

를 위해 좀 더 자세하게 설명해보자.

사전식으로 말하면 '좇다'는 다음과 같은 경우에 사용한다. 우선, 목표·이상·행복 따위를 추구할 때 쓴다. "사랑을 좇아 이국으로 갔다"라든가 "이상을 좇는 것은 청춘의 특권이다" 혹은 "태초부터 사람은 살기 편한 것을 좇게 마련이다" 등의 예를 볼 수 있다. '좇다'는 또 남의 말이나 뜻을 따르는 것, 규칙이나 관습 따위를 지켜서 그대로 하는 경우에 사용한다. 예를 들면 "그런 관례를 좇을 처지가 못 된다", "스승의 학설을 좇아 연구를 계속했다" 같은 경우이다. "유언을 좇아 화장했다"도 마찬가지이다. '좇다'는 또 "눈여겨보거나 눈길을 보내다" 혹은 "생각을 하나하나 더듬어가다"라는 의미로도 쓰인다. 이를테면 "그의 시선은 이미 앞산에 걸린 무지개를 좇아 옮겨가고 있었다"라는 예문에 쓰인 '좇아'가 그런 의미를 가진다.

'쫓다'는 대상을 물리적으로 이동하게 만드는 것이다. 좀 더 자세히 말하면, 사전에서 정의하듯이 "어떤 대상을 잡거나 만나기 위하여 뒤를 급히 따르다", "어떤 자리에서 떠나도록 몰다", "밀려드는 졸음이나 잡념 따위를 물리치다"라는 의미를 가진다. "경찰은 뺑소니 차량과 쫓고 쫓기는 추격전을 벌였다"라든가 "경찰은 용의자로 보이는 30대 남자 둘을 쫓고 있습니다" 같은 문장은 경찰이 뺑소니 차량과 용의자의 뒤를 따르는 것이므로 옳게 쓰인 것이다. "농부는 깡통을 두드리며 참새들을 쫓았다"에서 쓰인 '쫓다'는 "어떤 자리에서 떠나도록 몰아내다"라는 의미로 쓰인 것이다. "그는 머릿속에 떠오르는 잡념을 쫓으려 애썼다"에서는 '물리치다'의 의미로 쓰인 것이다.

“친구를 좇아간다”와 “친구를 쫓아간다”는 둘 다 맞는 표현이다. 보통 스승이나 성인을 좇는 일은 흔하지만 친구를 좇는 경우는 드물기 때문에 앞의 문장은 어색해 보인다. 그러나 친구가 훌륭해서 그를 역할 모델로 삼아 따른다는 뜻도 가능하기 때문에 아무런 문제가 없다. 또 친구가 먼저 간 경우 그를 따라간다는 의미로 두 번째 문장도 가능하다.

국어시간에 꼭 듣게 되는 말이 있다. '낫, 났, 낮, 낯, 낟, 낱, 낳'은 모두 발음이 같다는 것. 그렇지만 의미는 서로 다르다는 것. 무려 일곱 개의 글자가 발음이 같은데 의미는 다르다. 모국어 화자로서는 도대체 뭐가 문제인지 금방 이해가 되지 않는다. 그러나 한국어를 배우는 외국인의 입장에서 보면 동음이의어가 많다는 것은 심각한 문제이다. 글씨가 아니라 소리로 한국어를 배운다면 외국인은 틀림없이 한국어 어휘는 동일한 단어가 여러 가지 의미를 가진다고 생각할 것이기 때문이다. 동일한 발음을 가진 [눈]이 세 가지의 상이한 의미, 즉 'snow', 'eye', 'bud'의 의미를 가지는 것과는 별도의 어려움을 낳는다.

우리가 영어를 배울 때 'economy'에는 '경제'와 '절약'이라는 의미가 있다고 배우면서 이 두 가지 의미가 서로 연관된 것이 아닐까 하는 부질없는 의미 연상을 하곤 했다. 그러나 두 의미가 서로 연관이 있든 없든 상관없이, 인간의 언어에는 동일한 소리가 여러 가지 의미를 가지는 경우가 허다하다. 영어의 'bank'도 '은행'과 '강둑'이라는 의미를 가진다. 이 두 가지 의미는 정말 아무런 상관이 없다.

하여튼 'ㅅ, ㅆ, ㅈ, ㅊ, ㄷ, ㅌ, ㅎ' 일곱 가지가 종성으로 쓰일 경우 발음이 똑같다는 사실은 비단 외국인 학습자뿐 아니라 모국어 화자에게도 여러 가지 혼란을 야기한다. '붙이다'와 '부치다', '부딪히다'와 '부딪치다', '맞히다'와 '마치다'와 '맞추다' 등등 유사한 글꼴을 가지고 있고 발음도 동일하지만 의미가 다른 어휘가 아주 많다.

'맞추다'와 '맞히다'는 '맞다'에서 갈라져 나온 말이기 때문에 어느 정도 공통된 의미를 가진다. '맞다'는 두 사물이 동일하거나 사실이 일치할 때 쓴다. "답이 맞다", "그 사람이 맞다", "내 물건이 맞다"는 모두 일치한다는 의미이다. '맞추다'는 '맞게 하다'라는 의미이다. 너무 깊게 들어갈 필요는 없지만 우리말에는 사동 접미사로 '-추-'를 선택하는 단어가 꽤 있다. '낮다'에서 '낮추다'가 파생된다. 물론 사동 접미사 '-히-'를 선택하는 단어도 아주 많다. '높다'에서 '높이다', '맞다'에서 '맞히다', '눕다'에서 '눕히다', '잡다'에서 '잡히다'가 나온다.

간단히 말해 '맞추다'와 '맞히다'는 둘 다 정해진 것과 맞게 만든다는 것이다. 쉬운 것부터 설명하자면, '맞히다'는 과녁이나 목표물에 맞게 한다는 뜻이다. 정답을 맞히는 것은 이미 정해진 답에 꼭 들어맞는 답을 제시했다는 뜻이다.

인터넷을 보니 어떤 네티즌이 다음과 같은 질문을 올렸다. "'새를 맞히려 돌을 던졌다'가 맞는 것 같은데 문제집에서 '새를 맞추려 돌을 던졌다'가 맞는다고 나와 있어요." 이에 대해 또 다른 분이 다음과 같이 답글을 달았다. "'쏘거나 던지거나 한 물체가 어떤 물체에 닿다. 또는 그런 물체에 닿음을 입다'의 뜻을 나타내는 '맞다'의 사동사 '맞히다'를 써야 합니다. 그러므로 '새를 맞히려 돌을 던졌다'

와 같이 표현합니다." 과녁이나 목표물에 적중한다는 의미로 쓸 때는 '맞히다'가 맞는 말이다.

'맞추다'는 의미의 폭이 다소 넓다. 어릴 때 시험이 끝나고 나면 친구들과 답을 맞추어보기도 했다. 이때는 친구의 답과 나의 답을 하나하나 견주어보는 것을 말한다. 즉, 친구의 답과 나의 답이 일치하는지 여부를 확인해보는 것이다. 시간을 맞추는 것은 주어진 시계의 시간과 표준 시간이 일치하도록 조정하는 것이다. 그러니까 '맞추다'는 어떤 기준이 되는 것 또는 이미 주어진 것과 일치하도록 조정하는 것을 의미한다. 양복이나 구두를 맞춘다는 말은 이미 주어진 몸이나 발의 크기와 모양에 알맞도록 천이나 가죽을 재단하여 옷과 구두를 만드는 것이다. 군대에서 대오를 맞춘다는 말을 하는데, 여러 줄로 늘어선 군인들이 들쑥날쑥하지 않고 일직선에 맞도록 간격을 조정하는 것이다. 한마디로 '맞추다'라는 말은 "일치하게 하다"라는 의미이다.

부딪치다와 부딪히다

'부딪치다'와 '부딪히다'도 '맞추다'와 '맞히다', 그리고 '붙이다'와 '부치다'처럼 같은 어원에서 파생되었을 뿐 아니라 일종의 구개음화로 인해 발음이 같아지는 단어쌍이다. 둘 다 '부딪다'에서 파생되었다. 즉, '부딪치다'는 '부딪다'에 강조 접미사 '-치-'가 결합된 단어이고, '부딪히다'는 '부딪다'에 피동 접미사 '-히-'가 결합하여 파생된 단어이다. 우리말은 왜 이렇게 동일 어원에서 파생된 비슷비슷한 단어가 많을까? 교착어라서? 아니면 그냥 우리말이라서? 모르겠다. 하여간 한국어를 모국어로 쓰는 우리도 헷갈리는데 우리말을 배우는 외국인은 어떨까? 어쩌면 원래 그렇거니 하고 배우기 때문에 오히려 혼동을 덜 일으킬지도 모르겠다.

아무튼 '부딪치다'와 '부딪히다'는 딱 한 글자씩 다를 뿐인데 그 의미는 아주 다르다. "파도가 바위에 부딪쳤다", "길모퉁이에서 지나가는 사람과 부딪쳤다", "전봇대에 머리를 부딪쳤다"에서 보는 것처럼 '부딪치다'는 능동적으로 다른 물체에 충돌하는 것과 관계가 있다. "계란을 그릇 모서리에 부딪쳐 깼다"라든가 "낯선 사람이 그에게 몸을 부딪치며 시비를 걸어왔다" 같은 표현이 가능한 것이다. "자전거가 빗길에 자동차와 부딪쳤다"에서도 충돌을 야기한 자전거 입장에서 문장이 기술된 것이다. "골목이 좁아서 지나가는 사람들이 자주 부딪친다", "그 부부는 사사건건 부딪치더니 결국 이혼하고 말았다" 역시 충돌을 야기하는 주체의 입장에서 문장이 서술되어 있다.

다만 여기서 능동이라는 말은 어떤 행위를 주체적으로 한 것 외에도 어떤 행위나 행동의 시발점이라는 의미이다. "극장에서 옛 여자 친구와 부딪쳤다"라고 하면 여자 친구와 내가 각자 움직이다가 마주치게 된 것이다. 여기에 어떤 의도가 개입된 것을 의미하지는 않고 다만 둘 다 움직였다는 사실만을 나타낸다. "수업 시간에 장난을 치다가 선생님과 눈길이 부딪쳤다" 역시 마찬가지이다. 의도적으로 선생님을 본 것도 아니고, 또 선생님도 의도적으로 화자를 감시하고 있었던 것은 아니지만, 어쨌든 둘의 시선이 움직이다가 마주친 것을 말한다. 이 밖에도 '부딪치다'의 쓰임을 분명하게 보여주는 예는 많다.

- 차에 탄 사람들은 끊임없이 엉덩이를 바닥에 부딪쳐가면서 멀미를 하기가 일쑤였고, 길이 나쁜 곳에서는 다들 내려서 차를 밀어야 했다(한수산, 《유민》).
- 그 여자는 이따금 다른 사람들과 어깨를 부딪쳐가며 느릿느릿 걸었다(김승옥, 〈야행〉).
- 술잔을 부딪치다 그녀는 말없이 앉아 이따금 이를 부딪쳐가며 흐득흐득 어깨를 떨며 흐느꼈다(한수산, 《유민》).
- 그 청년과 만화는 가끔 시선을 부딪쳐 눈으로 말을 하였다(문순태, 《피아골》).

'부딪치다'는 언뜻 보기에 '부딪다'와 '치다'의 결합으로 보이지만 여기에서는 'hit'라는 의미를 가진 동사가 아니라 강조 접미사이다. 다음을 보자.

놓치다, 걸치다, 헤치다, 넘치다, 밀치다, 솟구치다

이 단어들은 모두 강조의 접미사 '-치-'를 포함하고 있다. '놓치다'는 '놓다'에 '-치-'가 결합한 것이고, '걸치다'는 '걸다'에 '-치-'가 결합한 것이며, '헤치다'는 '헤다'에 '-치-'가 결합된 것이다. 헤집는다는 것은 속에 든 것을 드러나게 하려고 덮인 것을 파거나 젖히는 것을 말한다. '헤치다' 역시 그와 유사한 의미를 가진다. '넘치다', '밀치다', '솟구치다' 역시 같은 방식으로 분석될 수 있다. 즉, '넘다/밀다/솟구다'에 '-치-'가 결합한 구조를 가지는 것이다.

'부딪히다'는 '부딪다'의 피동형으로 부딪는 행동을 당하는 것이다. 우리말은 동사에 따라 '-이-, -히-, -기-, -리-' 등의 피동 접미사를 결합하여 어떤 일을 당하는 것을 표현하는 경우가 많이 있다. "승용차가 트럭에 부딪혀 전복되었다"를 보면 승용차는 가만히 있었는데 트럭에 의해 충돌을 당한 것이다. 트럭의 입장에서는 스스로 충돌을 일으켰으므로 "트럭은 승용차와 부딪쳤다"라고 말하게 된다. 동일한 현상인데도 스스로 움직였는가, 즉 능동인가, 아니면 당했는가, 즉 수동인가에 따라 다음과 같이 표현될 수 있다.

트럭 : 승용차와 부딪쳤다.

승용차 : 트럭에 부딪혔다.

다시 한번 되풀이하자면, '부딪히다'는 '-히-'가 피동 접미사이므로 의도하지 않게 어떤 상태에 이르게 된 것을 말한다.

- 팔뚝같이 굵은 대나무들이 바람에 흔들리며 부딪혀 내는 소리가 머리 위에서 들렸다(이원규,《훈장과 굴레》).
- 조가비들이 질그릇 벽에 부딪혀 득득 갈리는 소리가 꽤나 요란했다(윤 홍길,《묵시의 바다》).
- 화장실에서 복도를 나와 편집국으로 걸어가고 있을 때 방금 계단을 올라선 차성희와 부딪혔다(이병주,《행복어 사전》).

이 예문들에서는 모두 충돌 행위가 수동적으로 발생했음을 알 수 있다.

앞에서 '부딪치다'와 '부딪히다'를 설명하면서 강조 접미사 '-치-'와 피동 접미사 '-히-'에 대해 언급했다. '받치다'와 '받히다'도 동일한 구조를 가지고 있다. 즉, '받다'에서 파생된 단어들이다.

동사 '받다'에 강조 접미사 '-치-'가 결합해서 파생된 '받치다'는 앞에서 살펴본 '부딪치다'와 동일한 구조를 가지고 있을 뿐 아니라 '밀치다', '솟구치다', '돋치다' 등과도 같은 구조를 가진다. '받치다'는 "어떤 물건의 밑에 다른 물체를 올리거나 대다"라는 사전적 의미를 가지고 있다. 유의어로는 '괴다'나 '받들다'가 있다. "아이들이 공책에 책받침을 받치고 글씨를 쓰고 있다"가 그런 예이다. 시골에서 어린 시절을 보낼 때, "아버지는 지게에 작대기를 받쳐놓고" 담배를 한 대씩 피우시곤 했다. 학교 보수공사를 할 때는 "인부들이 벽이 무너지지 않도록 여러 개의 나무 기둥을 받쳐놓았다." "가만히 귀를 기울이면 처마 밑에 받쳐둔 양철 대야에 떰벙떰벙 물 떨어지는 소리가 그 사이로 규칙적으로 들려온다"(최인훈, 《회색인》)도 같은 예이다.

이러한 구체적 의미에서 좀 더 확장된 추상적인 의미도 있다. 이를테면 '받치다'는 "어떤 일을 잘할 수 있도록 뒷받침해주다"라는 의미로도 쓰인다. "배경음악이 그 장면을 잘 받쳐주어서 전체적인 분위기가 훨씬 감동적이었다”, “그 팀은 투수력이 막강한 타력을 받치지 못해서 4강 진입에 실패했다”, “사방 어디에건 동물과 꽃과 나무가 배경으로 인물들을 든든히 받쳐주고 있었다”(최인호,《돌의 초상》)가 그러한 예이다.

‘받치다’는 물건을 밑에 대는 것인데 이상하게도 위에 놓는 경우에 쓰기도 한다. 이를테면 “쟁반에 커피를 받치고 조심조심 걸어오던 웨이트리스의 모습이 위태위태하게 보였다” 같은 경우이다. 같은 의미에서 “우산을 받치다”도 우산이 머리 위에 있는데도 ‘받치다’를 쓰는 것을 볼 수 있다. 비나 햇빛 같은 것이 통하지 못하도록 우산이나 양산을 펴 드는 경우에도 ‘받치다’를 쓸 수 있다. “아가씨들이 양산을 받쳐 들고 거리를 거닐고 있다”, “그 위에는 금관을 머리에 쓰고 비단옷을 입고 커다란 붉은 일산(日傘)을 받쳐 든 자가 있었다”(고정욱,《원균 그리고 원균》)에 쓰인 ‘받치다’는 우리가 일상생활에서 너무나 자주 사용하는 예이다.

‘받치다’는 “겉옷의 안에 다른 옷을 입다”라는 의미로도 쓰인다. 이와 연관된 의미로 “옷의 색깔이나 모양이 조화를 이루도록 함께 하다”가 있다. 일상생활에서는 “받쳐 입다”라는 표현으로 자주 쓰인다. “양복 속에 두꺼운 내복을 받쳐서 입으면 옷맵시가 나지 않는다”, “연한 색깔의 옷에는 안감을 흰색으로 받쳐야 색이 제대로 살아난다”가 이런 의미로 쓰인 것이다. 또, “이 바지는 무난해서 어떤 셔츠에 받쳐 입어도 잘 어울린다”라든가 “스커트에 받쳐 입을 마땅한 블라우스가 없다” 등의 문장도 같은 예이다.

이 밖에 ‘받치다’라는 동사는 “먹은 것이 잘 소화되지 않고 위로

치밀다”, “앉거나 누운 자리가 바닥이 딴딴하게 배기다”, “화 따위의
심리적 작용이 강하게 일어나다”라는 의미도 가진다. “아침에 먹은
것이 자꾸 받쳐서 아무래도 점심은 굶어야겠다”라든가 “아무런 느
낌도 없었으나 생목이 울컥 받쳐 올랐다”(김원일, 《불의 제전》)에서 그러
한 쓰임을 볼 수 있다. “맨바닥에서 잠을 자려니 등이 받쳐서 잠이
오지 않는다”에 쓰인 ‘받치다’는 바닥이 배긴다는 의미이다.

“심리 작용이 강하게 일어나다”라는 의미의 ‘받치다’는 흔히 ‘복받
치다’라는 강조형으로 더 자주 사용한다. 물론 “그녀는 감정이 받쳐
서 끝내는 울음을 터뜨렸다”라든가 “그는 설움에 받쳐 울음을 터뜨
렸다”처럼 쓰기도 한다. 참고로 ‘복받치다’의 사전적 풀이는 “감정
이나 힘 따위가 속에서 조금 세차게 치밀어 오르다”이다. 설움, 그
리움, 울화, 슬픔은 아무래도 강렬한 감정이니까 ‘복받치다’가 더 잘
어울리는 것 같다. “하명은 목구멍 가득히 복받쳐 오는 울분을 누르
며 어금니를 힘주어 물었다”(한수산, 《부초》)를 보라.

“주저앉거나 쓰러지지 않도록 밑에서 위로 받쳐 버티다”라는 의
미를 가지는 ‘떠받치다’는 이중 강조형이다. 즉, ‘받다’에 강조 접
미사 ‘-치-’가 결합하여 ‘받치다’가 되고, 여기에 또 강조의 접두사
‘떠-’가 결합하여 ‘떠받치다’가 된 것이다.

‘받치다’에 이렇게 심오하고 많은 뜻이 있었다니! 독자들이 지치
기 전에 이제 ‘받히다’를 살펴보자. 아, 그래도 잊기 전에 덧붙일 말
이 있다. 신문에 보면 “미국산 쇠고기 날개 돋힌 듯 팔려나가”라든
가 “날개 없는 선풍기, 날개 돋힌 듯 팔려나가”라는 표현이 자주 나
오는데 바른 표기는 “날개 돋친 듯”이다. 역시 ‘돋다’에 강조 접미사

'-치-'가 붙은 것이다. 날개나 가시는 '돋히는' 것이 아니고 '돋치는' 것이다.

한글맞춤법 6장 1절에도 나와 있는 것처럼, '받히다'가 '받다'의 피동형이라는 것은 독자들도 이미 알고 있다고 말하고 싶었을 것이다. 피동 접미사 '-히-'도 벌써 몇 번째 되풀이되고 있으니까. '부딪치다'와 '부딪히다'를 비롯해서 수도 없이. "세게 밀어 부딪치다"라는 의미의 '받다'에 피동 접미사 '-히-'가 결합된 '받히다'는 "받음을 당하다"라는 의미를 가진다. "마을 이장이 소에게 받혀서 꼼짝을 못 한다", "친구가 승용차에 받혀 크게 다쳤다"에서 그 쓰임을 볼 수 있다. '밀다'에 강조의 접두사 '들이-'를 결합한 '들이밀다'처럼, '받히다'에 '들이-'를 결합하여 '들이받히다'라고 쓸 수도 있다.

'받치다'와 '받히다'처럼 혼동할 염려는 없지만, 유사한 단어에 '바치다'와 '밭치다'가 있다. '바치다'는 "정중하게 드리다", "반드시 내거나 물어야 할 돈을 가져다주다", "도매상에서 소매상에게 단골로 물품을 대어주다"라는 의미를 가지는데, 이 단어를 혼동할 일은 별로 없어 보인다. '밭치다'는 역시 '밭다'와 강조 접미사 '-치-'를 결합한 단어로서, "여과하다, 거르다"라는 의미이다.

손가락으로 가리키며 가르쳤다
가르치다와 가리키다

다음은 언젠가 한국시인협회 회장이 한 말이라고 한다.

장관들이 '가리키다'와 '가르치다'도 구별 못하는 게 우리말의 현실인데, 정부는 자꾸 영어 교육만을 강화하겠다고 합니다. 시인들이 목숨보다도 소중한 우리 모국어를 지키는 파수꾼이 돼야 합니다.

이런 기준으로 보면 꽤 오래전에 감자(potato)라는 단어의 철자를 틀려 구설수에 올랐던 미국 부통령은 자격이 없는 셈이다. 물론 영어 교육에 앞서 우리말을 잘 가꿔야 한다는 취지임을 이해 못할 것도 없다. 그런데 공직자나 공인을 평가할 때, 특히 한글날 무렵이 되면 그들의 우리말 실력이 도마에 오르곤 하는 것을 볼 수 있다.

'가리키다'는 손가락으로 지시하는 것이고, '가르치다'는 무엇을 새롭게 알거나 할 수 있도록 하는 것이니까 그 차이가 분명하지만, 실제 생활에서는 그렇지 않다. "아이가 잘못을 했을 때는 그냥 두지 말고 계속해서 가리켜야지"라는 말을 주변에서 흔히 들을 수 있다. 아니, '가리키다'와 '가르치다'도 구별 못하는 사람이 뭘 가르칠까.

문제가 된 '가르치다'와 '가리키다'를 보자. 둘이 혼동을 일으키는 것은 이들의 비슷한 발음과 뜻 때문이다. 둘 다 무엇을 알려준다는 의미를 가진다. "아이가 수학 문제를 틀렸을 때, 왜 틀렸는지를 가르쳐주기 위해 풀이 과정을 되짚어가면서 어디가 틀렸는지를 손가락으로 가리켜서 지적해주어야 한다"에서처럼 '가리키다'는 손가락으로 지시해서 알려주는 것이고 '가르치다'는 몰랐던 것을 이해시키는 것이다. 목격자는 용의자들 가운데서 범인을 가리킴으로써 경찰에게 누가 범인인지를 가르쳐줄 수 있다. 그리고 우리는 우리를 가르쳐주는 사람을 가리켜 선생님이라고 한다. 간혹 '가르치다'를 '가르키다'라고 하는 사람을 볼 수 있는데, 이는 비표준어이다. '가리키다'와 '가르치다'의 구별은 학교 교사들조차 어려워한다고 한다.

교사 : 내가 언제 그렇게 가리켜주었니?
학생 : 선생님께서는 왜 가르치지 않으시고 가리키십니까?
교사 : 응, 난 실력이 모자라서 가르치지는 못하고, 그저 답을 가리켜주는 일은 할 수 있지.

'가리키다'의 사전적 의미는 "손가락 따위로 어떤 방향이나 대상을 집어서 보이거나 말하거나 알리다" 혹은 "어떤 대상을 특별히 집어서 두드러지게 나타내다"이다. '가르치다'의 사전적 의미는 "지식이나 기능, 이치 따위를 깨닫거나 익히게 하다", "그릇된 버릇 따위를 고치어 바로잡다", "교육기관에 보내 교육을 받게 하다"이다. '가르치다'는 또 "상대편이 아직 모르는 일을 알도록 일러주다", "사람의 도리나 바른길을 일깨우다"라는 의미를 가진다.

우리 두 필자에게 공통점이 있다면 여러 가지 일을 벌이는 데 능숙하다는 점이다. 여러 가지 일을 벌인다는 것이 반드시 벌여놓은 일을 마무리하지 않고 중간에 그만둔다는 것을 의미하지는 않는다. 그중 오 교수가 뭐든 벌여놓은 일을 끝까지 마무리하는 스타일이라면, 장 교수는 일을 벌이는 것은 좋아하지만 끝까지 마무리하는 데에는 서투르다.

일은 벌이고, 사이는 벌린다. 그러니까 '벌리다'는 기본적으로 분리를 뜻하고, '벌이다'는 펼침을 뜻한다. 그런데도 두 단어가 자주 혼동되는 것은 왜일까?

'벌리다'는 "둘 사이를 넓히거나 멀게 하다"라는 뜻이니까 "줄 간격을 벌리다", "가랑이를 벌리다", "입을 벌리고 하품을 하다"처럼 공간적 분리를 나타낸다. "그는 당황한 나머지 두 팔을 벌려 제지하는 몸짓을 지었다. 다른 때같이 다락문을 열지 못하고 빠끔하게 틈을 벌리고 가만히 들여다보았다"(홍명희, 《임꺽정》)에서도 팔을 벌리거나 틈을 벌리는 것은 공간적 분리를 나타낸다. "시간 나는 틈틈이 철조망을 벌려두었다가 밤에 모래땅을 파고 철조망 아래로 기어 나갔지요"(황석영, 《무기의 그늘》)도 마찬가지이다. "김 위관댁 나리라는 말에 썩

기분이 좋아진 평산은 뻐드렁니를 벌리며 웃는데 삼국지에 나옴직한 변방 졸렬한 장수쯤의 호기는 있어 뵌다"(박경리, 《토지》)에서도 이빨 틈을 벌리는 것이니까 역시 공간적 분리의 의미를 가지고 있다.

같은 맥락에서 '벌리다'는 "껍질 따위를 열어 젖혀서 속의 것을 드러내다"라는 뜻도 가지는데, 이러한 의미 역시 분리의 의미이다. "밤송이를 벌리고 알밤을 꺼냈다"나 "조개를 벌리어 살을 꺼냈다"에서도 일단 두 부분을 분리시키는 것이기 때문에 벌린다고 표현하는 것이다. "우므러진 것을 펴지거나 열리게 하다"도 분리의 의미가 확장된 것이다. "자루를 벌리다", "양팔을 벌리다", "두 손을 벌려 과자를 받았다" 같은 예문에서 보면 분리의 의미를 볼 수 있다.

분리를 의미하는 '벌리다'와 달리, '벌이다'는 무엇을 펼치는 것이다. 사전에서도 "일을 계획하여 시작하거나 펼쳐놓다"라고 정의한다. 그러므로 잔치, 사업, 운동은 모두 벌이는 것이다. "수색을 벌이다", "세무조사를 벌이다", "술판을 벌이다", "굿을 벌이다" 모두 일을 시작하거나 펼치는 것이다. "엄마는 용골 선창 앞에서 좌판 술장사를 벌였다"(황석영, 〈영등포 타령〉), "여유 있는 집에선 무당을 빌어다 굿을 벌여 꽹꽹 요란하게 징을 울렸다"(현기영, 《변방에 우짖는 새》)도 마찬가지이다.

'벌이다'는 "여러 가지 물건을 늘어놓다"라는 의미도 가진다. 그리하여 "장기판을 벌이다", "투전판을 벌이다", "노름판을 벌이다"가 모두 이러한 예이다. 신문에서 "주부들이 도박판을 벌이다 경찰에 붙잡혔다" 같은 기사를 흔히 볼 수 있다. "골목 어귀에는 중년 사내 서넛이 때 없이 윷판을 벌여 이쪽을 기웃거리고"(현기영, 《변방에 우짖는

새》)에서 보는 것처럼 윷판이나 장기판 같은 놀이판은 펼쳐놓는 것
이니까 당연히 '벌이다'를 쓴다.

장기판, 투전판, 도박판이 모두 펼쳐놓는 물건이듯이, 여러 가지
물건을 늘어놓는 것도 '벌이다'라고 표현한다. "책상 위에 책을 어지
럽게 벌여두고 공부를 한다"라든가 "그는 마루에 갖가지 도구를 벌
여놓았다" 같은 문장이 이러한 예이다. 말뭉치 사전에 보면 '좌판'은
종종 '벌이다'와 함께 연어 관계를 이룬다. "나물은 장바닥에다 벌여
놓고 더위에 한나절만 지나면 누렇게 빛깔이 바래 애가 달았다"(송기
숙,《녹두장군》)에서도 여러 가지 나물을 펼쳐놓은 것을 상상할 수 있다.

입씨름, 싸움, 전쟁, 말다툼, 실랑이, 시위, 잔치 등도 모두 '벌이다'
라고 한다. "부딪치기만 하면 입씨름을 벌이는 이들은 벌써 이력이
나서 수작의 수가 여간 높지 않다"(박경리,《토지》)에서 이런 예를 볼 수
있다. 자선사업, 캠페인, 선거운동처럼 어떤 일을 행하는 것도 모두
'벌이는' 것이다. 하지 않던 일을 새롭게 시작하여 펼친다는 의미가
있을 때 '벌이다'를 쓴다.

한편 '떠벌이다'는 "굉장한 규모로 차리다"라는 뜻이니까, 말하자
면 '벌이다'의 특수한 용법이라고 하겠다. "그는 사업을 떠벌여놓고
는 곤욕을 치르고 있다"라는 문장은 '떠벌여'를 '벌여'로 바꾸어도
큰 의미 차이가 없다. 이야기를 과장하여 늘어놓는다는 의미의 '떠
벌리다'와는 관계가 없다.

한껏
빨리섰구만
…

있던 것 또는 없던 것을 추가
늘리다와 늘이다

가끔씩 우리말을 생각할 때마다 영어와 비교하면서 우리말의 독특한 성질을 다시금 인식하게 된다. 다른 언어에 비해 동음이의어가 엄청나게 많고, 접사의 선택으로 의미 차이를 구별하는 교착어의 성격이 그대로 드러난다. 이미 여러 차례에 걸쳐 우리말의 이러한 특성에 관해 논의했다. 어찌 보면 매우 과학적이지만, 한국어를 배우는 외국인 입장에서는 복잡할 수도 있다. 이번에 논의하는 '늘리다'와 '늘이다'도 전형적인 우리말 어휘의 특성을 보여준다.

우선 '늘리다'와 '늘이다'는 모두 '늘다'에서 파생된 사동사로 길이, 크기, 분량, 무게, 숫자를 전보다 더 크고 많게 하는 것을 의미한다. 둘의 기본적인 차이점은, '늘리다'가 다른 것을 추가하여 그러한 결과를 얻는 데 비해 '늘이다'는 있는 것을 잡아당겨 그러한 결과를 얻는 것이다. 무엇을 추가하여 수나 양을 많게 한다면 '늘리다'를 써야 하므로, 재산이나 수입, 투자, 예산 등에 관해 말할 때는 '늘리다'가 잘 어울린다. 이 밖에도 양과 관련된 분야는 많이 있다. 판매량, 수출량, 교역량도 마찬가지이다. 세력을 넓힐 수도 있지만 세력을 늘릴 수도 있다. 살림을 두 배로 늘릴 수도 있다. 인원을 늘릴 수도 있고, 근무시간을 늘릴 수도 있다. 다른 천을 덧붙여 바짓단이나 옷

소매를 늘릴 수도 있다.

그런데 고무줄이나 용수철, 엿가락은 그 자체를 잡아당겨 길게 하는 것이므로 '늘이다'가 맞는다. 사전에도 '늘이다'는 "본디보다 더 길게 하다"라고 풀이되어 있다. 종이에 선을 그어 더 길게 하는 것도 '늘이다'라는 표현을 쓴다. 혹시 옷이 플라스틱으로 되어 있어서 탄력성이 있다면, 그런 옷의 소매는 '늘일' 수도 있을지 모르겠다. 그런데 탄력성이 있는 물질은 잡아당겨 늘일 수는 있지만 가한 힘이 사라지면 원래대로 되돌아가는 특성이 있으니까, 늘인 소매가 다시 줄어들 것이다. 수명도 없는 것을 추가할 수 있는 것이 아니라, 이미 정해진 것을 길게 하는 것이므로 '늘이다'가 맞는다.

하여튼 없던 것을 추가하는 것은 '늘리는' 것이다. 평소 여덟 시간 자는 사람이 한 시간을 더 잔다면 그 사람은 분명 수면 시간을 '늘린' 것이고, 수면 시간은 '는' 것이다. 즉, 무엇을 늘리면 그것은 늘게 된다. 그리고 고무줄을 '늘이면' 고무줄은 '늘어나게' 된다.

한편 '늘이다'는 "아래로 길게 처지게 하다"라는 뜻도 있다. "주렴을 늘이다", "김 씨는 벌써부터 점방에 국수를 발처럼 늘여 널고 있다가"(최명희, 《혼불》)에서 그런 쓰임을 볼 수 있다. "경계망을 늘이다"에서는 "넓게 벌여놓다"라는 의미로 쓰였다.

마음은 덥히고 찌개는 데우고
덥히다와 데우다

'덥히다'는 '덥다'의 사동사이다. 그리고 '덥다'는 기온이 높거나 기타의 이유로 몸에 느끼는 기운이 뜨겁다는 의미이다. "손을 덥히다", "방을 덥히다", "물을 덥히다" 등등 일상생활에서도 '덥히다'는 자주 사용된다. 물리적으로 온도를 올려 더운 기운을 느끼게 하는 것 외에도 추상적 의미로도 쓰인다. 마음이나 감정 따위를 푸근하고 흐뭇하게 하는 것도 '덥히다'로 표현할 수 있다. 이를테면 "마음을 덥혀주는 훈훈한 미담"이 그런 의미로 쓰인 것이다.

'덥히다'와 비슷하지만 미묘한 의미 차이가 있는 단어가 '데우다'이다. '데우다'는 당연히 '데+우+다'의 구조를 가진다. 《능엄경언해》(1461)에도 나온다고 하니까 비교적 오래된 단어이다. 그런데 '데'가 뭘까? '데'라는 어원이 있는 것이 아니고 사실은 '덥+우+다'에서 온 것이다. 그러니까 '덥히다'와 정확히 동일한 어원에서 온 단어인데 사동 접미사 '-우-'와 결합하면서 음운변화를 일으킨 것이다. 즉, '덥+우+다'에서 'ㅂ'이 탈락되고 모음 충돌(hiatus) 현상을 막기 위해 반모음 'ㅣ'가 삽입됨으로써 '데우다'가 된 것이다.

덥 + 우 + 다

↓ (ㅂ 탈락)

더 + 우 + 다

↓ (반모음 'ㅣ' 삽입)

더 + ㅣ + 우 + 다

↓

데우다

사동 접미사 '-우-'가 쓰이는 단어는 비교적 많다. '크다'에 '-우-'를 결합한 '키우다'라든가 '살찌다'에 '-우-'를 결합한 '살찌우다' 혹은 '끼다'에 '-우-'를 결합한 '끼우다'가 그러한 예이다.

크다 → 키우다

살찌다 → 살찌우다

끼다 → 끼우다

우리말 분석은 이 정도로 하고 '데우다'로 다시 돌아가자. '데우다'는 "식었거나 찬 것을 덥게 하다"라는 의미이다. 물을 데우거나 찌개를 데우는 것, 술을 데우는 것이 모두 찬 음식을 덥게 하는 것이다. 주로 음식에 대해 '데우다'를 쓰지만 얼음장처럼 찬 방을 데운다고도 한다.

어떤 책에서는 '데우다'가 '데다'의 사동형이라고 설명하는데, 우리 생각에는 그렇지 않다. 불이나 뜨거운 물에 화상을 입는 것을 '데다'라고 하는데, 음식을 덥히는 것은 이것과는 의미 차이가 너무 크

기 때문이다. 또한 '데우다'의 옛말이 '더이다'이므로 '데다'와는 별
개의 단어라고 할 수 있다.

- 싀어미 病ᄒ 얏거늘 모셔 이셔 藥 더이믈 게을이 아니 ᄒ니 ᄆ
  술히 일ᄏ더라 《속삼강행실도》
- 命ᄒ디 술 더이고 生蛤 구어 오라 ᄒ대 《내훈》
- 마초와 長史 劉湛이 들어니거놀 인ᄒ야 긔걸ᄒ야 술 더이고 죠
  개 구으라 ᄒ대 《소학언해》

이 예문들은 모두 '덥다'를 어원으로 하는 동사에서 'ㅂ'이 탈락된
것으로 보아야 한다.

많은 사람이 음식을 "덥혀 먹는다"라고도 하고 "뎁혀 먹는다"라고
도 하는 것을 볼 수 있다. '덥히다'와 '뎁히다'가 모두 '데우다'와 어
원적으로 관련이 있음을 보여주는 증거이다. "찌개를 덥혀 먹는다"
와 "찌개를 데워 먹는다"는 둘 다 자연스러운 표현으로, 전자는 찌
개의 이전 상태에 대한 전제 없이 결과적으로 찌개가 따끈해진 것
을 의미하는 반면, 후자는 차가워진 찌개를 다시 따끈하게 한다는
의미를 내포한다.

음식은 데우고 방이나 몸은 덥힌다고 말하며, '데우다'가 국소적
이고 일시적인 반면 '덥히다'는 전체적이고 지속적이라고 설명하는
책도 있는데, 이런 오해는 두 단어의 기본 의미에 대한 오해에서 비
롯된 것으로 보인다. "모닥불을 쬐어 손을 덥힌다"라는 표현에서 보
듯이 손은 매우 국소적이지만 '덥히다'를 쓰고 있다. '더운 국', '더운

밥’, ‘김이 모락모락 나는 더운 해장국’도 가능한 표현이니까 음식물
에 ‘데우다’만 쓰는 것도 아니다.

‘데우다’는 식거나 찬 것을 다시 따끈하게 하는 것이고, ‘덥히다’
는 그러한 전제 조건 없이 어떤 것을 따뜻하게, 덥게 하는 것이다.

일절과 일체

국어과 교수인 한 친구는 술을 전혀 하지 못한다. 그런데도 생각해 보면 술집에 자주 함께 가곤 했다. 둘이서 혹은 여럿이서. 친구는 술을 하지 못하므로 늘 사이다나 콜라를 시키고, 남들이 술을 마시는 동안에는 사이다를 마시거나 안주를 축낸다. 필자도 술은 거의 하지 못하는데, 다만 그 분위기를 즐길 따름이다. 맥주 한 잔으로 한 시간을 버티는 우리 같은 사람을 술집에서는 별로 환영하지 않는다. 차라리 사이다나 콜라를 마시는 사람을 더 환영한다.

요즘은 인테리어가 세련되고 넓은 창문을 통해 채광이 잘 되는 서양식 맥줏집이 대세이다. 그런데 아직 동네 뒷골목에는 허름한 돼지갈빗집과 맥줏집이 널려 있다. 이런 종류의 술집에 가면 친구가 늘 하는 말이 있다. "이 집은 안주 일절인가, 안주 일체인가 보자." 많은 사람이 술집에 가면 술에 관심이 있겠지만 이 친구는 우선 메뉴판의 우리말에 관심이 더 많다. '안주 일절'이라고 쓴 술집이면 그 주인장의 우리말 실력이 형편없다고 판정하고, '안주 일체'라고 쓴 술집이면 그 주인장의 우리말 실력이 괜찮다고 판정한다. 심심함을 극복하는 한 방편이라고나 할까.

'일절'과 '일체'는 이상하게도 '一切'이라는 동일한 한자를 사용한다. 두 가지 발음이 나는 것이다. 그런데 놀랍게도 '일절'은 '아주, 전혀, 절대로'라는 부정부사어로서 부정문에 쓰인다. 이를 학술 용어로는 부정극어라고 부른다. 일절(一切)의 '절(切)'이 끊는다는 뜻이니까 일절은 무엇을 하지 않는다는 의미를 내포한다. 신문 구독을 중지하려면 가끔 대문에 '○○ 일보 사절'이라고 쓰는 경우가 있다. 다음에서 보듯이 부정문에서만 쓰이는 단어라는 뜻이다.

- 면회를 일절 금지합니다.
- 그 문제에 관해서는 일절 모릅니다.
- 그런 질문은 일절 하지 마시오.

반면에 '일체'는 '모든 것'이라는 의미를 가지는 명사이다. '일체'는 부정극어가 아니지만, 그렇다고 그 반대말인 긍정극어도 아니기 때문에 부정문이든 긍정문이든 쓸 수 있다. 신문 기사에서 흔히 볼 수 있는 표현인 "재산 일체를 사회에 기부했다"라든가 불교 용어인 "일체가 유심조" 또는 "일체가 불성을 가진 존재"라는 표현에서 일체의 용법을 볼 수 있다. 최근에 모 당의 인사가 다가올 국회의원 선거에서 "저를 비롯해 당의 구성원이 가진 일체의 기득권을 배제하고 모든 것을 국민 편에 서서 생각하고 결정할 것"이라고 밝혔다. 일체는 '모든'의 의미이다.

보스턴에서 발행되는 신문 중에 《보스턴 글로브》가 있다. 진보적 신문으로 《뉴욕 타임스》에 버금가는 영향력을 가지고 있다. 작년에 북한의 김정일이 죽고 나서 북한 관련 기사를 비교적 자주 싣고 있는데, 일전에는 김대중 전 대통령의 햇볕 정책을 다루었다.

햇볕 정책을 영어로는 'sunshine policy'라고 한다. 김대중 대통령도 언급했다시피 이 용어는 이솝우화에서 나온 것이다. 해와 바람이 나그네의 외투를 벗기는 내기를 했는데 나그네의 외투를 벗긴 것은 결국 따뜻한 햇볕이었다는 것이다. 북한의 개방을 이끌어내는 것도 봉쇄와 압박이 아니라 화해와 포용이라는 것이 햇볕 정책의 요지이다.

그런데 영어 'sunshine'의 우리말 번역은 거의 모든 사전에서 '햇빛'이다. 'sunshine'을 사전에서는 '햇빛'이나 '햇살'이라고 번역하고 있지만, 막상 그것이 들어간 문장을 번역할 때는 또 '햇빛'과 '햇볕'을 섞어 쓰고 있음을 볼 수 있다.

• It was a crowning moment for the President and his 'Sunshine Policy.'

대통령과 그의 햇볕 정책에 있어서는 최고의 순간이었습니다.

• It's like a ray of sunshine in my life.

그건 제 삶에 한 줄기 빛 같은 존재랍니다.

어떤 우리말 안내서에서는 햇볕을 "해가 내리쬐는 뜨거운 기운"으로 풀이하고 곧이어 "햇볕이 따갑게 내리쬐어 몹시 뜨거운 상태를 '불볕'이라 한다"라고 설명하고 있다. 좀 이상하지 않은가.

햇볕 : 해가 내리쬐는 뜨거운 기운.

불볕 : 햇볕이 따갑게 내리쬐어 몹시 뜨거운 상태.

뜨거운 기운을 내리쬐는 것은 해인가 햇볕인가? 당연히 해일 것이다. 그러므로 불볕에 대한 설명은 이렇게 되어야 한다.

불볕 : 해가 내리쬐는 기운이 몹시 강하여 (대기가) 뜨거운 상태.

'햇빛'과 '햇볕'은 참으로 구별하기가 쉽지 않은 단어이다. 우선 사전에 의하면 '햇볕'은 "해가 내리쬐는 뜨거운 기운"이 맞다. 여기서 중요한 점은 '뜨거운'이다. 즉, '햇볕'은 열기나 온도와 관계된다는 말이다. 어릴 적 강원도 두메산골에 살 때 사방이 흰 눈으로 뒤덮인 어느 겨울날이면 할 일은 없고 심심하기는 한 그런 오후에 가느다란 볕이 드는 마당 한구석에 앉아 볼을 녹이곤 했다. 겪어본 사람은 알겠지만 별 온기도 없고 춥기만 하다. 그런데도 응달진 구석에 있는 것보다는 그나마 약간의 온기를 느낄 수 있다. 그것이 바로 '볕'의 힘이다. 그러니까 이렇게 말할 수 있다.

볕은 온도와 관계가 있다.

나그네가 외투를 벗는 것도 온도가 올라가기 때문이지 않은가. 길게 말할 것도 없이 '볕'은 '온기'를 품은 빛이라고 할 수 있다. 빛이 수반되지 않은 온기는 그냥 '온기'일 뿐이다. 화로의 온기를 '볕'이라고는 하지 않는다. 전기장판의 온기를 '볕'이라고 하지 않는 것처럼.

햇빛은 뭔가? 사전은 '해의 빛'이라고 아주 편리하게 풀이하고 있는데 이래서야 되는가? 나뭇잎을 '나무의 잎'이라고 하는 것과 하나도 다르지 않다. 그럼 '빛'은 뭘까? 다시 사전을 찾아보았더니 이렇게 되어 있다.

빛 : 시각신경을 자극하여 물체를 볼 수 있게 하는 일종의 전자기파. 태양이나 고온의 물질에서 발한다.

'빛'의 사전 풀이는 오히려 보지 않는 것이 더 나을 것 같은 어려운 풀이이다. 시각신경이니 전자기파니 하는 전문용어를 쓰고 있지 않은가. 게다가 태양이나 고온의 물질에서 발한다고 되어 있는데, 오징어가 내는 빛이나 형광등이 내는 빛은 어떻게 설명할 것인가.

물론 이러한 설명이 훨씬 더 나을지 어떨지는 모르겠지만, '햇빛'

은 "해에서 나오는 밝은 기운"이라고 해두자.

> 햇볕 : 해에서 내리쬐는 뜨거운 기운.
> 햇빛 : 해에서 나오는 밝은 기운.

볕은 온기이고 빛은 밝기이다. 이보다 더 간단명료하게 설명할 수 있을까? 어떤 책에서 "햇빛은 눈부시고 햇볕은 뜨겁다"라고 했는데 그 말이 맞다. 불볕, 뙤약볕, 땡볕, 햇볕은 모두 온기와 관련이 있기 때문에 가능한 것이고, '달볕'이나 '별볕'이 부자연스러운 것은 이들이 전혀 온기를 전해주지 않기 때문이다. 그렇지만 달빛, 별빛, 햇빛이 가능한 이유는 이들이 모두 밝은 기운을 가지고 있기 때문이다. '땡빛'과 '뙤약빛'이 부자연스러운 이유는 밝음의 원천으로서 '땡'이나 '뙤약'이 존재하지 않기 때문이다. 다시 말해 달빛은 달의 빛 혹은 달로부터 나오는 빛이고, 별빛은 별의 빛 혹은 별로부터 나오는 빛이며, 햇빛은 해의 빛 혹은 해로부터 나오는 빛이다. 그렇지만 '땡의 빛'이나 '땡으로부터 나오는 빛'은 상상할 수 없기 때문에 '땡빛' 또한 상상할 수 없는 것이다.

"여우볕에 콩 볶아 먹는다"라는 속담이 있다. 콩을 볶기 위해 필요한 것은 밝음이 아니라 온기이다. 그러니까 '여우빛'이 아니라 '여우볕'이 되는 것이다. 그런가 하면 "가을볕에는 딸을 쬐이고 봄볕에는 며느리를 쬐인다"라는 속담에서는 시어미의 못된 심술이 드러난다. 선선한 가을볕에는 딸을 쬐이고 살갗이 잘 타고 거칠어지는 봄볕에는 며느리를 쬐인다는 뜻이니까.

어떤 위대한 인물의 위대한 업적에 대해 우리는 "역사에 길이 빛나는"이라고는 할 수 있어도 "역사에 길이 볕나는"이라고는 할 수 없다. 업적은 밝게 빛날 수는 있어도 온기가 있는 것은 아니니까.

관련된 말로 '햇살'이 있다. 풀이하면 '해의 살'인데 '살'은 자전거 바퀴살이나 창살, 우산살, 부챗살에서 보듯이 뼈대가 되는 나무오리나 대오리를 말한다. 아, 작살도 있다. 물고기를 잡을 때 사용하는 가느다란 나무 끝에 화살촉을 끼운 무기 말이다.

'햇살'은 볕이나 빛에 모두 쓸 수 있다. 해에서 퍼져 나오는 광선을 가느다란 살에 비유한 것인 만큼 그것은 당연히 온기를 품기도 할 것이고 밝은 기운을 품기도 할 것이다. 그리고 햇빛이나 햇볕이라고 말할 때보다 그 표현의 강도는 훨씬 더 셀 것이다. 최성수의 노래 중에 〈풀잎 사랑〉이라고 있다.

싱그러운 아침 햇살이 풀잎에 맺힌 이슬 비칠 때면 (…)
그대는 풀잎, 나는 이슬, 그대는 이슬, 나는 햇살

아름다운 가사이다. 자못 세차고 찬란한 광선을 떠올리게 된다. 이것을 "싱그러운 아침 햇빛이"라든가 혹은 "싱그러운 아침 햇볕이"라고 했다면 어찌 될까? 적어도 노래방에서 노래 떨어졌다고 이 노래를 찾지는 않았을 것 같다.

'햇살'과 비슷한 말로 '볕살'이 있다. 낯설어서 그렇지 뭐 어려운 단어는 아니다. '볕'에다가 '살'을 붙인 것이니까. 이상의 〈날개〉에 "아내가 외출만 하면 나는 얼른 아랫방으로 와서 들여비치는 볕살

이 아내의 화장대를 비춰 가지각색 병들이 아롱지면서 찬란하게 빛
나는 것을 보곤 했다"라는 구절이 있다.[•] 또 오영수의 〈메아리〉에
"나무 사이로 스며드는 따끈한 볕살, 폭신한 마른 풀밭은 음침한 움
막보다는 한결 좋았다"라는 구절이 나온다.

• 김경원 · 김철호, 《국어 실력이 밥 먹여준다》(유토피아, 2010)에서 재인용.

'개펄'에서 잡은 펄낙지
갯벌과 개펄

사전에 보면 '갯벌'은 "바닷물이 드나드는 모래톱(모래벌판), 또는 그 주변의 넓은 땅"이라고 되어 있다. "갯벌에 나가 조개를 줍다", "썰물로 바닷물이 빠져나가자 꺼멓게 갯벌이 드러났다"에서 보는 것처럼 우리가 조개를 줍는 그 바다 벌판을 말한다. 제부도나 대부도에 가면 조개며 꼬막을 캘 수 있는 '갯벌'이 있었는데, 최근에 가보니까 조개나 꼬막이 거의 자취를 감추었다고 한다.

그럼 '개펄'은 뭘까? 사전에는 "갯가의 개흙이 깔린 벌판"이라고 풀이하고 "간조(干潮)와 만조(滿潮)의 차가 큰 해안지형에 발달한다"라고 설명하고 있다. 비슷한 말이 '펄'이니까 역시 '뻘'이나 '개뻘'은 바른 표기가 아니다. "개펄에서 굴을 캐다", "바다풀이 깔린 개펄은 발목까지 푹푹 빠진다"에서 그 쓰임을 볼 수 있다.

그런데 문제는 갯벌에 나가 조개를 줍고 개펄에서 굴을 캔다면 '갯벌'과 '개펄'은 같은 것인가? 거의 같은데 갯벌은 넓은 벌판에 초점이 있다면 개펄은 거무스름하고 고운 흙에 초점이 있다고 하겠다. 거무스름하고 미끈미끈한 고운 흙을 '개흙'이라 하고 그것이 깔린 벌판을 '개펄'이라 하는 것이다. '갯벌'은 개펄보다는 다소 범위가 넓어서 모래가 깔린 부분까지도 포함한다.

사람들이 흔히 쓰는 ‘뻘낙지’는 따라서 ‘펄낙지’가 맞는 표현이다. 그러나 “황토집 앞바다에서는 썰물 때는 개펄 체험을, 밀물 때는 수영을 할 수 있는데 무엇보다 재미있는 것은 낙지 잡기다. 무안의 유명한 뻘낙지를 이곳에선 손수 잡을 수 있다” 같은 구절을 표준어법과 공인된 어법을 중시하는 신문에서도 쉽게 찾아볼 수 있다. 사전에서도 ‘갯벌’이 아닌 ‘개펄’에서 잡은 낙지이므로 원칙적으로는 ‘벌낙지’나 ‘뻘낙지’가 아니라 ‘펄낙지’로 써야 한다고 설명하고 있다. ‘원칙적으로’라는 말은 참으로 묘하다. 현실과 어긋날 때 그 핑계로 쓰는 말이 바로 ‘원칙적으로’라는 말이다. 원칙적으로 안 되지만 너만은 봐주겠다, 이번만 용서해주겠다고 할 때 흔히 쓴다. 그러니까 우리 국어사전도 원칙적으로는 ‘펄낙지’가 맞지만 많은 사람이 ‘뻘낙지’라고 쓰니까 포기하겠다는 뜻 아니겠는가.

‘갯벌’과 유사한 느낌을 주는 단어가 ‘벌판’이다. 즉, 바닷물이 드나드는 모래벌판 또는 그 주변의 넓은 땅이 ‘갯벌’이듯이, ‘벌판’은 식물이 살지 못하는 황무지 혹은 식물이 드문드문 자라는 척박한 땅을 가리킨다. 허허벌판이라는 표현에서도 그런 느낌을 확인할 수 있다. 어떤 책에서 ‘갯벌’에 비해 ‘개펄’이 더 생명체가 넘쳐흐른다고 했는데, 그런 의미에서 보자면 ‘갯벌’과 ‘벌판’이 상응하고 ‘개펄’과 ‘들판’이 상응한다고 볼 수 있다. ‘들판’은 ‘들’이 넓은 것을 말하는데, 마을에서 가깝고 오로지 식물로만 채워진 평평한 땅을 ‘들’이라고 한다. “산과 들에 꽃이 핀다” 같은 표현에서도 알 수 있듯이, ‘들’은 산을 제외한 부분이기도 하다.

'너머'는 명사, '넘어'는 동사
넘어와 너머

우리말에는 동사에서 파생된 명사와 동사의 활용형이 유사한 형태를 가지고 있는 경우가 많다. 뭐, 우리말만 그런 것은 물론 아니다. 동사 '넘다'에서 나온 파생명사는 '너머'이고, '넘어'는 활용형이다. 그러니까 명사는 정적이고 추상적인 의미를 가지고 있지만, 동사의 활용형은 여전히 동작성을 내포하게 된다. "산 넘어 산이다"라는 속담은 산을 넘어가도 또 산이 있다는 말이니까 당연히 동작을 내포한다. "산을 넘어가다"라는 말은 동작을 나타내는데, '너머'는 공간이나 위치를 나타낸다. 사전에는 '너머'를 "높이나 경계로 가로막은 사물의 저쪽, 또는 그 공간"이라고 풀이하고 있다.

산 너머에는 누가 살까. (○)
산 넘어에는 누가 살까. (×)

이 예문에서는 사는 공간을 말하는 것이므로 당연히 '너머'가 맞다. 처소를 나타내는 조사 '-로부터'가 붙을 수 있는 것은 당연히 장소뿐이다. '산 너머로부터'는 자연스럽지만, '산 넘어로부터'는 부자연스럽다.

　한글맞춤법(4장 3절 19항)은 "어간에 '-이'나 '-음' 이외의 모음으로 시작된 접미사가 붙어서 다른 품사로 바뀐 것은 그 어간의 원형을 밝히어 적지 않는다"라고 규정하고 있다.

　동작성과 추상성의 관계는 '죽다'에서 파생된 '주검'과 '죽음'에서도 볼 수 있다. '죽음'은 '죽는 동작'에 초점이 있다면, '주검'은 '죽은 사람의 몸', 즉 시신에 초점이 있다. "싸늘한 주검으로 발견되다", "그 병사는 산허리를 타고 넘다가, 풀숲에 넘어진 주검을 보았다"(최인훈, 〈광장〉)와 같이 쓴다. 물론 '주검'은 '죽+엄'에서 파생된 명사이다.

　이에 비해 '죽음'은 사전에서도 밝히고 있다시피 "죽는 일", "생물의 생명이 없어지는 현상"을 의미한다. "죽음을 각오하고 싸우다", "죽음을 당하다"에는 여전히 죽는 행위라는 동작성이 남아 있다. "옆에서 동료가 픽픽 쓰러져가는 것을 보며 죽음에 대한 공포가 본능적으로 되살아났다"(김인배, 〈방울뱀〉), "좀 더 현명했더라면, 좀 더 성의가 있었더라면 억울한 죽음은 없었을지도 모를 일이다"(박경리,《토지》)에 쓰인 '죽음'도 동작성을 내포한다.

눈은 지그시 감고, 엉덩이는 지긋이 붙인다
지긋이와 지그시

한글맞춤법에 의하면, 슬며시 힘을 줄 때에는 '지그시'로 적고 '지긋하다'의 의미가 살아 있으면 '지긋이'로 적는다고 한다. 그러니 우선 '지긋하다'의 의미가 뭔지 알아야겠다.

'지긋하다'는 "나이가 비교적 많아 듬직하다"와 "참을성 있게 끈지다"라는 의미를 가진다. 그런데 "나이가 지긋한 노인들 네댓 명이 먹물을 갈아 붓에 먹칠을 하고 있었다"(홍성원, 〈육이오〉)에 쓰인 것과 같은 '지긋하다'는 '지그시'와 대비되지 않는다. 두 번째 의미, 즉 "참을성 있게 끈지다"라는 의미의 '지긋하다'가 '지긋이'로 쓰일 때 '지그시'와 혼동을 일으키므로 두 번째 의미에 대해서 좀 더 자세히 알아보자.

"그는 어디를 가나 지긋하게 앉아 있지 못하고 늘 금방 가자고 조른다"에 쓰인 '지긋하다'는 "참을성 있게 끈지게"라는 의미로 쓰였다. "육친이라고 오직 한 분밖에 없는 아버지를 여의는 큰 슬픔을 지긋이 견딘 것도, 모래알을 씹는 듯한 길고 긴 삼 년의 날짜를 보낸 것도"(현진건, 《무영탑》), "하늘 밑의 사람들은 정복당하고 주권을 빼앗겼는데 엉덩이를 지긋이 땅에 붙이고 있었다"(박경리, 《토지》)에 쓰인 '지긋이'도 마찬가지이다.

‘지그시’는 “슬며시 힘을 주는 모양”이나 “조용히 참고 견디는 모양”을 의미한다. “지그시 밟다”나 “지그시 누르다” 또는 “눈을 지그시 감다”처럼 쓰인다. “지긋이 밟다”라고 말하면 “참을성 있게 끈지게 밟다”라는 의미가 되어 이상해진다. “지긋이 누르다”라고 하면 역시 “참을성 있게 끈지게 누르다”라는 전혀 다른 의미가 되거나 부자연스럽다. “병수는 생명수를 대하듯 눈을 지그시 감고 그러나 깊은 한숨을 내쉬며 술을 마셨다”(박경리, 《토지》)의 ‘지그시’는 조용히 참고 견디는 모양을 나타낸 것이지 참을성 있게 끈지다는 의미는 아니다. “나그네는 빙그레 웃으면서 사립문 쪽으로 돌아 손으로 문짝을 지그시 밀어봤다”(유주현, 《대한제국》)에서 ‘지그시’는 슬며시 힘을 주는 모양을 나타낸다. “핼쑥한, 그러나 병적으로 혈색이 도는 얼굴로, 두꺼운 장막 너머의 얼굴을 보듯이 내 얼굴을 지그시 건너다보았다”(이호철, 《소시민》)의 ‘지그시’에는 참을성 있게 끈지다는 의미는 전혀 없다. “눈을 지그시 감고 녹음기에서 흘러나오는 노래를 들으며 가끔 머리를 끄덕인다”(황석영, 《어둠의 자식들》)도 마찬가지이다.

‘지긋하다’라는 형용사에서 ‘지긋이’라는 부사가 파생된 것처럼, ‘느긋하다’에서 ‘느긋이’가 파생된다. 그런데 ‘느그시’가 없는 것처럼 ‘지그시’는 이제 ‘지긋하다’와의 관련성을 잃어버리고 독립된 단어로 쓰이는 것 같다.

지긋하다 → 지긋이

느긋하다 → 느긋이

우리말 속담에 "아 해 다르고 어 해 다르다"라는 것이 있다. '아'와 '어'가 다르니까 이게 뭔 소린가 할 수도 있겠다. 당연히 다른 것 아니냐는 심정이다. 그러나 우리말을 배우는 외국인 학습자에게는 이것이 속담으로서가 아니라 문자 그대로 '아'와 '어'를 구별하는 것이 쉽지만은 않은 일인 것 같다.

예전에 한국어를 가르치던 학생 중에 멕시코에서 온 마리오라는 친구가 있었다. 멕시코 사람들이 사용하는 에스파냐어는 모음이 '아, 에, 이, 오, 우' 다섯 개밖에 없다. 그래서인지, 마리오는 '아'와 '어'를 잘 구별하지 못했다. 수업이 끝나면 점심시간이었는데 그때마다 마리오는 이렇게 말하는 것이었다.

"선생님, 밥 [막]으로 가요."

'밥 막으러 가자고? 아니, 밥을 왜 막아?'라고 농담을 하고 싶었지만 한국어 초급반에 있던 마리오가 알아들을 리가 없어서 그런 농담을 꾹 눌러 참았다. 물론 마리오가 하고자 했던 말은 이것이다.

207

"선생님, 밥 [먹]으러 가요."

우리에겐 식은 죽 먹기처럼 쉬운 '아'와 '어'의 구별이 어떤 사람들에게는 쉽지 않은 것이다. 일본 사람들도 모음 '어'가 없기 때문에 외국어를 배울 때 '어'를 '아'로 발음하는 경향이 있다. 조금 과장해 보자면 이렇게 되는 것이다.

영어 : Thank you.
일본인 : 쌩큐.
한국인 : 생큐.

영어 : McDonald
일본인 : 마쿠도나루도
한국인 : 맥도널드

뭐, 그렇다고 한국인의 영어 발음이 더 정확하다고 주장하는 것은 절대, 절대 아니다. 그것은 미국인이나 영국인이 판단할 문제이니까. 하여간 이만하면 "아 해 다르고 어 해 다르다"라는 말이 얼마나 어려운 일인지 독자들도 감을 잡았으리라 생각된다. 이제 우리 논의로 들어가 보자.

'천장'은 '천장'인데 왜 '천정부지'는 '천장부지'가 아니고 '천정부지'일까? '천장'은 "지붕의 안쪽"을 말한다. 같은 말로는 '보꾹'이 있다. '천장'은 또 "반자의 겉면"을 뜻한다. "천장에 매달린 전등을 켜다”라든가 “그는 팔베개를 하고 누워 멍하니 천장만 쳐다보고 있었다”처럼 쓰인다.

‘천정부지’는 “천장을 알지 못한다는 뜻으로, 물가 따위가 한없이 오르기만 함을 비유적으로 이르는 말”이다. ‘천정부지’의 순화된 표현은 ‘하늘 높은 줄 모름’이다. 그런데 천정부지는 한자로 ‘天井不知’라고 쓴다. 여기 쓰인 한자는 우물 정(井) 자인데, 왜 사전에서는 ‘천장’을 알지 못한다고 풀이하는지 알 수 없다. ‘천장’을 ‘하늘의 우물(天井)’이라고 풀이한 것인가? 어쨌든 표준어규정(2장 4절 17항)은 ‘천장’의 의미로 ‘천정’을 쓰는 경우가 있으나 ‘천장’만 표준어로 삼고, 다만 ‘천정부지(天井不知)’는 널리 쓰이므로 표준어로 인정한다고 규정하고 있다.

품격 있는
우리말 지킴이 7

MBC 아나운서 강다솜

학교에 있다 보면 아나운서를 꿈꾸는 학생들을 어렵지 않게 만날 수 있다. 방송국 입사를 눈앞에 두고 있는 학생들을 보면 안쓰러운 마음이 들 때도 있다. 아나운서를 준비하는 학생들은 아나운서가 되기 전에, 이미 아나운서를 경험해본 적 있는 선배나 현직 아나운서를 찾곤 한다. 아나운서를 준비하는 과정에 지금 자신이 망각하고 있는 것은 무엇인지, 아나운서가 되려면 먼저 무엇을 준비해야 하는지, 지금 잘 준비하며 살아가고 있는지 등에 대한 명쾌한 대답을 선배들에게 듣고 싶은 것이 당연하다.

사실 MBC 강다솜 아나운서도 그녀가 간절한 마음으로 아나운서를 준비하던 시절에 인연이 닿아 만나게 되었다. 처음 만나는 자리에서 내게 수줍게 인사를 했던 강다솜 아나운서의 모습이 아직도 선명하다. "선배님, 안녕하세요? 아나운서를 준비하고 있는데 고민이 많아요. 학교로 한번 찾아뵈어도 될까요?"라고 묻는 강다솜 아나운서의 첫인상에서 나는 그녀의 가능성을 점쳤다. 내면의 성숙함을 갖고 있는 친구였다.

이런 첫 만남 이후, 강다솜 아나운서와 자주 연락하면서 시험에 대비하는 자세에 대해 여러 이야기를 나누었다.

강다솜 아나운서는 처음부터 언변이 뛰어나서 아나운서의 꿈을 꾼 것은 아닌 것 같았다. "너 왜 아나운서가 되고 싶어?"라는 질문에, 그녀는 이렇게 답했다. "라디오에서 흘러나오는 아나운서들의 분명한 소리와 발음에 매혹되었어요. 중·고등학교 때도 그랬고 지금도 여전히 ○○디제이가 진행하는 라디오를 들으며 잠들곤 하는데, 그게 아나운서라는 직업을 택하게 한 거 같아요."

당당히 MBC 아나운서가 된 지금도, 그녀는 쉬지 않고 우리말을 공부하고 있다. 아나운서라고 해서 모든 문법과 표준 단어를 알고 있는 것이 아니라는 것을 누구보다도 잘 알기 때문이다. 특히 〈우리말 나들이〉의 진행을 맡고 있어서 그런지, 대화를 나누다가도 갸우뚱할 만한 단어가 나오거나 궁금해지면 "언니, 잠깐!" 하면서 바로바로 스마트 폰을 꺼내 들고 단어를 찾아보는 습관이 있다. "언니, 우리말은 다른 언어에 비해서 정말 예쁜 말이 많은 것 같지 않아요? 함초롬하다, 온새미로, 발맘발맘……. 보기에도 예쁘고 듣기에도 발음하기에도 어여쁜 낱말이 우리말을 공부하면 할수록 튀어나오더라고요. 그래서 저는 예쁜 우리말을 사용하는 것을 좋아해요. 순우리말이 주는 정겹고 따뜻한 느낌이 좋아요. 이런 단어들을 쓰고 있노라면 저도 괜히 다정하고 곰살맞은 사람이 되는 기분이에요"라고 말한다.

고려대학교 언론대학원에서 '아나운서 특강'을 기획한 적이 있다. 그때 KBS 김현욱 아나운서와 MBC 강다솜 아나운서를 만나 두 아나운서의 말 잘하는 방법에 대한 좋은 이야기를 듣는 귀한 시간을 가질 수 있었다.

"저는 말을 하기 전에, 우선 말을 어떻게 할 것인가에 대해 구성을 잡아요. 전체적인 흐름을 정해놓죠. 말을 아무런 생각 없이 하다 보면 물처럼 흘러가서 용두사미가 될 수도 있고 삼천포로 빠질 수도 있어요. 그래서 구성을 잡고 이야기하는 것은 매우 중요해요. 마치 글쓰기를 할 때처럼요. 또한 인터뷰를 할 때 세부적인 내용을 하나하나 정해놓기보다는 어떠한 인터뷰를 하겠다고 콘셉트를 정해놓는 것과 비슷하죠!

그리고 후배 여러분, 말을 잘하고 우리말을 잘 터득하려면, 책을 많이 읽는 것만큼 좋은 방법은 없는 것 같아요. 고사성어 책을 따로 구해서 읽고 외우는 것보다는 최대한 다양한 책을 많이 읽는 것이 더 도움이 될 것 같아요. 품격 있는 언어와 끊임없이 접하다 보면 어느새 그 언어를 구사하고 있는 자신을 발견할 수 있을 거예요. 하지만 문어체와 구어체는 다르니 그 점을 유의해야겠죠. 특히 박완서 씨의 책을 추천하고 싶어요. 그분의 책을 읽다 보면 문체가 아름답다는 것은 이런 것이구나 하고 느끼게 돼요. 풍부한 감성으로 순우리말을 자유자재로 구사하거든요. 다양한 단어로 섬세하고 구체적으로 글을 써나가서 언어의 힘도 느낄 수 있어요. 또 조금은 어두울 수 있는 이야기도 어딘지 모르게 정겨운 어휘로 이뤄진 문장 덕분에 자상하고 정감 있게 묘사되고 있어요."

사람들마다 말을 잘하기 위해 구사하는 제각각의 모습이 있다는 것을 깨닫는다. 강다솜 아나운서와 인터뷰하면서 결국 말을 잘하기 위한 방법이란 특별한 방법이 아닌, 매사에 신경 쓰는 것이라는 결론을 내본다. 강다솜 아나운서도 항상 우리말에 신경을 쓰는 선배 아나운서들에게 보고 배우면서, 틀린 말을 쓰지 않으려고 노력하고 있다. 주위에서 잘못 사용되는 언어 습관에 개의치 않고, 바르고 고운 말을 사용하겠다는 의지를 가지려는 모습이 아름답다.

결국 따로 시간을 내서 우리말 공부를 하기보다 평소 언어 습관에 신경을 쓴다면 우리말 달인이 될 수 있다는 얘기이다. 말은 그냥 입 밖으로 내뱉으면 되니까 많은 사람이 깊이 생각하고 신경 쓰며 말하려 하지 않지만, 어떤 말을 어떻게 해야 할 것인가에 대한 고민의 시작이 결국 조리 있게 말하게 만든다는 것이다. 예를 들어, 이런 고민을 하다 보면 표준 발음 중에도 고가도로·불법 등 사람들이 보통 잘못 알고 있는 발음도 눈에 띄게 된다. 발음도 말을 잘해 보이게 만드는 중요한 요소이다. 나 자신의 발음도 틀리지 않으려고 노력하면서, 텔레비전 속 기자나 아나운서의 발음과 어휘를 들으면서도 최대한 한자어가 아닌, 한자어를 대체할 수 있는 우리말을 찾아보고 사용하려는 수고를 실행해보는 것이다.

"예전에 주말 스포츠 뉴스 클로징으로 '즐거운 주말 되세요'라고 했던 적이 있어요. 하고 나서 아차 싶었어요. 즐거운 주말은 보내는 것이지 되는 것이 아니잖아요. 아나운서인데 이런 기본 중의 기본을 실수하다니 정말 창피했어요. 평소 언어생활에 더욱더 신경 써야겠다는 생각이 들었죠."

강다솜 아나운서와의 인터뷰를 마무리하면서, 그녀에게 첫인상에서부터 아나운서의 가능성을 발견했던 이유를 말하고 싶다. 강다솜 아나운서는 처음부터 매우 겸손했다. 항상 말하는 능력이 많이 부족하다며 자신을 되돌아보고 낮출 줄 안다. 그렇기 때문에 지금도, 이 순간에도, 더 열심히 다듬으면서 조금씩 발전하려는 노력을 게을리하지 않는다. 우리말을 잘 구사하고 싶은 모든 분께, 자신의 2퍼센트 부족함을 발견하며 낮은 마음으로 노력하려는 준비는 이미 시작의 반이라는 말씀을 드리고 싶다.

품격 있는
우리말 지킴이 8

개그우먼 허안나

개그우먼 허안나는 KBS 〈개그콘서트〉에서 '슈퍼스타 KBS', '스타일', '희극 여배우들' 등의 코너로 사랑받고 있다. 그녀는 〈개그콘서트〉에서의 활약으로 2010년 KBS 연예대상 코미디 부문 여자 우수상을 수상하고, 개그를 위한 열정을 불태우며 동분서주 노력하고 있는 개그우먼이다.

유명 프로그램의 MC들의 직업을 차분히 분석해보면, 개그맨이나 개그우먼 출신이 대부분이다. 이들의 인기에는 복합적인 요인이 있겠지만, 개그맨이나 개그우먼이 우리말에 대해 갖고 있는 마인드가 궁금했다. 그런 차원에서 개그우먼 허안나의 인터뷰는 흥미로웠다.

허안나도 여느 개그맨들처럼 학창 시절 오락부장을 도맡아 하는 캐릭터였을까? 오락부장을 하다 보면 개인기도 중요하지만 우리말에 대한 타고난 솜씨가 필요하다. 허안나는 어릴 때 할머니와 같이 살았다고 한다. 어느 날 학교에서 들은 유머를 할머니께 이야기해 드렸더니 할머니께서 그날 잠을 못 주무실 정도로 배꼽을 잡고 웃으신 적이 있었는데, 사실 그때 개그우먼의 꿈을 가지게 되었다고 한다. 할머니가 그렇게도 행복하고 즐겁게 웃는 모습이 그녀에게

감동으로 다가왔고, 그때부터 사람들에게 웃기는 이야기를 해줄 때
가 참 즐거워졌다고 한다.

　항상 시청자에게 유쾌한 웃음을 선사하고자 자신의 몸을 희생해
가며 노력하는 개그맨들의 모습에는 비슷한 아우라가 있다. 끊임없
는 아이디어와 재능으로 승부해야 하는 직업이기에 노력 없이 그
자리를 지킨다는 것은 불가능한 일이다. 허안나를 검색하면 연관
검색으로 추출되는 단어가 '허안나 신음 동영상, 신음, 스타킹, 반전
미모' 등이다. 어떻게 보면 그녀는 지금까지 말보다는 몸짓으로 시
청자의 이목을 사로잡았다는 생각도 들어, 허안나에게 개그우먼 생
활을 하면서 평소 우리말에 대해 어떤 관심을 기울이는지를 질문해
보았다.

　"몸짓과 제 나름의 표현으로 개그를 하고 있지만, 몸짓 속에도 한
마디 말 이상의 의미가 담기게 마련입니다. 〈개그콘서트〉의 동료 개
그맨들을 보면 모두가 개그에 대한 열정이 넘쳐납니다. 그냥 툭 튀
어나오는 것 같은 대사 하나, 애드리브 하나하나에 우리의 모든 고
민이 함축되어 있다고 해도 과언이 아니지요. 우리는 항상 웃음에
대해 생각합니다. 새로운 코너를 만들면 방송에 선보이기 전에 대
학로 소극장에 먼저 올려서 관객들 반응을 살펴보기도 하고, 개그
의 소재나 현장을 직접 찾아가 보기도 하고, 다양한 장소에서 개그
를 연구하죠. 우리의 거의 모든 일상이 개그에 대한 연구예요.

　저의 경우는 우리말을 따로 공부하기보다 소설을 읽을 때 외국
소설과 한국 소설의 차이점을 많이 느끼면서 읽는 습관이 있어요.
이런 습관은 다행히 제가 어려서부터 언어에 만큼은 관심도 많았고

재능도 있었기 때문에 자연스럽게 만들어졌지요. 그런데 저는 우리 말을 잘하기 위한 방도랄까, 뭐 이런 것에 정답이 있다고 생각하기 보다는 진실이 통한다고 생각합니다. 제가 말하는 그 진실이란 솔 직함이지요. 그럴듯하게 말하려고 이런저런 수식어를 많이 붙이고 가식적으로 말하기보다는 항상 솔직하게, 요즘 말로 돌직구처럼, 말 하고 생각하는 습관이 필요하다고 봅니다. (농담이지만) 솔직히 저는 옆에서 누가 어려운 말을 하거나 사자성어를 쓰면 눈을 피하고 아 무 말도 안 합니다, 하하하.”

특히 말하기 전에 어떤 준비를 하는지를 물었더니, 대뜸 “마이크 를 찹니다”라는 재치 있는 대답을 했다.

“선배님들에게 재미있는 이야기 같은 걸 물어보기도 해요. 우리 나라 말은 형용사가 굉장히 다양한데, 형용사를 잘 활용하려고 노 력하는 편이에요. 그리고 우리는 남들을 웃겨야 하잖아요. 아직 대 박 개그 아이템은 만들지 못했지만, 저는 주변 환경에서 그런 아이 템을 얻고 있어요. 특이한 사람들이나 주위에서 흔히 볼 수 있는 사 람들에게서 얻는 것이 가장 효과적인 웃음을 준다고 생각해요. 또 저는 개그우먼이기 때문에 우리말에 대해 특별히 스트레스를 받지 는 않아요. 아무래도 방송을 하게 되면 바른 말을 쓰려고 노력하긴 하지만, 간혹 틀리더라도 개그우먼이라 좀 너그러이 봐주시더라고 요. 무엇보다도 언제 어느 상황에서든지 그에 걸맞은 개그를 생각 해내려면, 책을 많이 보면 좋은 것 같습니다. 특히 한국 소설요. 저 는 이래 봬도 일주일에 한 권 정도 소설책을 즐겨 본답니다.”

우리말에 도움이 되는 추천할 만한 책이나 국어학자, 품격 있는 우리말 쓰는 사람으로 추천하고 싶은 사람이 있는지를 묻는 질문에 이렇게 대답했다.

"국어학자는 아는 분이 없어서……. 품격 있는 우리말 쓰는 사람으로 바른 말 고운 말을 쓰시는 정경미 선배님을 추천합니다. 주변에서 우리말을 잘하는 사람들의 공통점은 자신감 있는 목소리, 유식해 보이는 보이스더라고요. 누가 뭐래도 자신감이 필수예요. 우리말에 대해 고민하는 모든 분에게 제가 드리는 딱 한 가지 비결은, 일단 자신감입니다. 발음이 정확하지 않아도, 어눌해도, 자신감만 있으면 만사 오케이!"

품격 있는
 우리말 지킴이 9

충청남도 도지사 안희정

안희정 도지사는 애칭을 여럿 갖고 있다. 노무현의 남자, 소리 없이 강한 남자, 충남의 반짝이는 변화를 꿈꾸는 남자……. 이렇게 많은 애칭을 가진 그는 한국의 정치인이자 행정가이다. 정치에 입문하여 여러 가지 어려움도 있었지만, 2010년 6월 2일에 치러진 제5회 지방선거에서 치열한 접전 끝에 충청남도지사에 당선되었다. 민선으로는 최초로 개혁 성향 후보자가 당선되어 지역감정을 타파했다는 평과 함께 민주당의 차차기 대통령 후보로도 물망에 올랐다.

인터뷰 프로그램을 진행하면서 안희정 도지사를 처음 뵈었는데, 인터뷰 방송 녹화를 하면서 여러 가지 면에서 의외의 모습을 발견할 수 있었다. 인터뷰 도중에, "지사님, 참 잘생기셨습니다. 어디 나가서 배우라고 해도 대충은 먹힐 거 같은데요. 직접 뵈니까 이미지가 많이 다르시네요. 과거와 비교해서 지금 변하신 겁니까, 아니면 지금의 이미지가 본모습이신가요?" 등등의 질문을 난데없이 던졌던 기억이 난다.

또, 언론에서는 날카롭고 냉정해 보이는 모습이 많이 비쳤던 것 같은데, 인터뷰를 준비하면서 자료 조사를 하다 보니 안희정 도지사는 충남 도민들과 수시로, 때때로, 따뜻한 글로 소통하고 있었다. 어떻게 도민들과 그렇게 끊임없이 소통할 수 있느냐는 질문에 그는 이렇게 답했다.

"대화라는 것이 상대방 애길 듣는 건데, 많은 경우 상대방의 이야기가 나를 공격하는 것처럼 느껴질 때가 있었습니다. 하지만 시간이 흐르고 돌이켜 보면, 그런 이야기의 대부분이 나를 공격하려고 하는 이야기가 아니라 각자의 처지에서 '나는 힘들어요'라고 하소연하는 얘기라는 것을 깨닫기 시작했죠. 들어주면서 공감하며 그 마음을 잘 조절하는 것이 중요한 것 같습니다. 지금 일을 해나가는 데 있어, 거의 모든 시간이 소통하는 시간이라고 생각합니다. 정치란 살림을 하는 일인데 살림살이를 한다는 것은 많은 사람의 이해관계가 부딪치는 문제에 대해서 최대의 공통분모를 찾아주는 역할을 잘해야 하니, 소통이 그만큼 중요한 거겠죠!"

여러 가지 질문에 대한 답변을 들으면서, 안희정 도지사에 대해 갖고 있던 차가운 이미지는 시나브로 사그라지고 있었다. 실물로 만난 안 도지사의 모습은 정말 밝고 활기찬 모습의 호감형이었다. 안 도지사와의 방송 인터뷰는 매우 즐거웠고, 인터뷰 후 그에 대한 인상도 짙게 남았다.

안희정 도지사의 어떤 면이 그토록 강한 인상을 남긴 것일까? 결국 안 도지사와 인터뷰했던 방송분을 차분히 모니터링하면서 해답을 찾을 수 있었다. 의외로 답은 바로, 어눌해 보이면서도 진정성 있는 어투에서 뿜어져 나오는, 그만이 가진 색채와 카리스마였다. 약간의 충청도 억양이 섞인 어눌해 보이는 말투를 구사하면서도 깊은 진정성이 묻어나는 그만의 색깔이 있고, 그 색깔은 많은 이로 하여금 공감하도록 만드는 힘이 있었다. 결국 안 도지사의 어눌하면서도 진정성 있는 모습의 노하우를 들어야겠다는 의지가 생겼다.

품격 있는 우리말을 어떻게 구사할 것인가 하는 의문은, 다시 말해 많은 이에게 어떤 말로 어떻게 공감을 이끌어내는가에 대한 대답이기도 하다. 우리가 품격 있는 우리말을 구사하고 싶어 하는 근본적인 이유는 소통을 좀 더 효율적으로 하면서 내 말이 상대방에게 진정성 있게 비치길 바라기 때문인 것이다. 거시적인 차원에서 고민해보면, 우리말을 잘 구사하고 품격 있는 우리말을 사용하는 사람이 되려면 단적인 면에서의 언어 습관의 변화를 뛰어넘는 차원의 노력이 필요한 것이다.

안희정 도지사는 원래 어려서부터 말을 잘했을까? 왠지 말보다는 글쓰기를 좋아했을 것 같았다. 또 많은 경우 정치인은 어려서부터 연설하는 것을 즐기거나 대중 앞에 서는 것을 좋아했던 성장 배경을 가지고, 그런 환경이 성장해서 정치인을 만들기도 하기 때문에, 안 도지사의 경우도 궁금해졌다.

하지만 의외로 그는 어릴 때 말을 잘하거나 글을 잘 쓴다고 생각해본 적이 별로 없다고 했다. 농담 반 진담 반, 글짓기를 하면 머리에 쥐가 나곤 했다고 말했다. 말과 글에 특별하게 소질이 있다고 생각해본 적이 없는 터라, 정치인이 되어야겠다는 결심이 서는 데 있어 말과 글의 능력이 작용했다기보다는 마음의 분노와 사랑 때문에 정치인을 꿈꾸게 되었다는 감성적인 답변이 돌아왔다.

그는 처음에 "우리말이 어려운가요?"라고 반문하면서 우리말에 대해 특별히 관심을 갖거나 따로 시간을 내어 공부를 하고 있지는 않다고 말했다. 다만 늘 책을 많이 읽고, 모르는 단어는 사전을 가까이하며 찾아보고 있다고 했다. 그래서 그런지, 역시 그는 우리말에 조예가 있었다.

특별히 우리말을 항상 가꿔나가는 신영복 선생님의 《청구회의 추억》 등 주옥같은 책을 곁에 두면서 훌륭한 문장들을 기억한다고 한다. 특히 《청구회의 추억》은 지금까지 읽었거나 경험했던 모든 말과 글 중에서 우리말을 가장 잘 쓴 것 같다는 칭찬을 아끼지 않았다. 책을 읽으면서 저자의 마음을 남김없이 전달받는 듯한 감흥을 주는 책이 정말 잘 쓰인 책이라고 말한다. 그리고 이에 대해서 "찌꺼기 하나 안 남고 목에 잘 넘어가면 그게 제일 좋은 말이에요. 마치 어떤 음식을 한 움큼 씹었는데 목구멍에 넘어가는 것은 물 한 방울뿐이고 나머지는 다 뱉어내야 되면 좋은 음식이 아니듯이, 말도 그냥 쏙 들어가면 제일 좋은 말입니다"라고 덧붙였다.

도지사, 그리고 정치인이라는 직업의 특성상 수많은 청중 앞에서 연설을 하거나 말을 해야 할 때, 안희정 도지사만의 말하기 준비 방법 혹은 요령이 있다면 과연 무엇일까? 이 답변이 정말 궁금했다.

"저는 말을 하거나 글을 쓸 때 제 마음을 들여다봅니다. 마음을 들여다보는 이유는, 말이란 마음의 표현이기 때문입니다. 그래서 말을 하기 전에 반드시 나의 진짜 마음이 무엇인지를 파악해보는 것이 먼저라고 생각해요. 기쁜 마음인지 슬픈 마음인지, 두려워하는 건지 분노하는 건지, 답답함인지 걱정인지, 제 마음이 어떤 상태인지를 잘 따지고, 그 마음이 왜 생겼는지를 생각해보고, 그래서 그 마음을 잘 표현하기 위한 단어와 사례, 비유를 쓰려고 노력합니다. 그런데 이때 가능하면 긍정적인 이야기를 하려고 합니다. 왜냐하면 우리의 마음은 외부와의 관계 속에서 형성된 것이고, 자기 내적인 어떤 생명현상 속에서 만들어진 것이기 때문입니다. 분명 그 마음은 자기 스스로를 파멸로 끌고 가기 위해서 생긴 것은 아닐 것입니다.

예를 들어 마음속에 분노가 생겨 남이 잘못되었으면 하고 바라는 마음도 진정한 마음은 아닐 거예요. 남에 대해 분노하는 그 마음도 결과적으로는 내 마음에 상처가 생겼기 때문에 상대에게 분노가 생겨난 것입니다. 그러면 내 마음에 상처가 왜 났는지도 들여다보고, 그 상처 난 마음이 왜, 무엇 때문에 서운한 것인지도 차분히 풀어서 얘기하면 됩니다.

대부분 우리의 마음은 자기의 생존을 위해서 있는 것입니다. 마치 더우면 땀이 나고 추우면 소름이 돋는 것처럼 우리가 갖는 마음이라는 것은 자기를 지키려고 하는 것이지요. 자기를 지키려고 하는 마음인데, 자기가 뭔가 위협을 받았기 때문에 생겨난 마음이지요. 위협을 받았을 때 화를 내기도 하고, 그 위협으로부터 굴복해서 슬퍼하기도 하고, 그 위협과 타협하면서 스스로 답답해하기도 하죠. 결과적으로 모든 마음의 근원은 인간으로서 존귀하게 살고 싶어 하는 생명현상 때문에 생겨난 것이지요. 그래서 그 마음을 잘 표현하려면 마음을 하나하나 잘 살펴보는 것이 선행되어야 합니다. 마음의 원인을 잘 따져서 그러한 마음이 들었던 정황을 상대방에게 잘 전달하는 것, 그것이 말하기 아닐까요? 그렇기 때문에 여기에는 부정문이 쓰일 일이 없어요. 왜냐면 내가 어떻다고 서술해주면 될 일을 '너는 무엇이 아니다'라고 얘기하면서 역설로 비틀 이유가 없기 때문에 그렇죠.

그래서 언제부턴가 저는 스스로 그런 훈련을 합니다. 부정문을 덜 쓰려고 하고, 수동태 문장을 안 쓰려고 하고, 주어를 분명하게 하려고 하고, 주어가 구체적으로 매우 긍정적으로 서술되도록 노력합니다. 그래야만 제 마음을 가장 적극적으로 표현할 수 있습니다."

안 도지사는 품격 있는 언어생활을 위해서 꾸준히 독서를 하는 편이라고 말한다. 문학작품을 비롯한 책을 많이 읽는 것이 필요하고, 책을 읽으면서, 그리고 말을 하면서 모르는 단어를 국어사전에서 찾아보려는 노력을 병행하면 더 좋은 언어생활을 할 수 있다는 체험담이었다. 그래서 안 도지사의 책상에 항상 국어사전이 놓여 있는가 보다. 실제로 그는 책상 위에 국어사전이 없으면 답답함을 느낀다고 한다.

안희정 도지사는 특별히 우리말을 잘하는 사람으로 김대중 대통령과 노무현 대통령을 꼽았다. 이분들의 특징은 끊임없이 자기 생각을 정리하는 것이고, 생각을 정리하면서 특히 일반 사람들이 받아들이기 쉬운 단어를 선택하는 '배려하려는 마음'을 가진 것 같다고 분석했다.

말을 하는 데 있어서 가장 어려운 점은, 정치인이라는 직업으로 인해 많은 이의 입장에 서서 그들을 대변해서 일을 해야 하기 때문에 여러 시각과 입장을 폭넓게 바라보고 말을 해야 한다는 점이라고 한다.

"아무래도 말은 사람들의 역사성을 대변하고 사회적 관계를 반영하기 때문에 늘 어렵습니다. 노동자들의 입장에서 바라본다거나, 기업인의 입장에서 본다거나, 노인의 입장에서 본다거나, 장애인의 입장에서 본다거나, 혹은 여성이나 아동, 청소년의 관점에서 바라보는 것은 다 똑같은 우리말 같지만, 사실상 다 다르더라고요. 이것을 조절해내기가 참 어렵습니다. 첫 번째로는 정서와 마음의 상태를 경험하는 일이 참 어려워요. 특히 여성과 장애인의 경우는 더 어렵습니다. 전 남성으로 태어나서 한 번도 여성을 경험해본 일이 없었기 때문에 그렇습니다. 그리고 저 스스로 비록 장애인에 대해 연대와 우정의 관점을 가지고 있다 할지라도, 제가 장애인 생활을 직접 해본 적이 없기 때문에 그분들이 어떤 심정인지 다 이해할 수는 없는 것이거든요. 바로 그 사실 때문에 그들 앞에서 얘기할 때는 늘 너무나 어렵습니다. 그러한 사실이 저를 어렵게 합니다. 그래서 늘 어렵죠."

그와 인터뷰를 하면서 말을 잘하는 데에서도 마음의 상태와 정돈이 얼마나 중요한 일인지를 다시 한번 생각해보게 되었다. 이는 겉으로 청산유수처럼 말만 잘하는 것이 아니라, 상대방의 마음을 내 편으로 만드는 뿌리 깊은 말을 구사하는 방법이다. 그런 심오한 철학이 결국 상대방의 마음을 읽게 만들어, 내가 해야 할 말을 조정하며 공감을 이끄는 비결이었다. 어눌해 보이지만 그 안에 깊은 진정성을 녹여내는 방법은 말과 마음 상태의 상관관계를 깨닫는 것이다. 말을 잘하기 위한 여러 방법을 나름대로 생각할 수 있겠지만 안도지사는, 말은 결국 내 마음의 상태라는 점에 항상 집중했다.

"말을 잘하려고 안 했으면 좋겠는데요. 말을 잘하려고 노력하기보다는 자기 마음을 잘 들여다보고, 그 마음을 상대방에게 오해 없이 잘 전달하려고 노력하면 되지 않을까요? 누굴 탓하거나 공격하려고 하지 말고, 자기 마음이 뭔지, 화가 났으면 왜 화가 났는지, 기쁘면 왜 기쁜지, 그 마음을 잘 살펴보고 잘 전달하려고 노력하는 게 중요하다고 생각합니다.

마음을 잘 들여다보려면, 그 마음이 고운 마음이어야 합니다. 그 마음이 슬퍼도 고운 마음일 수 있고, 화가 나도 고운 마음일 수 있어요. 결과적으로 정직한 마음이 되어야 합니다. 그 정직한 마음을 만들기 위해서 어렸을 때부터 어른들에게 우리가 들어왔던 말 중에서 두 가지를 권하고 싶습니다. '입장 바꿔놓고 늘 생각해보는 것', 그리고 '천천히 하는 것'입니다. 천천히 하다 보면 그 마음이 순서가 생겨서 잘 정리가 됩니다. 그런데 급해지면 그 마음도 감정도 더 꼬이거나 악화만 됩니다.

'입장 바꾸고, 천천히 하는 것', 그래야만 정직한 마음을 만들 수 있고, 정직한 마음을 봐야만 그제야 마음이 말로 잘 전달될 수가 있습니다. 달변이든 문장을 화려하게 쓰든 그런 건 중요하지 않아요. 그것보다 자기 마음을 잘 파악하고 잘 전달하려고 노력하면 예쁘지 않을까요?"

4장

교양 있는 한국인이 알아야 할 철자와 발음

- 여성 앞에만 있으면 왜 쑥맥이 될까요?

- 전 정말 제가 생각해도 쑥맥인 것 같아요.

- 남자들은 쑥맥인 여자를 어떻게 생각하나요?

인터넷에서 흔히 볼 수 있는 표현이다. 뭐가 잘못된 것일까? 잘못된 점을 쉽게 찾아낼 수 없다면, 그것은 독자의 잘못이라기보다 변해가는 우리말의 특성이 원인이라고 할 수도 있을 것 같다. '쑥맥'은 틀린 표현이고 '숙맥'이 맞는 표현이다.

'숙맥'은 원래 콩과 보리를 말하는 것이다. 숙(菽)은 콩이고 맥(麥)은 보리이다. 중국의 《춘추좌씨전》에 나오는 말로, 원말은 숙맥불변(菽麥不辨)이다. 주자(周子)에게 형이 있었는데 그가 똑똑지 못하여 콩과 보리도 구분하지 못했다는 데에서 유래한 말이라고 한다. "콩과 보리도 구별하지 못하는 사람"이라는 뜻의 '숙맥불변(菽麥不辨)'이 줄어든 '숙맥'은 그 의미가 더 추상화되어 "사리 분별을 못하고 세상 물정을 잘 모르는 사람"을 의미하게 되었다.

- 너 같은 숙맥더러 그런 말을 하는 내가 그르지(현진건, 〈술 권하는 사회〉).

- 정말 돌았군. 그 말라깽일 아직 못 잊어서 그러는 거야? 이 숙맥아(황순원,《나무들 비탈에 서다》).
- 숙맥이 그걸 모르고 점순이의 키 자라기만 까맣게 기다리지 않았나(김유정,〈봄봄〉).

예문에서 보듯이 '숙맥'이 맞는 표현이다.

예문의 김유정 글을 보니까 생각나는 것이 있다. 그의 대표작이라 할 〈동백꽃〉에 관한 것이다. 그동안 동백꽃이 초록색 잎에 빨간 꽃이 피는 나무의 꽃을 말하는 것이라고 믿고 있었다. 남쪽에 가면 그런 나무를 흔히 볼 수 있다. 여수 오동도에 가면 동백나무 숲을 볼 수도 있다. 그래서 김유정의 〈동백꽃〉이라는 소설이 바로 이 붉은 동백꽃을 다룬 소설이라고 생각했던 것이다. 숙맥같이.

그런데 나만 숙맥은 아니었던 것 같다. 김유정의 〈동백꽃〉을 출판한 몇몇 출판사 편집부도 나와 같은 생각을 했는지 표지에 붉은색의 동백꽃을 싣고 있다. 소설가 전상국이 관장을 맡고 있는 춘천의 김유정 문학관에 가면 그 판본들이 유리창 속에 진열되어 있다.

강원도에서 생강나무라고도 하고 동박꽃이라고도 하는 나무는 노란 꽃이 핀다. 산수유와 구별이 잘 되지 않는 노란 꽃이 피는 나무이다. 이것을 김유정이 동백꽃이라고 불렀던 것이다.

'금슬'이 '금실'로 변한 이유
금슬과 금실

• 금실 좋은 말 한 쌍이 살고 있었다.

• 쌍둥이처럼 금실 좋은 한 쌍의 원앙이 될 것이다.

이런 예문은 주변에서 흔하게 들을 수 있다. 원래는 '금실'이 아니라 '금슬'로 적어야 하는 것이었다. 많은 사람이 '금실'로 잘못 알고 사용하고 있는 '금슬'은 '금슬지락(琴瑟之樂)'의 준말로 "부부지간의 화목한 즐거움"을 뜻한다. 금(琴)은 거문고이고 슬(瑟)은 비파이다. 거문고와 비파가 어울리는 것처럼 부부 사이가 좋은 것을 이르는 말이다.

그런데 사람들이 '금실'을 더 자주 쓴다고 해서 우리의 표준어규정은 '금슬'이 아니라 '금실'을 표준어로 정해버렸다. '琴瑟之樂'을 한글로 적을 때 '금슬지락'이 아니라 '금실지락'으로 적고, '금슬 좋은 부부'도 '금실 좋은 부부'라고 적으라는 것이다. 그러나 이렇게 되면 그것의 원래 뜻을 알기는 어렵게 되고 만다. 더욱이 '금슬'이라고 쓴 경우도 당연히 많기 때문에 '금슬'의 원뜻을 알아둘 필요는 여전히 남는다.

- 금슬도 괜찮아 첫아들까지 낳았으니 더 바랄 게 없었다(박완서,《미망》).
- 부부 금슬은 철이 들면서 그런대로 아주 무덤덤은 아니었는데, 아이라고는 하나밖에 없었다(최명희,《혼불》).
- 그의 이력은 마을에서 모르는 사람이 없지만 홍이 어미라는 위치는 떳떳이 내세울 수 있는 것이었고 용이와 금슬이 좋다는 것도 아이를 내세우면 허세인 대로 통할 수 있었다(박경리,《토지》).

예문에서 보듯이 훌륭한 문학작품들이 여전히 '금슬'을 사용하고 있다.

그러면 '금슬'은 왜 '금실'이 되었을까? 전설모음화 때문이다. 즉, 전설모음이 아닌 것이 전설모음 'ㅣ'가 되는 것이다. 다른 언어에서도 자주 발견되는 현상이다. 'Angla-land'가 'England'가 된 것이나 'France'에서 'French'라는 단어가 파생된 것도 모두 전설모음화이다. '초승달'이 '초생달'로 발음되는 것도 전설모음화이다. 사람들이 '곰팡이'나 '지팡이'를 '곰팽이'나 '지팽이'라고 잘못 발음하는 것도 전설모음화 때문이다. 어떤 책에서 초생(初生)이 '초승'으로 바뀌는 것을 전설모음화라고 설명했는데, 이는 사실 전설모음화의 반대 현상이다. '초승'이 '초생'으로 바뀐다면 전설모음화라고 할 수 있는데 오히려 전설모음 'ㅐ'가 중설모음 'ㅡ'로 바뀌었으니까 이러한 음운 현상은 마치 금생(擒生)이 '짐승'으로 발음이 바뀌는 것과 마찬가지로 역전설모음화라고 할 수 있다.

'소의 고기'는 '소고기'가 아니라 '쇠고기'가 원칙에 맞는다. 다만 현재는 '소고기'도 허용하고 있다. 이미 조선 시대《번역박통사》

(1517)에 '쇼+의+고기'가 '쇠고기'로 나온다고 하니까 그 역사가 자
못 깊은 어휘이다. 이것도 역시 전설모음화의 결과라고 할 수 있다.
같은 논리로 '소의 털'이 '쇠털'로 축약된다. 사람들이 "새털같이 많
은 날"이라고 하는 말은 실상 "쇠털같이 많은 날"을 잘못 쓴 것이다.
"쇠털같이 많다"는 "수효가 셀 수 없이 많음을 비유적으로 이르는
말"이다. 그런데 이렇게 말하고 나니까 왠지 운치가 떨어지는 것 같
다. "새털같이 많은 날"은 가볍고, 명랑하고, 밝은, 하늘 같은 느낌을
주었는데, "쇠털같이 많은 날"이라고 하면 왠지 어둡고, 무겁고, 누
렇고, 음침한 느낌을 준다. 그러나 '쇠털'로 제대로 표현한다면 교양
이 높아짐은 당연한 일일 것이다.

담배 한 개비만 주게

개피와 개비

아버지는 대단한 애연가이셨다. 농한기인 겨울에는 온종일 집 안에 계시면서 자그마치 담배 세 갑을 피우곤 하셨다. 한 갑에 스무 개비가 들었으니까 예순 개비이다. 평균 활동 시간을 열두 시간으로 계산하면, 약 10분에 한 대씩 피는 것이니까, 그야말로 줄담배를 피우신 셈이다. 어머니께서 시장에 가시는 가장 큰 이유 중의 하나도 담배를 사두는 것이었다. '화랑'이라는 이름의 누런 담배였다. 그러나 워낙 건강 체질이셨는지 담배로 인한 병고를 겪지는 않으셨다(담배 회사에서 이 글 보면 선물이라도 보내지 않으려나). 어쩌다 담배가 떨어지기라도 하면 아버지께서는 옆집으로 가서서 담배를 얻어 피우시곤 하셨다.

"담배 한 개피만 주게."

"담배 한 대만 주게."

담배를 왜 '한 대, 두 대'로 세었는지는 알 수 없다. 지금 생각해보면, 담배도 연필이나 볼펜처럼 길고 가늘게 생겼으니까 '한 자루' 혹은 일본어에서처럼 '본(本)'으로 세어야 하지 않을까 하는 생각이 들기도 하는데.

사전에는 '개피'를 '개비'의 비표준어형이라고 설명하고 있다. 표준어규정(2장 4절 17항)은 '개비'의 의미로 발음이 비슷한 '개피'를 쓰는 경우가 있으나 '개비'만 표준어로 삼는다고 정하고 있다.

그리고 '개비'에 대해서는 "가늘게 쪼갠 나무토막이나 기름한 토막의 낱개"라고 풀이하고 있다. "그는 담뱃불을 당기려다가 팔을 내려 담배 개비를 손가락으로 굴리며 천천히 말했다"(박영한, 《머나먼 쏭바강》)처럼 쓰인다.

'개비'는 또 수량을 나타내는 말 뒤에서 "가늘고 짤막하게 쪼갠 토막을 세는 단위"로도 쓰인다. "장작 두 개비"나 "담배 대여섯 개비"가 그러한 예이다. "교무실로 들어온 교장은 담배를 한 개비 꺼내 형주에게 권하며 시계를 흘깃 보았다"(한수산, 《유민》)와 "윤은 다시 성냥 한 개비를 그었다"(선우휘, 〈깃발 없는 기수〉)도 마찬가지이다.

'몽니'는 "정당한 대우를 받지 못할 때 권리를 주장하기 위하여 심술을 부리는 성질"이라고 사전에 정의되어 있다. 흔히 정치적 사건에서 이 단어를 볼 수 있다. "한진중공업 청문회를 앞두고 몽니를 부리는 한나라당"이라든가 "하고 싶은 말을 골라서 하면서도 때를 맞춰야 하며, 그리고도 안 될 때는 몽니를 부리는 것이 정치", "중국이 이처럼 백화점식 몽니를 부리는 데에는 탈북자 문제, 중국 어선의 불법 조업, 제주 해군기지 건설 등에 대한 불편한 심기를 우회적으로 내비친 것으로 보인다" 등과 같이 쓰인다.

'몽니' 하면 떠오르는 정치인이 있다. 김종필 씨이다. 흔히 JP라고 더 잘 알려진 그는 '몽니'라는 순우리말을 되살린 장본인이기도 하다. 언어 감각이 매우 뛰어난 그는 '틀물레질', '몽니' 등의 순우리말을 회자시키는 데 공헌했다.

몽니는 정면으로 대들 수는 없는 강자에게 약자가 강자의 발목을 잡듯 하는 것이다. 잘되게 할 수는 없지만 안 되게 할 수는 있다는 심리가 바로 몽니를 부리는 쪽의 배짱이다. "현직 국무총리가 몽니를 부린다면 나라가 부끄럽고 국민이 딱하다" 같은 신문의 구절이 바로 이러한 쓰임을 잘 보여준다. '몽니'는 '몽'으로 줄여 쓰기도 한다.

‘몽니’ 하면 ‘옹니’라는 단어가 연상되는 것은 아마도 음운 현상 때문이리라. 치아를 우리말로 ‘이’라고 한다. ‘이빨’, ‘이쑤시개’처럼 어두에서는 ‘이’로 발음되지만, 어두 음절이 아닌 곳에서는 ‘뻐드렁니’, ‘송곳니’, ‘엄니’에서 보듯이 종종 ‘니’로 발음된다. 아마 학교에서 배운 두음법칙이 생각날지도 모르겠다. ‘이불’과 ‘담요’ 또는 ‘여자’와 ‘아녀자’에서 나타나는 음운 현상 말이다. 한자 ‘女’는 ‘계집 여’가 아니라 ‘계집 녀’이다. 중국어에서도 이 글자는 ‘녀’로 발음된다.

‘안으로 굽은 이’를 뜻하는 ‘옹니’는 사실 바른 표기가 아니고 ‘옥니’가 바른 표기이다. 거의 사용할 일이 없겠지만, 한자로는 이렇게 쓴다. 齵. ‘옥니’는 안쪽으로 오그라져 있다는 뜻의 ‘옥다’라는 말에서 나온 명사형이다. 이렇게 ‘옥니’를 ‘옹니’로 잘못 알고 있는 현상은 ‘축농증’을 ‘충농증’이라고 잘못 알고 있는 현상과 마찬가지로 자음동화 때문이다.

한편 이와 관련하여 송곳니의 안쪽에 있는 큰 이를 가리키는 ‘어금니’와 ‘엄니’라는 단어도 있다. 사전에 의하면, ‘엄니’는 ‘어금니’의 옛말이거나 경상도 방언이라고 한다. ‘엄니’는 《석보상절》(1447)에도 등장한다고 하니, ‘어금니’에 비해 꽤 오래된 단어이다.

- ᄀ마니 드러 부텻 **엄니** 혼 쌍을 도죽혼ᅀᄫᅡ 가니라 《석보상절》
- 棺을 여숩고 올혼녁 우흿 **엄니**룰 뫼ᅀᄫᅡ 忉利天에 가 《석보상절》
- 입시울와 혀와 **엄니**와 니왜 다 싁싁기 됴하 《월인석보》

이(齒)는 아니지만 'ㄱ'이 자음동화에 의해 'ㅇ'으로 잘못 발음되는 현상은 생각보다 널리 퍼져 있다. 가령 '횡경막'이라고 하는 단어를 보자. 이 단어의 올바른 표기는 '횡격막'이다. "배와 가슴 사이를 분리하는 근육"인 '횡격막'은 다른 말로 '가로막'이라고도 한다. 그런데 이 근육을 일반인들은 종종 '횡경막'이라고 쓴다. "주먹시는 소의 횡경막 부위로 토시처럼 생긴 부위를 말합니다"라든가 "횡경막과 간 사이에 붙어 있는 살점으로서, 간을 막고 있다고 해서 '간막이살'이라 부르는가 하면" 등의 잘못된 표현을 쉽게 볼 수 있다.

그뿐만 아니라 "문집은 횡경막 아래가 썩어 문드러지든 어쨌든 돌아가자고 성화를 대는 자신에게 또 설명을 했다"(신상웅, 〈히포크라테스의 흉상〉)나 "노 순경은 그의 횡경막이 가쁘게 들썩거리는 것을 보고는 지하실 구석에 수북이 재어놓은 싸릿단 쪽으로 갔다"(김원일,《불의 제전》)에서 보듯이 일부 작가들도 이 단어를 잘못 쓰는 것을 볼 수 있다.

자음동화의 결과는 아니지만 'ㄱ'이 'ㅇ'으로 변하는 경우가 더러 있다. 갑자기 귀가 막힌 듯이 소리가 잘 들리지 않다는 뜻의 '(귀가) 먹먹하다'를 '(귀가) 멍멍하다'라고 잘못 알고 있는 사람들이 있다. 원래는 '구먹'이었는데 그것이 나중에 '구멍'이 되었다(귓구먹은 먹먹하고 귓구멍은 멍멍한 게 아닐까).

초등학교를 다닐 때 발음이 특이한 선생님이 계셨다. 그분은 '육이오' 전쟁을 [유기오] 전쟁이 아니라 [융니오] 전쟁이라고 발음하셨다. 그렇게 발음했던 그분의 의도가 뭐 자음동화인지 아닌지는 모르겠으나 하여튼 'ㄱ'을 'ㅇ'으로 발음하던 모습이 참으로 선명한 기억으로 남아 있다.

반대로 "보기에 어리석은 듯하다"라는 뜻의 '어리숙하다'는 본래 '어리숭하다'가 맞는 표현이나 지금은 표준어로 승격되었다.

담뱃재는 떨어내는 것
재털이와 재떨이

지인 한 분은 미국에 온 지 10여 년이 지난 유학생 부인이었는데 어느 날 미국에 온 지 얼마 안 되는 유학생 부인 둘과 차를 마시게 되었다. 이야기 중에 두 부인이 브로콜리 이야기를 했단다. 그러다가 또 화제가 다른 데로 흘러 한참 이야기를 하고 있었다고 한다. 그런데 미국에 10년 산 이 부인이 갑자기 "아, 브라컬리?"라고 하더라는 것이다. 브로콜리 이야기를 한 지 벌써 10여 분이나 지난 후에. 사정인즉 한국에서 온 지 얼마 안 된 두 부인이 '브로콜리'라고 한 발음을 못 알아듣고 있다가 10여 분을 혼자 곰곰이 생각하다가 마침내 그것이 무엇인지 알아낸 것이다.

한국인 : 브로콜리

미국인 : 브라컬리 [bra:kəli]

자신의 발음이 콩글리시라는 사실을 충격적으로 받아들인 두 부인은 그 후 브로콜리를 볼 때마다 '브라컬리'라는 발음을 연습했다는 것이다. 이 부인들은 나중에 배터리(battery) 도 '배러리'라고 발음하게 되었다는 것이다(필자는 '빠떼리'라는 발음이 더 편하지만). 담배 피우는 사람들은 이를 빗대 재떨이를 '재러리'라고 하기도 한다.

배터리 → 배러리
재떨이 → 재러리

물론 재떨이가 영어가 아니니까 '재러리'는 틀린 발음이다. 어디까지나 농담으로 사용하는 것이다. 재떨이 이야기를 꺼낸 것은 그것이 '재러리'라는 농담으로 쓰인다는 것을 이야기하려는 것이 아니다. 재떨이를 '재털이'라고 하는 사람들이 있기 때문이다.

재떨이 (○)
재털이 (×)

사전에도 '재털이'는 "재떨이의 잘못"이라고 풀이하고 있다. '재떨이'는 "담뱃재를 떨어놓는 그릇"이다. 아니, 그렇다면 "담뱃재를 털어놓는 그릇"은 '재털이'가 아닐까? 옛날 농담이 생각난다. 국수와 국시의 차이는? '밀가루'로 만든 것은 '국수'이고, '밀가리'로 만든 것은 '국시'라던.

그럼 이제 진지하게 생각해보자. 담뱃재는 '떨어내는' 것인가, 아니면 '털어내는' 것인가? '떨다'와 '털다'는 다르다. 사전의 풀이에 의하면, '떨다'는 "달려 있거나 붙어 있는 것을 쳐서 떼어내다"라는 뜻이다. 그러니까 담배에 붙어 있는 재를 쳐서 떼어내는 것이 바로 '떨어내는' 것이다. 이에 비해 '털다'는 "달려 있는 것, 붙어 있는 것

240

따위가 떨어지게 흔들거나 치거나 하다"라는 의미이다.

붙어 있는 것을 떨어지게 한다는 점에서는 '떨다'와 '털다'가 같은데, 후자는 "흔들거나 치거나" 하는 방법을 사용한다는 점이 다르다. 특히 담요나 옷처럼 먼지가 여러 군데 흩어져 있는 경우 먼지를 떨어내려면 담요나 옷을 '털어야' 할 것이다. 또 주머니에 무엇이 들었는지 보려면 주머니를 털어야지 주머니를 떨어서는 안 될 것이다.

주머니 (털어, 떨어) 먼지 안 나오는 사람 없다.

이런 문제가 날 리도 없지만, 혹시라도 이런 문제가 난다면 답은 너무 뻔하게도 '털어'이다. 주머니를 떼어내는 것이 목적이 아니라 주머니 속의 먼지를 떼어내는 것이 목적이니까.

옷을 털어서 먼지를 떨어내고, 담뱃재나 먼지는 떨어내며, 가을날 오후 뒷동산의 밤나무에 달린 밤은 떨어내는 것이다. 또 옷에 얹혀 있는 눈은 쳐서 떼어내기 때문에 떨어내는 것이다.

그러니까 떨어져 나가는 물건 입장에서는 떨어지는 것이고, 어떤 것이 떨어져 나가고 남는 것은 털어내는 것이다. 즉, 담요에서 먼지를 털어내고 먼지는 담요로부터 떨어내는 것이다. 담뱃재는 담배로부터 떨어지고, 담배는 담뱃재를 털어내는 것이다.

한편 '털다'는 "남이 가진 재물을 몽땅 빼앗거나 그것이 보관된 장소를 모조리 뒤지어 훔치다"라는 뜻도 있다. "금품을 털다", "은행을 턴 강도를 수배하다", "강도가 집에 있는 돈을 털어 갔다", "날이 갈수록 더욱 거세어지던 공비들이 사변이 터지기 두어 달 전부터는 대낮에도 내려와 마을을 털어 갔을 정도였다”(김춘복, 《쌈짓골》)에 쓰인 예는 도둑질과 관련된 의미이다. '털다'는 또 "자기가 가지고 있는 것을 남김없이 내다"라는 의미도 있다. 사재를 털거나 재산을 터는 것이 그러한 예이다. "나는 가난한 그들을 위해서 몇 푼 되는 저금 통장을 몽땅 털었다”(홍성암, 《큰물로 가는 큰 고기》), "옷을 챙겨 입고 호주 머니를 털어봤더니 7천 5백 원이 있었다”(이병주, 《행복어 사전》)의 용법 도 동일하다. '털다'에는 "일, 감정, 병 따위를 완전히 극복하거나 말 끔히 정리하다"라는 의미도 있다. "과거를 훌훌 털어버리다"라거나 "그녀는 악몽 같은 세월을 털고 일어섰다"의 용법이 그것이다. "상 대는 처음의 음침한 표정을 완연히 털어버리고 활짝 웃으며 마주 쥔 손에 힘을 주었다”(이문열, 《영웅시대》), "심찬수는 그제서야 울적함을 털어버린 듯 활달하게 말했다”(김원일, 《불의 제전》)도 마찬가지이다. 이 렇게 확장된 의미도 기본적으로는 붙어 있는 것을 떨어지게 한다는 의미의 연장선상에 있다.

어린 시절 시골에서 들판에 나갔다가 그만 실수로 개미집에라도 앉았다 일어나면 어느새 개미들이 옷 속으로 기어 들어와 사람을 미치고 팔짝 뛰게 만들기도 한다. 그럴 땐 어떻게 해야 할까? 옷을 벗어 툴툴 '털어야' 한다. 개미들이 옷에서 '떨어져' 나가도록 옷을 바위나 나뭇가지에 부딪쳐 '털어내는' 것이다.

뇌졸중은 왜 '중'일까?
뇌졸증과 뇌졸중

다음은 인터넷에 올라 있는 문답 내용이다.

문의 : 안녕하세요? 뇌졸증에 대해 궁금해서 문의하게 됐습니다.
답변 : 뇌졸증 정보 찾고 있으신 분 계신가요?

'뇌졸중'이라는 바른 표기보다 '뇌졸증'이라는 단어를 사용하는 사람이 생각보다 많다. 한때 왜 '뇌졸증'이 아니고 '뇌졸중'일까 궁금한 적이 있다. 일반적으로 어떤 질병을 나타내는 말이 '증'으로 끝나기 때문이다. 실제로 '증'을 포함한 질병 이름으로는 합병증, 건망증, 냉증, 가한증, 안진증, 유당불내증, 조루증, 자궁내번증, 방광외번증, 흉부측막곤증, 식도 칸디다증 등 아주 다양하다. 이것들이 모두 어떤 질병이라는 정도로만 이해하자. 이렇게 질병의 이름에 '증' 자가 많이 들어가기 때문에 '뇌졸중'도 '뇌졸증'이라고 알고 있는 사람이 많은 게 아닐까 싶다.

'뇌졸중'은 일명 중풍이라고도 하며 "뇌에 혈액 공급이 제대로 되지 않아 손발의 마비, 언어장애, 호흡곤란 등을 일으키는 증상"이다.

그런데 반대로 '증'을 써야 할 곳에 '중'을 잘못 쓰는 경우도 있다.

'대중요법'이 바로 그것이다. "하지만 이러한 대중요법은 효과를 기
대하기 힘들다", "이 요법은 쑤시는 아픔을 없애주고 해열 등 즉각
적인 증상 완화의 대중요법으로도 효과가 있지만", "원인을 모를 경
우에는 가려움을 억제하는 등 대중요법을 행합니다" 등의 표현을
주변에서 쉽게 들을 수 있다. 아마도 일반 대중이 자주 사용하는 치
료법이라는 뜻으로 잘못 알고 쓰는 이 단어는 '대증요법(對症療法)'이
맞는 표기이다. 겉으로 드러난 증상에 대응하여 처치하는 치료법이
라는 의미이다.

아빠 : 이런 겁장이!

아들 : 아빠, 난 겁장이가 아니에요.

아빠 : 그럼 '겁쟁이'인가?

그게 그거 아닌가. 사실 '겁장이'라고 하든 '겁쟁이'라고 하든 의사소통에는 아무 차이가 없다. '개구장이'라고 하든 '개구쟁이'라고 하든 차이를 느끼는 사람은 그렇게 많지 않다. '애비'와 '아비'도 마찬가지이다. '애기'와 '아기'도 마찬가지이다. 이런 차이는 다만 방언의 차이, 개인 언어 습관의 차이, 혹은 스타일의 차이처럼 보일 뿐이다.

그렇지만 품격을 논하는 경우에는 이들을 구별할 필요가 있다. '-장이'와 '-쟁이'는 미세한 의미 차이를 가지고 있기 때문이다. 흔히 직업을 나타낼 때는 '-장이'를 붙이고, 직업이 아니고 습관적 행동을 나타낼 때는 '-쟁이'를 붙인다. 시정곤의《국어의 단어 형성 원리》는 이 문제를 비롯하여 우리말의 단어 형성 원리에 대해 자세한 논의가 나온다. 구두를 만들거나 고치는 사람은 구두장이, 간판을 그리는 사람은 간판장이, 옹기를 만드는 사람은 옹기장이, 벽에 흙을 바르는 사람은 미장이가 될 것이다.

이에 비해 직업이 아니거나 낮추어 부를 때는 '-쟁이'를 쓴다. 회사원을 낮추어 부르는 월급쟁이, 화가를 낮추어 부르는 환쟁이, 작가를 낮추어 부르는 글쟁이, 기독교도를 낮추어 부르는 예수쟁이, 바람둥이를 낮추어 부르는 오입쟁이 등이 여기에 해당한다. 그러니까 '겁장이', '개구장이'가 아니라 '겁쟁이', '개구쟁이'가 맞고, '요술장이'가 아니라 '요술쟁이'가 맞는 표현이다. 어원적으로는 다르지만 '아비'를 '애비'라고 하는 것도 이와 관련된 음운 현상이다.

흔히 전설모음이 아닌 것이 전설모음화하는 현상이다. '아비'의 'ㅏ'는 후설모음이고, 'ㅐ'는 전설모음이다. 'ㅏ'가 'ㅐ'가 되는 것은 전설모음화이다. '호랑이'가 '호랭이'가 되는 것, '어미'가 '에미'가 되는 것, '아비'가 '애비'가 되는 것, '-장이'가 '-쟁이'가 되는 것, '남비'가 '냄비'가 되는 것은 모두 전설모음화의 결과이다. 앞서 설명했던 'France'에서 파생된 'French'도 전설모음화의 예이다.

"예상이나 기대 또는 일반적인 생각과는 반대되거나 다르게"라는 뜻으로 쓰는 '도리어'를 강원도, 경상도, 전라남도, 충청남도 등에서는 '되려'로 줄여 쓴다. 그런데 이 '되려'가 종종 '되레'로 발음나기도 하는데, 이것도 역시 전설모음화이다. 표준어규정은 '도리어'와 '되레'를 모두 표준어로 규정하고 있다. "가문으로 치자면 제가 되레 낙혼을 하는 셈이올시다"(박완서, 《미망》), "섣부른 으름장 가지고는 제독 주기커녕 되레 망신하기 쉽겠던걸"(홍명희, 《임꺽정》)에서 그 쓰임을 볼 수 있다.

아지랭이는 피어오를 수 없다
아지랭이와 아지랑이

앞에서 전설모음이 아닌 것이 전설모음으로 바뀌는 것을 전설모음화라고 설명했다. 'ㅣ, ㅐ, ㅔ' 등이 전설모음이고, 'ㅗ, ㅜ, ㅏ'는 후설모음이다. 그럼 'ㅓ'는? 그것은 중설모음이라고 한다. 복잡한 언어학 이야기를 하고 싶지는 않은데, 아무래도 우리말에 전설모음화 현상이 너무나 자주 발견되기 때문에 이 정도는 어쩔 수 없다. 또 하나 표준어규정에도 나와 있는 'ㅣ' 모음 역행동화에 대해 논의해야 할 것 같다. 'ㅣ' 모음 역행동화란 뒷말의 모음 'ㅣ'의 영향으로 앞의 모음에 'ㅣ'가 덧붙은 것을 말한다. 덧붙으면 당연히 전설모음이 된다. 왜냐하면 'ㅣ'가 전설모음이니까. 결과적으로 전설모음화 현상을 보인다. 자, 이런 배경지식을 가지고 우리말을 살펴보자.

'곰팡이'는 뒤에 오는 '-이'의 영향으로 '곰팽이'라고 발음하는 사람도 있지만, '곰팡이'가 맞는 표현이다. '지팡이', '호랑이', '아비'가 종종 '지팽이', '호랭이', '애비'로 잘못 발음되는 것과 마찬가지이다. 자주 쓰이는 '놈팽이'도 사실은 '놈팡이'가 맞는 표현이다. 이것은 다소 문제가 있어 보인다. 거의 모든 사람이 '놈팽이'라고 쓰지 '놈팡이'라고는 쓰지 않는 것 같은데, 그렇다면 오히려 표준어규정을 고쳐야 하지 않을까.

그런데 ' ㅣ ' 모음 역행동화로 인한 전설모음화가 아니라 처음부터 전설모음인 단어들도 있다. 이를테면 몸을 요리조리 빼면서 일을 열심히 하지 아니하는 사람을 낮잡아 이르는 말은 '빤질이'가 아니라 '뺀질이'이다. 경상도에서는 '뺀질이'를 '뺀드기'라고 한다. 이 단어는 아마도 '빤질거리다'에서 파생된 것으로 보이기는 하지만 '뺀질이'로 굳어졌다.

곤충 중에 '노랭이'라고 있다. 물잠자리의 애벌레로 거미 모양으로 생겼는데, 산천어 낚시의 미끼로 쓰이기도 한다. 강원도에서는 언제나 이 벌레를 '노랭이'라고 불렀다. 한편 심한 구두쇠를 나타내는 '노랑이'라는 말을 평양에서는 '노랭이'라 하고 정도가 더 심한 구두쇠는 '진노랭이'라고 한다. ' ㅣ ' 모음 역행동화가 일어난 것이다.

밴댕이젓을 만드는 청어과의 물고기 이름도 '반댕이'가 아니라 '밴댕이'이다. 그런데 재미있게도 이 밴댕이는 조선 시대에는 '반당이'라고 불렸나 보다. 《역해유해》(1690)에는 '반당이'라고 나온다고 한다.

이기적이고 인색한 사람, 약삭빠른 사람을 뜻하는 '깍쟁이'는 '깍정이'가 변하여 된 말이다. 깍정이란 조선 시대에 죄를 지어서 갈 곳이 없는 사람들끼리 모여 살면서 구걸을 하거나, 아니면 잔칫집이나 초상집 같은 곳에서 음식이나 돈을 얻어내어 살던 사람을 일컫던 말이다. 이 단어가 역시 전설모음화하여 '깍쟁이'가 되었고, 그의미도 자기 욕심만 부리고 인색한 사람으로 바뀐 것이다.

'아지랑이'도 이러한 음운 현상으로 인해 '아지랭이'로 잘못 쓰이곤 한다. '바짓가랑이'를 '바짓가랭이'로, '지푸라기'를 '지푸래기'로,

'허수아비'를 '허수애비'로 잘못 알고 있는 것도 모두 전설모음화 때문이다.

그럼 '풋내기'는 '풋나기'일까? 아니다. '풋내기'는 '풋+내기'의 파생어인데 몇 가지 주목할 사실이 있다. 우선 '풋'은 강조의 접두사이다. '풋사과, 풋사랑, 풋고추' 할 때의 '풋-'이다. 그리고 '내기'는 '나+기'의 전설모음화에서 생긴 접사로, 일부 명사 뒤에 붙어 그 지역에서 태어나고 자라서 그 지역 특성을 지닌 사람이라는 뜻을 더하거나 일부 어근이나 접두사 뒤에 붙어 그런 특성을 지닌 사람이라는 뜻을 더하는 접미사이다. 예를 들면 '서울내기, 시골내기, 신출내기, 풋내기, 새내기' 등이 있다. 그러니까 언젠가는 '풋나기'가 바른 형태였겠지만, 1988년에 개정된 표준어규정에 의해 지금은 '풋내기'가 바른 표기이다.

희노애락과 희로애락

우리말에 한자 쓰는 것을 별로 좋아하지 않는데, 잘 몰라서이기도 하지만 한자를 쓰지 않아도 의미가 통한다면 굳이 한자를 써야 하는가 하는 의문 때문이다. 순 한글 신문을 읽을 때 의미가 통하지 않거나 중의성 때문에 이해하지 못하는 경우는 없는 것 같다. 그런데도 이 항목을 설명하는 데에서는 어쩔 수 없이 한자를 쓸 수밖에 없다.

'勞動者'는 어떻게 읽을까? 노동자 혹은 로동자? 아마도 '노동자'로 읽는다면 남한 사람일 것이고 '로동자'로 읽는다면 북한 사람이 아닐까 하는 생각을 해본다. 남한에서는 두음법칙이라고 하여 어두에 오는 'ㄹ'을 'ㄴ'으로 발음하는 데 비해 북한에서는 그대로 'ㄹ'로 발음하기 때문이다. 그런데 이 경우에 마치 '노동자'라고 발음하는 것이 더 편하다든가, '로동자'라고 발음하는 것이 더 편하다고 말하는 것은 과학적으로는 정확한 표현이 아니다. 습관의 문제이니까. 아니 어떤 언어에 노출되었는가에 따라 편하다는 것이 바뀔 수 있기 때문이다. 남한 사람에게는 '노동자'라고 발음하는 것이 편할 것이고, 북한 사람에게는 '로동자'라고 발음하는 것이 편할 것이다.

자, 이제 '喜怒哀樂'을 보자. 이것은 '희노애락'이라고 발음해야 할까, 아니면 '희로애락'이라고 발음해야 할까? 어떤 책에서는 이 한자를 '희로애락'이라고 발음하는 것이 말하기 쉽고 듣기에도 좋다고 설명하고 있다. 이런 설명 역시 과학적으로 정확하다고는 할 수 없다. 어떤 사람은 '희노애락'이라는 발음을 훨씬 더 편하고 쉽게 느낄 수 있기 때문이다. 그런데도 '희로애락'을 표준 발음으로 삼는 것은, 뭐 사실 특별한 이유가 있는 것이 아니고 본음대로 읽은 것뿐이다.

"크게 성을 내다"라는 뜻의 '大怒' 역시 '대노'가 아니라 '대로'라고 발음하는데, 마찬가지 이유이다. '怒' 자가 앞에 올 때는 '노', 뒤에 올 때는 '로'로 발음된다고 알아두면 될 뿐이다. '怒氣'처럼 앞에 올 때는 '노기'라고 발음한다. 원래 'ㄹ'이 어두에 올 때는 남한어에서 두음법칙에 의해 'ㄴ'으로 발음되지만 다른 자리에서는 그대로 'ㄹ'로 발음되는 것일 뿐이다.

'老' 자도 마찬가지이다. '老人'처럼 앞에 올 때는 '노인'이라고 발음하지만, '養老院'처럼 뒤에 올 때는 '양로원'이라고 발음한다. '감로수(甘露水), 난로(煖爐), 순록(馴鹿), 장로(長老)' 모두 마찬가지이다.

그런데 한글맞춤법에서는 이상하게도 모음이나 'ㄴ' 받침 뒤에 이어지는 '렬, 률'을 '열, 율'로 적는다고 규정하고 있다. '자율, 운율, 반열, 백분율, 전율, 나열, 분열, 비열'은 이렇게 해서 정해진 표기이다. 모음이나 'ㄴ' 받침 뒤가 아니라면 본음대로 읽으면 된다. 따라서 '上昇率'이나 '普及率'은 각각 '상승률'과 '보급률'이 된다. 그런데 "태양이 작렬하는 해변"이 아니고 "태양이 작열하는 해변"이 맞는 이유는 작열의 '熱'은 원음이 '열'이기 때문이다. 하여간 한글맞춤법이 왜 하필이면 '렬, 률'에 대해서만 이렇게 예외 규정을 두었는지는 알 수 없다.

사십구재는 제사가 아니다
사십구제와 사십구재

‘왜가리’를 ‘웨가리’라고 잘못 쓰는 사람들이 저지르기 쉬운 실수 중의 하나가 ‘사십구재’이다. 한자로 이렇게 쓴다. ‘四十九齋’.

물론 ‘사십구재’와 ‘사십구제’가 헷갈릴 이유는 있다. 길이 나 있어서 넘어 다닐 수 있는 높은 산의 고개를 뜻하는 우리말 ‘재’와 제사를 의미하는 한자 ‘제(濟)’를 혼동한 것이다. 왠지 제사와 관련되었을 것 같은 ‘사십구제’가 맞는 것처럼 보인 것이다.

나중에 알고 보니 사정은 이러했다. 죽은 사람을 위해 행하는 불교 의식에 재(齋)와 제(祭)가 있다. ‘재’는 마음을 가지런히 하고 삼가며 맑게 하는 의식이고, ‘제’는 죽은 이를 위해 음식을 바치며 정성을 들이는 의식이다. 재는 한마디로 스님들이나 독실한 불자들이 지키는 계율과도 같은 것인데, 오늘날에는 재와 제가 거의 비슷한 성격을 띠게 되었다. ‘재’에는 칠일재(七日齋)와 사십구재(四十九齋)가 있다. 칠일재는 돌아가신 날로부터 7일째 되는 날 지내는 것이고, 사십구재는 일곱 번째 돌아오는 칠일재에 지내는 것이다. 다른 말로는 칠칠재라고도 한다.

사십구재에도 제사를 지내다 보니까 많은 사람이 ‘사십구제’라고 잘못 쓰기도 한다. 기자나 아나운서를 지망하는 사람이라면 이런 실수를 저질러서는 안 될 것이다. 제사가 아닌 것을 제사로 쓰는 것은 엄청난 차이가 있으니까.

이와는 반대로, '금세'를 '금새'로 혼동하는 경우가 있다. 지금 바로라는 의미의 '금시에'가 줄어든 말은 '금세'이다. "소문이 금세 퍼졌다"나 "약을 먹은 효과가 금세 나타났다"처럼 쓴다. 또 "얄팍한 양철 난로는 금세 빨갛게 달아오르면서 방 안이 훈훈해졌다"(최인훈, 〈구운몽〉), "그녀는 감격에 겨워 금세 눈물을 흘릴 것 같았다"(이동하, 《장난감 도시》)에서 그 쓰임을 볼 수 있다.

지인 중에 크리스천이라는 교포가 있다. 아주 어릴 때 미국으로 이민을 갔는데도 우리말을 매우 잘할 뿐만 아니라 언어적 순발력을 따를 사람이 없을 정도이다. 그와 합숙 작업을 할 일이 여러 번 있었는데, 말문이 막히는 것은 언제나 우리 내국인들이었다. 점심으로 나온 음식 중에 김말이가 있으면 갑자기 전 여자 친구가 생각난다는 것이다. 그 이름이 마리라고 하면서. 뚱딴지같이 웬 여자 친구 이야기일까 하고 멀뚱하게 있으면 또 한마디 한다. "성이 김씨였어요." 아하, 김마리. 뭐, 이런 식이다. 새우를 보면, "자존심 새우지 말고 많이 드세요." 꼬리곰탕이 나오면, "이제 그만 꼬리 내려야겠어요." 참깨죽이 나오면, "깨죽거리지 말고 드시죠." 그가 뱉어내는 순간적인 언어유희는 훈련이 아니라 언어적 직관에서 오는 게 틀림없다는 것이 우리 모두의 판단이었다. 하루는 그가 끝말잇기 놀이를 하자고 했다. 그가 문제를 냈다.

"오뎅."

뭐? 오뎅? '뎅' 자로 시작하는 말은 없는 것 같은데. 고민하고 있는 우리를 향해 그가 너스레를 떨면서 스스로 대답했다.

"뎅장찌게."

된장찌개 말이다. 자신은 경상도 분이신 할머니에게서 우리말을 배웠다면서. 그가 또 문제를 냈다.

"조깅."

아이고! '깅' 자로 시작하는 우리말은 정말 없는데. 그가 또 말했다.

"깅치찌게."

우리가 졌다.

많은 사람이 '김치찌게', '된장찌게'라고 알고 쓰는 이 말은 사실 '김치찌개', '된장찌개'가 바른 표기이다. '게'와 '개'는 둘 다 접미사이긴 하다. 그러나 그 유래를 보면, 둘은 전혀 다르다. 일단 김치를 뜻하는 옛말 '디히'에 '개'가 붙고, 이것이 변하여 찌개가 되었다고 한다.

여기서 잘못 사용되고 있는 접미사 '-게'는 '무게'의 '-게'와는 전혀 다른 어원에서 유래하는 것이다. 즉, '무겁다'라는 형용사에서 온 명사는 '무겁+이'에서 변화된 '무게'이다. '두껍다'라는 형용사의 명사형도 '두껍+이'에서 변화된 '두께'이다. '지게, 집게'도 이와 유사한 명사들이다. 그런데 '걸개, 깔개, 덮개, 뜨개, 마개, 쓰개, 얼개, 지우개, 우스개, 이쑤시개' 등은 모두 접미사 '개'가 붙어 있다. '거지발싸개'라는 말도 들어보았을 것이다.

이와 어원적으로는 관계가 없지만 많은 사람이 '육계장'이라 쓰는 것도 '육개장'이 맞는 표기이다. 개고기를 끓인 국이라는 의미의 '개장국'에서 개고기 대신에 쇠고기를 넣은 것을 '육개장'이라고 한다. 된장찌개의 '개'와 육개장의 '개'는 어원적으로 아무 상관이 없지만 둘 다 음식 이름이고 자주 틀리는 표기라서 함께 적어둔다. 내친 김에 '화계장터'인가 '화개장터'인가? 벚꽃 축제로 유명한 경남 하동에 있다. 그곳에 있는 유명한 불교 사찰인 화계사와 더불어 '화계장터'라고 불린다. 간혹 '화개장터'라고 잘못 쓰는 사람들도 있다. 가수 조영남이 부른 〈화계장터〉라는 노래로도 유명해졌다.

　그럼 '부침게'가 맞을까, '부침개'가 맞을까? 자신이 없을 땐 '개'를 붙이는 것이 안전하다.

상대방이 아나운서인지 아닌지, 기자인지 아닌지를 구별하는 아주 쉬운 방법은 '效果'라는 단어를 어떻게 발음하는지 보는 것이었다. [효:과]라고 발음하면, 그 사람은 거의 틀림없이 기자나 아나운서일 것이고, [효꽈]라고 발음하면 기자나 아나운서가 아닌 것이다. 그만큼 이 단어는 일반 대중의 언어생활과 표준어규정이 동떨어져 있음을 보여주는 증거였다. 기자나 아나운서는 표준어규정을 충실히 지킬 현실적인 이유가 있지만, 일반 대중은 그렇지 않기 때문에 표준어규정을 거의 고려하지 않는 것도 자연스러운 일이다.

사전에는 '효과'의 발음을 [효:과]로 규정하고 "어떤 목적을 지닌 행위에 의하여 드러나는 보람이나 좋은 결과" 또는 "소리나 영상 따위로 그 장면에 알맞은 분위기를 인위적으로 만들어 실감을 자아내는 일"이라고 정의하고 있다. 비슷한 말로 '효능, 효험, 효율' 등이 있다. 또 유도 경기에서 기술이 가장 미미하게 걸렸을 때 내리는 판정도 '효과'이다. 이때의 '효과' 역시 발음은 [효:과]이다.

왜 이 단어는 줄기차게 [효꽈]가 아니라 [효:과]일까. 지금부터 그 이야기를 하려고 한다. 일단 이 주제는 사이시옷과 관계가 있다. 그래서 사이시옷 이야기를 하지 않을 수 없다.

한글맞춤법 제30항은 사이시옷과 관련하여 세 가지 경우를 제시하고 있다. (1) 순우리말로 된 합성어로서 앞말이 모음으로 끝난 경우, (2) 순우리말과 한자어로 된 합성어로서 앞말이 모음으로 끝난 경우, (3) 두 음절로 된 다음의 한자어로 나누어 설명하고 있다.

(1) 순우리말로 된 합성어로서 앞말이 모음으로 끝난 경우로 세 가지가 있다.

첫째, 뒷말의 첫소리가 된소리로 나는 것으로, '고랫재, 귓밥, 나룻배, 나뭇가지, 냇가, 댓가지, 뒷갈망, 맷돌, 머릿기름, 모깃불, 못자리, 바닷가, 뱃길, 볏가리, 부싯돌, 선짓국, 쇳조각, 아랫집, 우렁잇속, 잇자국, 잿더미, 조갯살, 찻집, 쳇바퀴, 킷값, 핏대, 햇볕, 혓바늘' 등이 있다. 이 규정에 따르면, '머리기름, 머리그림'은 뒷말의 첫소리가 된소리로 나기 때문에(난다고 사전에서 규정하고 있기 때문에) '머릿기름, 머릿그림'이 맞는 표기이다. 그러나 '머리기사, 머리글'은 뒷말의 첫소리가 된소리로 나지 않기 때문에 사이시옷을 넣을 필요가 없다. 어렵다. 이렇게 엿장수 마음대로라면 차라리 사전을 보는 게 나을 수도 있겠다.

둘째, 뒷말의 첫소리 'ㄴ, ㅁ' 앞에서 'ㄴ' 소리가 덧나는 것으로, '멧나물, 아랫니, 텃마당, 아랫마을, 뒷머리, 잇몸, 깻묵, 냇물, 빗물' 등이 있다. 이 조항도 발음으로 판정을 하기는 쉽지 않아 보인다. '머리말'은 뒷말의 첫소리가 덧나지 않으므로 '머리말'로 적는다.

셋째, 뒷말의 첫소리 모음 앞에서 'ㄴㄴ' 소리가 덧나는 것으로,

'도리깻열, 뒷윷, 두렛일, 뒷일, 뒷입맛, 베갯잇, 욧잇, 깻잎, 나뭇잎, 댓잎' 등이 있다.

(2) 순우리말과 한자어로 된 합성어로서 앞말이 모음으로 끝난 경우로 세 가지를 제시하고 있다.

첫째, 뒷말의 첫소리가 된소리로 나는 것으로, '귓병, 머릿방, 뱃병, 봇둑, 사잣밥, 샛강, 아랫방, 자릿세, 전셋집, 찻잔, 찻종, 촛국, 콧병, 탯줄, 텃세, 핏기, 햇수, 횟가루, 횟배' 등이 있다. 이 규정의 또 다른 사례로는 '등굣길, 연둣빛, 장맛비, 장밋빛' 등이 있다. 방송 등에서 아나운서가 '장맛비'라고 하는 것을 들을 때마다 왠지 부자연스럽다는 생각을 하게 된다.

둘째, 뒷말의 첫소리 'ㄴ, ㅁ' 앞에서 'ㄴ' 소리가 덧나는 것으로, '곗날, 제삿날, 훗날, 툇마루, 양칫물' 등이 있다.

셋째, 뒷말의 첫소리 모음 앞에서 'ㄴㄴ' 소리가 덧나는 것으로, '가욋일, 사삿일, 예삿일, 훗일' 등이 있다. '농사일'은 소리가 덧나지 않으므로 '농사일'로 적는다.

(3) 두 음절로 된 한자어로, '곳간(庫間), 셋방(貰房), 숫자(數字), 찻간(車間), 툇간(退間), 횟수(回數)' 등이 있다.

그러나 두 음절로 된 한자어 중에서 왜 하필 이 여섯 개만 사이시옷을 넣기로 했는지는 알 수 없다. 특히 '툇간' 같은 어휘가 무엇을 의미하는지 아는 사람이 과연 얼마나 될까. 사전에는 '툇간'을 "안둘 렛간 밖에다 딴 기둥을 세워 만든 칸살"이라고 설명되어 있다. 하여 튼 본디 행정적이거나 관료적인 행위를 이해하기란 쉽지 않다.

'초점, 이점, 시가, 대가, 허점, (울)화병' 등은 두 음절로 되어 있고, 뒷말의 첫소리가 된소리로 나는데도 사이시옷을 쓰지 않는다. 합성 한자어는 위에 제시한 여섯 개만 사이시옷을 쓰니까.

그렇지만 현실적으로 사람들은 "아기들은 찬물 한 숟가락씩만 먹 고도 잘 자라났으나, 홧병이 생긴 부인은 그만 세상을 떠나고 말았 다"에서 보듯 '홧병'으로 많이 쓴다. 작년에 비표준어 서른아홉 개가 표준어로 승격했듯이, 좀 기다리면 '홧병'도 표준어로 승격하지 않 을까. 합성 한자어는 위에서 제시한 여섯 개 외에는 사이시옷을 넣 지 않는다. 그러므로 '마굿간, 수랏간, 소줏잔, 제삿상' 등은 모두 '마 구간, 수라간, 소주잔, 제사상' 등이 맞는 형태이다.

한글맞춤법에서 언급하지 않은, 혹은 언급할 필요가 없었던 사이 시옷 원칙 중 하나는 다음과 같다. 즉, 된소리(ㄲ, ㄸ, ㅃ, ㅆ, ㅉ)와 거센 소리(ㅊ, ㅋ, ㅌ, ㅍ) 앞에서는 사이시옷을 넣지 않는다는 것이다. 즉, '윗 쪽, 뒷땅, 뒷통수' 등은 모두 '위쪽, 뒤땅, 뒤통수'라고 적어야 한다. 거센소리나 된소리 앞에서는 사이시옷을 적지 않으므로, '위치마, 위팔, 위턱'이 된다.

"때와 장소에 알맞는 유머"라든가 "성남시, 어르신에 알맞는 일자리 제공" 같은 표현을 흔히 볼 수 있다. 물론 여기에 쓰인 '알맞는'은 틀린 표기이고 '알맞은'이 맞는 표현이다. '알맞다'는 형용사이기 때문에 관형사형 어미 '-은'을 취한다. 동사와 결합하는 관형사형 어미는 '-는'이다. 그러므로 형용사 '작다'와 '높다'는 각각 '작은'과 '높은'으로 활용한다. 반면에 동사인 '먹다'와 '자다'는 각각 '먹는'과 '자는'이 된다.

'알맞는'이 자주 사용되는 것은 아마도 동사인 '맞다'의 활용형 '맞는'의 영향일 것이다. "다음 중 맞는 답을 고르시오" 등과 같은 문장이 자주 쓰이기 때문이다. 형용사인 '알맞다'는 "알맞은 사람", "알맞은 차림새" 등과 같이 쓰이고, 동사인 '맞다'는 "몸에 맞는 옷", "빈 칸에 맞는 답"과 같이 쓰인다.

비슷한 예로 "두 편을 견주어 볼 때 서로 어울릴 만큼 비슷하다"라는 의미의 '걸맞다' 또한 '걸맞은'으로 써야 한다. "분위기에 걸맞은 옷차림", "친구로 사귀기에 걸맞은 상대", "그는 신붓감으로 집안 조건이 자기와 걸맞은 여자를 찾고 있지만 쉽지 않은 모양이었다" (홍성원, 〈육이오〉)에서 보는 것처럼 말이다.

　다만 형용사라고 해서 언제나 '-은'으로 활용하는 것은 아니다. 모든 규칙에는 예외가 있는 법이니까. 형용사 '있다'와 '없다'는 다른 형용사들과 달리 관형사형 어미 '-는'을 붙인다. 그래서 '있는'과 '없는'으로 써야지 '있은'과 '없은'으로 쓸 수는 없는 것이다. 예로는 "그는 아무것도 없으면서 있는 체한다", "그는 있는 집 자손이다" 등이 있다. "있는 것은 모으고 없는 것은 헤프다"라는 속담도 있다. 그런데 "사람이나 동물이 어떤 상태를 계속 유지하다"라는 의미로 쓰일 때는 '있다'가 동사가 된다. 그럴 때 "가만히 있는 사람을 건드리지 마라"에서 보듯이 '있는'으로 쓴다. 동사로서의 '있다'도 관형사형 어미는 '-는'이므로 언제나 '있는'이라고 쓰면 된다.

기다란 고드름이 달렸다
길다란과 기다란

우리말에 대한 글을 쓰거나 생각할 때 언제나 고종석을 생각한다. 그만큼 우리말을 가꾸고 아끼는 사람을 일찍이 본 적이 없다. 그가 쓴 많은 우리말 관련 저서뿐 아니라 다방면에 걸친 그의 해박함을 보여주는 다른 저서들을 보면서 늘 감탄과 감동을 느낀다. 그런데 그의 저서를 읽다 보면 매우 독특한 문체와 더불어 독특한 어휘를 사용하고 있음을 알게 된다. 그는 시인이기도 하고 소설가이기도 하며, 언어학자이자 기자이다.

따라서 여담이지만, 어법에 어긋난 것도 그가 쓰면 시적 상상력과 시인의 표현력의 확장이 되겠지만, 나 같은 사람이 쓰면 언어 파괴이자 규칙 위반이 될지도 모른다. 셰익스피어가 수많은 신조어를 만들어냈다고 해서 그 누가 감히 언어 파괴자라고 비난하겠는가. 고종석이 쓴 구절을 보자.

그 길다란 진술 동안 그가 의지하는 소도구는 무대 위에 놓인 의자와 종이 찰흙으로 만든 흉기 하나뿐이다. 그 흉기는 극중에서 마지막으로 죽는 루빈 코의 넓적다리뼈를 날카롭게 갈아서 만든 것인데 브코흐는 루빈을 죽이게 될 날을 예비하여 이 뼈칼을 숨기고 있었다.•

고종석 같은 대가가 '길다란'과 '기다란'의 차이를 모를 리는 없다. 그는 다만 어떤 효과를 노렸을 뿐이다. 어떤 자리에서 그가 높이 평가한 적이 있는 시인 백석도 '길다란'이라는 단어를 즐겨 쓴다.

처마 끝에 명태를 말린다.

명태는 꽁꽁 얼었다.

명태는 길다랗고 파리한 물고긴데

꼬리에 길다란 고드름이 달렸다.

해는 저물고 날은 다 가고 별은 서러웁게 차갑다.

나도 길다랗고 파리한 명태다.

문턱에 꽁꽁 얼어서

가슴에 길다란 고드름이 달렸다.••

백석의 시에서도 확인할 수 있듯이 '길다란'은 '길다랗다'의 활용형이다. 물론 '-다랗-'이라는 접미사를 붙이지 않은 어근 '길다'의 활용형은 '길은'이 아니라 '긴'이다. 'ㄹ' 불규칙 형용사이다. '절다'가 '전'으로, '녹슬다'가 '녹슨'으로 활용하는 것과 같은 계열이다. 그런데 현재 표준어규정에서는 '기다랗다'만을 표준어로 인정하고 있다. 그러므로 '길다란'이 아니라 '기다란'이 맞는 표현이다. 그럼에도 백석이나 고종석이 '기다란' 대신에 '길다란'을 쓴 이유는 낯선 표현을 씀으로써 길이가 길다는 것 외에 어떤 시각적 효과를 노린 것이 아닐까.

'길다'에서 '긴'이 되는 것은 이미 존재하는 'ㄹ'을 탈락시키는 것이다. 그런데 있지도 않은 'ㄹ'을 덧붙임으로써 어법에 어긋나는 표현이 생기기도 한다. 가령 '떼다'는 처음부터 어근에 'ㄹ'이 없는데도 이를 첨가하여 '뗄려야'라고 하는 사람들이 있다. 물론 '떼려야'가 맞는 표현이다. 마치 '가다'에 '-려야'가 합해져 '가려야'가 되는 것과 같은 이치이다. '먹다'에 '-려야'가 합해져 '먹으려야'가 되는 것과 같다.

원래 없던 'ㄹ'을 덧붙여 잘못 쓰는 예는 자주 발견된다. '먹으려고'라고 해야 할 것을 '먹을려고'라고 하는 것이나 '하려고'를 '할려고'라고 하는 것, '가려고'를 '갈려고'라고 하는 것은 모두 잘못된 표현이다.

같은 맥락에서 '추스르다'도 '추슬르는'이 아니라 '추스르는'이 맞는 표현이다. '누르다'도 '눌르고'가 아니라 '누르고'가 맞는 표현이고, '고르다'도 '골르고'가 아니라 '고르고'가 맞는 표현이고, '거르다'도 '걸르고'가 아니라 '거르고'가 맞는 표현이다.

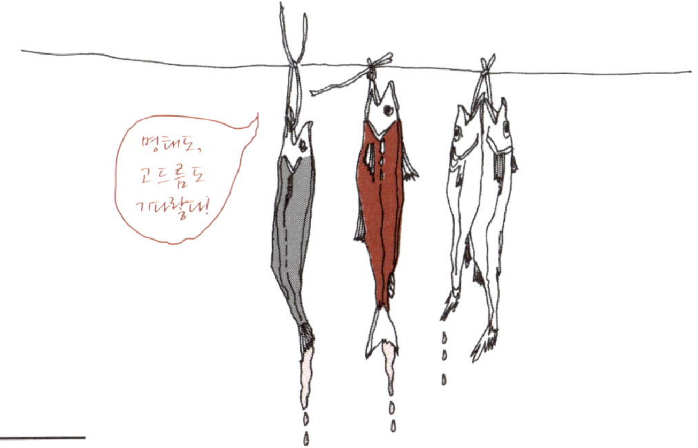

• 고종석,《한겨레》, 1989. 6. 13.
•• 백석, 〈멧새소리〉,《여성》, 1938.

'잊힌 계절'이라고 해야지
잊혀진과 잊힌

전에 모 신문에 칼럼을 정기적으로 쓴 적이 있었다. 그때 마침 우즈 베키스탄을 다녀오면서 그곳에서 아주 인상 깊은 벽화를 보고 온 직후였다. 아프라시압 궁전에서 발견된 벽화에 우리나라 사신으로 추정되는 두 인물이 그려져 있었던 것이다. 혹자는 그 인물들이 신라의 사신이라고도 했고, 혹자는 고구려의 사신이라고도 했다. 두 인물이 새의 깃털 장식이 있는 조우관(鳥羽冠)을 쓰고 있다는 것이 이들이 한반도에서 온 사신이라는 증거였다.

이것을 칼럼으로 써야겠다고 마음먹고 원고를 작성해서 담당자에게 보냈다. 담당자는 우리말에 일가견이 있을 뿐 아니라 지면에서도 우리말을 주제로 하는 일관성 있는 칼럼을 쓰는 분으로, 무척이나 따르고 존경하는 분이었다. 원고를 보냈더니 이런 답메일이 왔다.

"장 교수님, 외람되지만 '잊혀진'은 올바른 어법이 아니라서 '잊힌'으로 바로잡습니다. 양해해주십시오."

잊힌, 잊힌, 잊힌……? 아무리 되뇌어보아도 부자연스러웠다. 그렇지만 어쩌겠는가. 신문사에서 십수 년을 보낸 베테랑 편집자이자 논설위원이신 분이 지적하는 것인데. 사전을 찾아보니 과연 '잊힌' 이 맞는 표현이었다. 혼자 있었지만 얼굴의 화끈거림을 지울 수가 없었다. 그런데 '잊혀진'이라는 잘못된 표현은 사실 '잊힌'이라는 바른 표현보다 훨씬 더 널리 쓰이는 것이 현실이다. 몇 가지 예를 들어보자.

- 나의 선택 : 잊혀진 가방 그 못다 한 이야기 (영화 제목)
- 잊혀진 질문 : 절망의 한복판에서 부르는 차동엽 신부의 생의 찬가 (책 제목)
- 잊혀진 계절 (대중가요 제목)
- 일제 국내 강제 동원의 재앙 '잊혀진 역사'로 묻으렵니까 (신문 기사)
- 후배들에게 희망을 주고 잊혀진 록의 저변 확대라는 바람이 담겨 있었습니다. (신문 기사)
- 배경색과 전경색의 대비가 접근에 있어서 대두되는 또 다른 잊혀진 화두이다. (미술비평)

사실 너무 많은 사람이 바른 형인 '잊히다'를 쓰지 않고 잘못된 형태인 '잊혀지다'를 사용하기 때문에, 어느 것을 써야 하는가는 결코 쉽게 정할 수 있는 문제가 아닌 것 같다. 누군가 개탄한 것처럼, 이대로 가다간 바른 말 '잊힌'은 아예 잊히고, 피동 형태를 겹쳐 쓴 '잊혀진'이 득세할 날도 멀지 않은 것 같다. 어차피 언어는 변하는 것이고, 일정 시간이 지나면 변한 모습을 새로운 표준으로 인정하는 것이 자연스러운 흐름이긴 하다. 문제는 아직도 '잊히다'가 맞는 표현이라는 주장이 대세를 이룬다는 사실이다. 따라서 우리는 일단 맞는 형태를 맞는다고 말하는 것이 옳지 않겠는가.

'잊다'의 피동형은 '잊히다'이다. '먹다'의 피동형이 '먹히다'이고, '씹다'의 피동형이 '씹히다'이고, '닫다'의 피동형이 '닫히다'인 것과 같은 이치이다.

잊다 〉 잊히다

먹다 〉 먹히다

씹다 〉 씹히다

닫다 〉 닫히다

피동 표현 '잊히다'에 다시 '-어지다'를 겹쳐 쓴 것이 바로 '잊혀지다'이다. 같은 논리로 '닫혀진 창문'도 '닫힌 창문'이 되어야 옳다. 유명한 시구절을 보아도 '잊히다'가 맞는 표현임을 알 수 있다.

• 사노라면 잊힐 날 있으리다 (김소월, 〈못잊어〉)

• 그곳이 참하(차마) 꿈엔들 잊힐리야 (정지용, 〈향수〉)

그리고 물론 '잊힌'으로 옳게 쓰는 사례도 많이 있다.

• 한국선 잊힌 경제개발계획……개도국은 열광 (신문 기사)

• 잊힌 사람의 권리 대변할 것 (모 정당 국회의원)

- 잊힌 항일 한글 운동가 이극로 박사 (신문 기사)

- 잊힌 것들에 대한 따뜻한 기록자 (서평)

일반 언중도 마찬가지이겠지만, 글과 말로 먹고살아야 하는 사람들은 좀 더 민감해질 필요가 있지 않을까 싶다. 기자가 되려는 사람, 아나운서가 되려는 사람이라면, 그리고 언어의 품격을 한 차원 높이려는 사람은 특히 잘못된 어법보다는 올바른 어법을 가려 쓰는 것이 필요할 것이다.

'잊혀진'이 아니라 '잊힌'으로 쓰는 사람을 보면 마음속으로 '아, 이 사람은 내공이 꽤 쌓였구나' 하는 생각을 하게 된다.

지금의 대학에 자리를 잡은 지 얼마 안 되었을 때이다. 학과 회의 중에 동료 교수 한 분이 갑자기 웃음을 터뜨리는 것이었다. 당황하여 말을 중단했는데, 그분이 웃으면서 하시는 말씀이 "'날으는'이 뭐예요? 강원도 사투린가요?" 그것 때문에 갑자기 웃음이 나왔다는 것이다. 중요한 안건은 아니었고 가볍게 농담을 하고 있던 순간이었는지 모르겠다. '날으는 삼겹살' 이야기를 하고 있었던 것 같기도 하고. 그래서 학과 회의는 잠시 '날으는'이 맞는지 '나는'이 맞는지에 대한 논의로 이어졌고, 결론은 나지 않았다. 그렇지만 모두가 동의한 한 가지는 '나는 삼겹살'은 이상하다는 것이었다.

'날다'를 수식어로 쓰는 경우 '날으는'으로 쓰는 사람이 참으로 많다. "날으는 물고기, 날으는 앵무새, 날으는 흑곰" 등등.

표준어법에서 '날으는'은 잘못된 것이고 '나는'이 바른 형태이다. '날다'에서 'ㄹ'이 탈락되고 관형사형 어미 '-는'을 결합하여 '나는'이 되기 때문이다.

날다 〉 나는

쓸다 〉 쓰는

불다 〉 부는

빌다 〉 비는

형용사도 마찬가지이다. 다만 이때는 '-ㄴ'이 결합한다.

길다 〉 긴

절다 〉 전

멀다 〉 먼

그런데 왜 유독 '나는'이 어색하게 느껴지는 것일까. 아마도 어릴 적부터 익혀온 언어 습관이 굳어져서 그런 것이 아닐까 싶다. 지금도 도저히 '나는'이라는 말이 되지 않는다. '날으는'이 편하다.

1980년대 가요 중 김수철이 부른 〈젊은 그대〉라는 노래가 있다. "거칠은 벌판으로 달려가자." 이렇게 시작하는 노래이다. 이 노래를 수십 번 부르면서도 ' 거칠은'이 '거친'이 되어야 한다는 생각을 해보지 못했다.

거칠다 〉 거친

녹슬다 〉 녹슨

물론 '거칠은'이 아니라 '거친'을 사용한 노래도 있다. 정태춘이 부른 〈떠나가는 배〉에는 "거친 바다 외로이"라는 대목이 나온다. 참으로 이상하지 않은가 말이다. 김수철의 〈젊은 그대〉와 정태춘의 〈떠나가는 배)를 동시에 좋아하면서도 어떻게 '거칠은'과 '거친'이 서로 다르게 사용되고 있음을 알아채지 못했을까. 설마 바다는 '거친' 것이고, 들판은 '거칠은' 것이 아닐 텐데. "휴전선 달빛 아래 녹슬은 기찻길" 어쩌고 하는 대중가요도 국어학자들 눈에는 '녹슨 기찻길'로 바뀌어야 할지 모르겠다. '낯설은 타향살이'도 '낯선 타향살이'가 맞는 표현이다. '허물은 모래탑'도 '허문 모래탑'이 되어야 한다.

"물건이나 공기 따위에 때나 기름이 들러붙어 몹시 더러워지다"라는 뜻의 '찌들다' 역시 '찌들은'이 아니라 '찌든'으로 써야 한다. "탄력 없는 비지살에 찰싹 달라붙은 찌든 나일론 슈미즈가 벗다가 만 허물처럼 민망하고 갑갑해 보였다"(박완서,《도시의 흉년》), "부드럽고 상냥함도 없어지고 외로움에 찌든 사람처럼 음침하고 차가와졌다"(문순태,《피아골》), "나는 살결이 검고 거친 모습에서 술에 찌든 사람임을 한눈에 알아보았다"(윤후명,《별보다 멀리》)에서 그 쓰임을 볼 수 있다.

그런데 어떤 말은 어법에는 맞지만 매우 낯설게 보이는 경우도 있다. 지금까지의 논의에 의하면 "땀이나 기름 따위의 더러운 물질이 묻거나 끼어 찌들다"라는 의미의 '절다' 역시 '절은'이 아니라 '전'으로 써야 맞는다. "땟국에 전 반바지도, 무릎에 낀 때도, 정수리의 부스럼마저도 수치스러웠다"(김원일,《노을》)에서 보는 것처럼 말이다. 그러나 언중은 "붉은 악마 응원단이 캠핑장에서 텐트마다 태극기를 내걸고 땀에 절은 옷가지를 말리고 있다"라는 식의 잘못된 표현에 더 익숙한 것 같다.

나는 자랑스러운 태극기 앞에
자랑스런과 자랑스러운

인터넷에 보면 '자랑스런'과 '자랑스러운' 중 어느 것이 맞는가 하는 질문과 대답이 여럿 올라와 있다. 이런 질문이 많이 있다는 것은 '자랑스런' 같은 형태가 널리 쓰인다는 방증이기도 하다. 예전에는 학교에 다닐 때 나라에서는 국기에 대한 맹세라는 것을 암송하도록 했다.

나는 자랑스런 태극기 앞에
조국과 민족의 무궁한 영광을 위하여
몸과 마음을 바쳐 충성을 다할 것을
굳게 맹세합니다.

그리고 2007년 7월 27일부터는 국기에 대한 맹세가 다음과 같이 변경되었다.

나는 자랑스러운 태극기 앞에
자유롭고 정의로운 대한민국의 무궁한 영광을 위하여
충성을 다할 것을 굳게 다짐합니다.

아마도 '자랑스런'이 어법에 어긋난다는 국어학계의 지적을 반영하지 않았는가 싶다. 어렸을 적 '태극기'를 '태국기'로 잘못 써서 선생님에게서 '애국심을 의심받았던' 기억이 난다. 요즘 같은 국제화 시대, 다민족 시대에는 '조국과 민족'이라는 어휘도 굳이 강조할 만한 것은 아님을 고려하여 '자유롭고 정의로운 대한민국'이라는 구절로 대치된 것 같다.

왜 '자랑스러운'이 맞고 '자랑스런'이 틀리는 것일까? 우선 '자랑스럽다'는 명사 '자랑'과 '-스럽다'라는 접미사가 결합한 것이다. '-스럽다'라는 접미사는 '한스럽다, 한심스럽다, 쑥스럽다, 멋스럽다, 사랑스럽다, 표독스럽다, 우악스럽다, 의뭉스럽다' 등 상당한 생산성을 보인다. 한때는 인기 있던 텔레비전 드라마의 주인공을 빗대 '장진구스럽다'라는 말이 유행하기도 했다(그게 무슨 뜻인지는 잊어버렸다).

형용사를 만드는 접미사 '-스럽다'는 활용형이 '-스러운'이다. 그런데도 이상하게 '자랑스러운'은 '자랑스런'으로 잘못 사용되었다. '-스러운'은 '-스런'으로 축약되지 않는다. '만족스러운', '사랑스러운', '자랑스러운'이 맞는데도 종종 '만족스런', '사랑스런', '자랑스런'으로 잘못 사용되고 있다. 맞춤법 규정에서도 '-스럽다' 같은 'ㅂ' 불규칙 용언에서의 'ㅂ'이 바뀐 'ㅜ'가 탈락되는 것을 인정하지 않는다.

"남에게 드러내어 뽐낼 만한 데가 있다"라는 의미의 '자랑스럽다'는 다음과 같이 쓰인다.

• 그는 난생처음으로 돈을 손에 쥐고 주막에 들어선 자신이 자랑스러워

되도록이면 두 어깨에 힘을 주고 술청에 앉았다(문순태,《타오르는 강》).

- 용현이는 아버지 덕택에 위기를 모면하게 되어 그런 아버지가 몹시 자랑스러운 모양이었다(송기숙,《녹두장군》).

물론 '군밤, 군고구마'에서 보듯이 '구운'이 '군'으로 축약되는 경우가 있기는 하다. 그러나 이렇게 준말이 인정되는 것은 하나의 단어로 굳어진 경우만 해당한다고 한다. 하나의 단어로 굳어지지 않은 경우에는 같은 동사인데도 그냥 '구운'이라고 해야 한다.

그러니까 사실은 '자랑스럽다'의 활용형이 '자랑스런'이냐 '자랑스러운'이냐 하는 문제는 'ㅂ' 불규칙 형용사의 활용형이라는 좀 더 광범위한 현상의 일부인 셈이다. '자랑스럽다'의 또 다른 활용형인 '자랑스러우니', '자랑스러우므로' 등에서 보아도 모음이 생략된 '자랑스러니', '자랑스러므로' 등은 존재하지 않는다.

깨트리다와 깨뜨리다

우리말에는 거센소리 'ㅌ'과 된소리 'ㄸ'의 차이 외에는 기본적으로 의미가 동일한 어휘쌍이 많이 있다.

흩뜨리다 / 흩트리다

깨뜨리다 / 깨트리다

떨어뜨리다 / 떨어트리다

터뜨리다 / 터트리다

쏟뜨리다 / 쏟트리다

일단 한글맞춤법에 의하면, '-뜨리다'와 '-트리다'는 둘 다 널리 쓰여 복수 표준어로 처리된다. 그러므로 크게 신경 쓸 것 없다. 그러나 한때는 '-뜨리다'가 맞고 '-트리다'는 틀린다고 배운 적이 있는 분들을 위해 논의를 진행하자. 한때는 '깨트리다'가 비표준어이고 '깨뜨리다'가 표준어인 적이 있었다. 초등학교 시절 받아쓰기 시험 시간에 이런 문제가 나오면 참으로 난감했던 기억이 난다.

먼저 '흩뜨리다'를 보자. 무엇인가를 흩어지게 한다는 의미로, 비슷한 말로는 '흩어뜨리다, 흩어트리다, 흩트리다' 등이 있다. "머리

칼을 아무렇게나 흩뜨리면서 차가운 바람이 지나가고 있었다"(윤흥길,《묵시의 바다》), "수영은 윗목의 조그만 책상 위에 흩뜨려놓은 잡지를 이것저것 뒤적거렸다"(심훈,《영원의 미소》)처럼 쓰인다. '흩뜨리다'는 의미가 추상적으로 확장되어 "태도, 마음, 옷차림 따위를 바르게 하지 못하다"라는 뜻도 가진다. 이때 비슷한 말로는 '흩어뜨리다, 흩어트리다, 흩트리다' 등이 있다. "자세를 흩뜨리다", "그는 반 분위기를 흩뜨리는 문제아이다" 등과 같이 쓴다.

한글맞춤법(4장 3절 22항) 규정은 용언의 어간에 '-치-, -뜨리-, -트리-'가 붙는 말은 그 원형을 밝히어 적는다고 했으므로 위에 적은 유의어들은 모두 표준어이다. 특히, 한글맞춤법(4장 3절 26항)은 '흩뜨리다'와 '흩트리다'가 두루 쓰이므로 모두 표준어로 삼는다고 규정하고 있다. '흩트리다'는 '흩뜨리다'와 같은 말이다. "머리를 흩트리다", "군사들을 각 부대로 흩트리다"와 같이 쓴다. '흩트리다'는 "태도, 마음, 옷차림 따위를 바르게 하지 못하다"라는 뜻의 '흩뜨리다'와도 같은 뜻의 단어이다. "몸가짐을 흩트리다", "그녀는 항상 긴장하여 정신을 흩트리지 않는다"와 같이 쓴다.

다음으로 '떨어뜨리다'와 '떨어트리다'를 보자. 표준어규정(3장 5절 26항)은 '떨어뜨리다'와 '떨어트리다' 역시 모두 널리 쓰이므로 둘 다 표준어로 삼는다고 규정하고 있다. 참 너그러운 표준어규정이다. 그러므로 여기서는 '떨어뜨리다'를 중심으로 살펴본다. 이 단어는 "위에 있던 것을 아래로 내려가게 하다"라는 의미로, 비슷한 말로는 '떨구다'와 '떨어트리다'가 있다. "그녀가 남편의 고함에 깜짝 놀라 엉겁결에 손에 들었던 찻잔을 마룻바닥에 떨어뜨렸다"(김원일,《노을》),

“하마터면 술잔을 테이블 위에 떨어뜨릴 뻔하였다”(문순태, 《피아골》)와
같이 쓴다.

‘떨어뜨리다’는 “가지고 있던 물건을 빠뜨려 흘리다”를 뜻하기도
한다. “필통을 어디에 떨어뜨리고 왔는지 가방 안을 아무리 뒤져도
없다”, “지갑을 버스에 떨어뜨렸는지 보이지 않는다”, “행여 무엇이
건 떨어뜨려 남기고 간 물건이 없나 종세는 허리를 꺾고 한바탕 헤
쳐보았다”(최인호, 《지구인》)와 같이 쓴다.

‘떨어뜨리다’는 “뒤에 처지게 하거나 남게 하다”라는 의미로 ‘떨구
다’와 같은 말이 되기도 한다. “목포에서 올라오다가 그녀를 광주에
떨어뜨리고 왔다”, “상부에서 낙오병은 떨어뜨리기로 결정했다”, “맞
벌이 부부인 그들은 시골에 아이들을 떨어뜨리고 집에 왔다”와 같
이 쓴다. ‘떨어뜨리다’는 추상적 의미로 “값이나 금액을 낮추다”라는
의미도 있다. “불안전한 미래 전망은 주식 수요를 줄여 주가를 떨어
뜨리게 된다”, “그 빵집은 그날 만든 빵을 다 팔기 위해 문을 닫을 시
간에는 값을 떨어뜨린다”와 같이 쓴다.

‘떨어뜨리다’는 “옷이나 신 따위를 해어지게 하여 못 쓰게 만들
다” 혹은 “쓰던 물건을 다 써 다음에 쓸 것이 없게 하다”라는 의미가
있다. “얼마 전에 사 준 신발을 벌써 떨어뜨렸니?”에서는 ‘해지다’와
같은 의미로 쓰였다. “올겨울이 추워서 그런가 석유를 벌써 다 떨어
뜨렸구나”, “비상식량마저 모두 떨어뜨렸다”에서는 ‘다 써버리다’라
는 의미로 쓰였다.

‘떨어뜨리다’는 “가치, 명성, 지위, 품질 따위를 낮게 하거나 잃게
하다”라는 뜻으로도 쓰인다. “감독의 갑작스러운 경질은 선수들의

사기를 떨어뜨렸다”, “교사로서의 품위를 떨어뜨린다거나 지역 사회에서의 지도적 위치를 망각하는 일이 없었으면 합니다”(윤홍길,《묵시의 바다》)와 같이 쓴다.

‘떨어뜨리다’는 “입찰이나 시험 따위에 붙지 않게 하다”라는 의미로도 쓰인다. “시험관은 다섯 명을 면접에서 떨어뜨렸다”, “부적격자는 모두 떨어뜨렸다”와 같이 쓰인다.

‘떨어뜨리다’는 또 “공간적으로 거리가 벌어지게 하다”라는 의미도 있다. “나는 내 그림을 일부러 그녀의 그림에서 떨어뜨려서 전시했다”, “아버지는 인화성 물건들을 주방과 멀리 떨어뜨려 놓으셨다”, “서로 관련이 없는 것들은 떨어뜨려놓아도 별문제 없다”와 같이 쓴다. 이와 같은 맥락에서 “오빠는 나를 그 남자와 떨어뜨려놓으려고 한다”, “부모님이 나선다 해도 그 두 남녀를 떨어뜨릴 수는 없을 것이다” 같은 예에서는 의미가 추상적으로 확대되었다.

‘터뜨리다’와 ‘터트리다’를 비롯하여, ‘깨뜨리다’와 ‘깨트리다’, ‘쏟뜨리다’와 ‘쏟트리다’가 그러한 예이다.

앞에서 '-뜨리다'와 '-트리다'가 모두 표준어라는 것을 논했다. 거센소리 'ㅌ'과 된소리 'ㄸ'을 모두 용인한 것이다. 이런 규정으로 인해 "귀가 트이다"와 "귀가 뜨이다" 같은 어휘쌍에 대한 혼동이 생긴 것이 아닐까. 그 결과 사람들은 "그는 어려서부터 음악적 귀가 트였다"라든가 "외국어를 배우려면 먼저 귀가 트여야 한다" 따위의 말을 하게 된 것이 아닐까.

우선 '트이다'는 '트다'의 피동사이다. '트다'는 "막혀 있던 것을 치우고 통하게 하다"라는 뜻이니까 '트이다'는 '뚫리다, 통하다, 벌어지다' 등과 유의어 관계에 있다. 막혀 있던 것을 치우고 통하게 하는 것, 장(場) 따위를 여는 것, 서로 거래하는 관계를 맺는 것이 트는 것이니까 '트이다'는 막혀 있던 것이 치워지고 통하게 된 것, 장 따위가 열린 것, 서로 거래하는 관계가 맺힌 것을 의미한다.

"귀가 트이다"라는 말은 "귀를 트다"의 피동형인데, 위의 설명에서 보듯이 귀는 트거나 트일 수 있는 것이 아니다. "시야가 확 트인 집"이라는 말은 관찰자와 집 사이에 시야를 방해하는 것이 아무것도 없는 것을 말한다. "물꼬가 트이다"라는 말은 물길을 막고 있던 것을 치움으로써 물이 잘 통하는 것을 말한다. "여기서부터는 산길뿐만 아니라 저 앞 들판까지 훤히 트여 앞이 한눈에 들어오는 곳이었다"(송기숙,《자랏골의 비가》), "바위라고는 하나도 없이 능선이 부드럽고 밋밋한 동산이 두 팔을 벌려 얼싸안은 듯한 동네는 앞이 탁 트이고 벌이 넓었다"(박완서,《그 많던 싱아는 누가 다 먹었을까》) 같은 예도 마찬가지이다. 물건이 치워져서 공간이 확보된 것이 '트이다'이므로 "귀가 트이다"라고 하면 귀가 치워지고 대신에 그곳에 공간이 생긴 것이라고 볼 수 있다.

피동형 '트이다'는 이 밖에도 "막혀 있던 운 따위가 열려 좋은 상태가 되다"나 "마음이나 가슴이 답답한 상태에서 벗어나게 되다"라는 의미를 가진다. "나는 말년이나 되어야 운이 트인다고 한다", "한바탕 웃고 나니 속이 다 트이는 것 같다"와 같이 쓰인다.

'뜨이다'는 '뜨다'의 피동형이다. '뜨다'는 청각과 시각에 대해 쓴다. 감았던 눈을 벌리는 것도 뜨는 것이고, 처음으로 청각을 느끼는 것도 뜨는 것이다. "간밤에 늦게 잤더니 아침 늦게야 눈이 뜨였다"는 시각에 관한 것이고 "아이의 귀가 뜨였다"는 청각에 관한 것이지만, 기본적으로는 둘 다 눈이나 귀를 벌린다는 의미를 가진다.

'뜨이다'는 '띄다'로 축약하여 쓰기도 한다. '뜨이다'는 "눈에 보이다" 혹은 "남보다 훨씬 두드러지다"라는 파생적 의미도 가지고 있다. "사람들이 드문드문 눈에 뜨였다", "우리는 남의 눈에 뜨이지 않게 밤에 움직였다"와 같이 눈에 보이는 대상을 주어로 쓸 때 사용하는 피동사이다. 또 "지난 몇 년간 우리 사회는 눈에 뜨이는 발전을 이루었다"나 "그녀는 보기 드물게 눈에 뜨이는 미인이다" 역시 보이는 대상을 주어로 쓰지만 '눈에 뜨이는'이 관용적으로 '두드러진' 정도의 의미를 가진다.

'뜨다'는 "무엇을 들으려고 청각의 신경을 긴장시키다"라는 의미도 있어서 "바스락거리는 소리에 귀를 번쩍 떴다"와 같이 말할 수 있다. 이것의 피동형은 "고친 문짝을 열었다 닫았다 하고 앉았던 주인은 서울 손님이란 말에 귀가 뜨였는지 우리를 향해 돌아앉으며 입을 벌렸다"(염상섭, 〈표본실의 청개구리〉)와 같이 쓰인다.

귀가 나온 김에 덧붙이자면, '귀후비개'가 아니라 '귀이개'가 표준어이고, '귓밥'이 아니라 '귀지'가 맞는 말이다. 자주 쓰는 '귓밥'이라는 말이 표준어가 아니라니, 씁쓸하다. '귓밥'은 귓바퀴의 아래쪽에 붙어 있는 살을 뜻하는 '귓불'과 동의어이다. 비록 '귓밥'이 아니라 '귀지'가 맞는 말이라 해도, 어머니의 사랑을 애절하게 표현한 〈어머니, 그리고 귓밥의 추억〉이라는 칼럼이 주는 감동은 반감되지 않으리라.

가끔 일요일 같은 때 마루에서 어머니는 손톱과 발톱을 깎아주었고, 어머니 무릎을 베도록 하고 귓밥을 파주었다. 그때 등에는 따스한 햇살이 비쳤고 얼마나 간질간질하고 기분이 좋은지 귓밥이 조금씩 계속 나왔으면 했다.•

• 서홍관, 〈어머니, 그리고 귓밥의 추억〉, 《동아일보》, 2011. 5. 7.

반드시 삼가주십시오
삼가하다와 삼가다

중년의 나이가 넘으면 주변에서 인간의 통과의례를 자주 보게 된다. 통과의례? 프랑스의 인류학자 방주네프(Arnold van Gennep)가 처음 사용한 사회학 용어로 출생, 성년, 결혼, 사망 따위와 같이 사람의 일생 동안 새로운 상태로 넘어갈 때 겪어야 할 의식을 말한다. 주변 사람이 이러한 통과의례를 겪을 때마다 우리는 기쁜 일에는 축하하고 축의금을 건네고 마음 아픈 일에는 마음 아프다고 조의금을 건넨다. 그것이 동양 사회의 미풍양속이다. 특히 주변이나 친지가 애사를 당하면 조의금을 넣은 봉투에 "삼가 조의를 표합니다"라고 써서 전달하는 것이 예의이다.

그런데 어릴 때 이해할 수 없었던 한 가지는 이 글귀를 꼭 다음과 같이 쓴다는 점이었다.

삼가 弔意를 표합니다.

'삼가'는 우리말로 쓰고 '조의(弔意)'는 한자로 쓰는 것 말이다. '삼가'가 한자어가 아니라 순우리말이라는 사실을 안 것은 한참이 지나서였다. '삼가'는 '삼가다'라는 동사에서 온 부사이다. 동사에서 어떻게 부사로 전환되었는지는 모르겠지만 어쨌든 부사가 확실하다. 그 뜻은 다음과 같다.

삼가(부사) : 겸손하고 조심하는 마음으로 정중하게.

그리고 동사 '삼가다'의 뜻은 그와 유사하다.

삼가다(동사) : (1) 몸가짐이나 언행을 조심하다.
                (2) 꺼리는 마음으로 양이나 횟수가 지나치지 아니하도록
                    하다.

물론 '삼가'는 조의를 표하는 데만 사용하는 것은 아니다. 박종화의 《임진왜란》에는 "소인은 삼가 대인을 만나 뵈옵고 싸우지 않고 화친을 의논하려 하옵니다" 같은 구절이 있다. 사전의 풀이대로 겸손하고 조심하는 마음으로 정중하게 하는 일에는 '삼가'를 쓸 수 있는 것이다.

그런데 '삼가다'라는 동사는 '삼가하다'라는 것으로 오해를 많이 받는다. 그리하여 많은 사람이 '삼가고'라고 써야 할 것을 '삼가하고'라고 쓰고, '삼가야'라고 해야 할 것을 '삼가해야'라고 잘못 쓴다. 또 '삼가세요'라고 해야 할 것을 '삼가하세요'라고 쓴다. 일상생활에서나 방송에서 혹은 신문에서 '삼가해주세요'라는 표현을 듣기는 어렵지 않다. '삼가다'가 원형이니까 당연히 '삼가고', '삼가세요', '삼갈게요'라고 되어야 할 것이다.

- 될 수 있으면 운동을 삼가하고 충분히 휴식하는 게 좋다.
- 황사가 발생하면 되도록 외출을 삼가하고 부득이한 경우 황사 마스크를 착용하고…….

이런 말을 너무 자주 들어왔기 때문인가? 어쨌든 이런 어법은 전부 잘못된 것이다. 누누이 말하지만 '삼가다'의 활용형은 다음과 같이 써야 하는 것이다.

- 삼가주십시오.
- 삼가시길 바랍니다.

이와 비슷하게 '하'를 끼워 넣어 쓰는 단어가 '서슴다'이다. '서슴다'는 "결단을 내리지 못하고 머뭇거리며 망설이다" 또는 "어떤 행동을 선뜻 결정하지 못하고 머뭇거리며 망설이다"라는 의미이다. '서슴다'의 의미로 '서슴하다'를 쓰는 경우가 있으나 '서슴다'만 표준어이다. '서슴다'의 부정은 어간 '서슴-'에 부정의 연결어미 '-지'가 붙어 '서슴지 않다'가 된다. 그런데 '서슴하다'에 연결어미 '-지'를 붙여 '서슴하지 않고'를 만들고, 이것을 축약하여 '서슴치 않고'라고 쓰는 경우가 있다. 이는 아마도 '괘념치 않고' 혹은 '관계치 않고' 등의 영향이 아닌가 싶다. 올바른 형태는 '서슴지 않고' 혹은 '서슴없이'이다.

'서슴다'의 확장형으로 '서슴거리다'가 있는데, 이 역시 "말이나 행동을 선뜻 결정하지 못하고 자꾸 머뭇거리며 망설이다"라는 뜻이다.

기원전 5세기에 살았던 그리스 의학의 원조 히포크라테스는 인간의 체질을 혈액, 점액, 황담즙, 흑담즙의 네 가지 체액으로 나눴다. 이를 이어받아 기원전 2세기 중엽에는 갈레누스가 다혈질(sanguine), 우울질(melancholic), 담즙질(choleric), 점액질(phlegmatic)이라는 네 가지 기질설로 발전시켰다. 흑담즙인 사람은 우울질로 감성적이고 소극적이며, 점액질인 사람은 냉담한 기질로 활성적이지만 소극적이다. 황담즙인 사람은 화를 잘 내고 활성적이며 적극적이다. 혈액이 많은 사람은 다혈질로 감성적이고 적극적이다.

히포크라테스에 의하면, 필자는 황담즙이 많은지 활성적이고 적극적이지만 화를 잘 냈다고 옛날을 회상하시며 어머니가 말씀하시곤 했다(왜 과거 시제를 썼는가 하면 지금은 그렇지 않다고 주장하려고). 그래서 '삐치다'라는 단어를 정확하게 발음해본 기억이 거의 없다. 그것은 일단 필자가 잘 삐치는 성격이 있고, 남이 그런 것을 지적하는 것이 싫고, 그래서 이 단어를 발음하는 것조차 싫었기 때문이리라.

"너 또 삐졌니?"

이런 말 듣기 좋아하는 사람은 물론 없을 것이다. 그런데 막상 이 말을 할 때는 "너 또 삐졌니?"라고 해야 하는지, "너 또 삐쳤니?"라고 해야 하는지 확신이 서지 않았다. 때로는 "삐꼈니?"라는 말도 들은 것 같다.

'성이 나서 토라지다'라는 뜻을 가지는 이 말은 '삐치다'가 표준어이다. "그렇게 조그만 일에 삐치다니 큰일을 못 할 사람일세", "잘 놀다가도 석형 얘기만 나오면 저렇게 삐치고 다투니 언제 철이 들는지"(이영치,《흐린 날 황야에서》) 같은 용례를 볼 수 있다.

'삐지다'는 '토라지다'의 경상북도 포항 지방 사투리라고 한다. "그는 나의 그 말에 삐져서 하루 종일 말도 아니했다"(정석호,《경북 동남부 방언 사전》) 같은 용례를 볼 수 있다. 사전에는 다른 여러 가지 뜻도 제시되어 있다. '비뚤어지다'라는 뜻의 강원도 사투리이기도 하고, '빚다'를 의미하는 제주도 사투리이기도 하며, "칼 따위로 물건을 얇고 비스듬하게 잘라 내다"라는 뜻을 가지기도 한다. "김칫국에 무를 삐져 넣다"와 같이 쓰인다.

얼마 전에 문자가 날아들었다.

"오랫만에 전화했는데 전화도 안 받고, 이메일도 체크하지 않고……. 많이 삐졌음."

절친한 친구가 보낸 문자였다. 그는 현재 지방의 모 대학 국어과 교수로 있다. 그와는 벌써 15년 이상 학문적 동료로, 이야기 상대자로, 인생의 상담자로 절친하게 지내오고 있다. 그는 국문과 출신으로 영어학 박사와 국어학 박사를 딴 특이한 이력의 소유자이기도 하다. 그러나 친구는 이렇게 보냈어야 한다.

‘많이 삐쳤음.’

그런데 국어과 교수를 포함하여 많은 사람이 ‘삐치다’ 대신에 ‘삐지다’를 사용하고 있으므로 국어사전도 변해야 하지 않을까. 일찍이 19세기 중엽에 미국의 7대 대통령을 지낸 앤드류 잭슨은 한 단어에 한 가지의 철자법만 있다고 생각하는 사람은 참으로 불쌍한 정신의 소유자라고 한탄했다. 물론 그의 개방적 태도가 영어에 반영되지는 않았지만.

‘삐치다’를 ‘삐끼다’로 쓰는 정신의 소유자는 왜 그리 되었을까? 실제로 지인 중 영문과 교수인 한 분은 늘 ‘삐끼다’로 쓴다. 그분은 서울에서 태어나 자랐을 뿐 아니라 그 조모가 구한말에 궁중에서 일했으며 부모 역시 대학교수였으므로, 출신 성분으로 보자면 표준어 중의 표준어 사용자라고 할 수 있다. 그런데 그분이 ‘삐꼈다’라는 표현을 쓰는 것은 왜일까.

물론 그분이 ‘삐치다’ 대신에 ‘삐끼다’를 사용한다고 해서 품격이 떨어진다고는 생각하지 않는다. 그냥 순전히 언어학적 관점에서 궁금할 뿐이다. ‘삐치다’를 일종의 구개음화를 겪은 결과로 잘못 생각하여 구개음화를 겪기 전의 형태인 ‘삐끼다’로 생각한 것이 아닐까. ‘기름’이 ‘지름’이 되는 구개음화 말이다. 필자가 나고 자란 강원도 홍천에서는 ‘키’를 ‘치’라고 한다.

유학생 시절, 경남 진주의 한 대학에서 가르치시는 교수님이 방문학자로 오셨다. 그분은 '기름길'이라는 표현을 자주 쓰셨는데, 참으로 의아한 이 표현은 '지름길'을 의미하는 것이었다. 지름길을 '기름길'이라 하는 분은 그 전이나 후에 본 적이 없지만 이유는 상상할 수 있다. '기름'이 구개음화되어 '지름'이 되고 '길'이 구개음화되어 '질'이 되니까 이분 생각에 '지름길'은 원래 '기름길'이 아니었을까 하는 과도한 수정에 의해 '기름길'이라고 쓰신 게 아닐까 생각된다. 지금은 은퇴하셨는데, 아닌 게 아니라 기회가 되면 왜 '기름길'이라 하시는지 한번 여쭤보고 싶다.

독자들은 오해 마시라. 주변에 '삐지'거나 '삐끼'거나 혹은 '기름길' 같은 어휘를 쓰는 사람들만 있는 것은 아니다. 또 그분들의 국어 실력이 좀 떨어진다는 것도 아니다. 그러나 재미로 이런 실험을 해보면 어떨까. 방송, 특히 연예 프로그램을 보면서 출연자들이 (혹은 화면 아래 흘러나오는 자막이) '삐지다, 삐치다, 삐끼다' 이런 단어 중 어느 것을 사용하는지 살펴보는 것이다.

소풍 가기 전의 설렘
설레이다와 설레다

아이스크림 중에 '설레임'이라는 것이 있었다. 한자로 '雪來淋'이라고 되어 있으니, 눈이 내려서 물기가 있는 상태라는 뜻이 되겠다. 한자로 '레' 자는 없으므로 비슷한 글자인 올 래(來) 자를 썼는데 특별한 의미는 없는 것 같다. 먼저 우리말 이름 '설레임'을 정하고 그것을 나타낼 수 있는 한자를 찾아 붙인 것이다.

설레임. 국어학자들은 탐탁지 않은 이름일지 모르겠다. 어법을 위반하고 있기 때문이다. '설레임'은 '설레이다'라는 동사에서 파생된 명사형일 수밖에 없는데, 문제는 '설레이다'라는 동사가 없다는 데 있다. '설레이다'가 아니라 '설레다'이다. '설레다'는 사전에 "마음이 가라앉지 아니하고 들떠서 두근거리다"라고 풀이되어 있다. 여기서 확장된 "가만히 있지 아니하고 자꾸만 움직이다"도 '설레다'의 의미이다.

따라서 '설레다'의 활용형은 '설렘', '설레는', '설레어서', '설레고' 등이 된다. 비표준어인 '설레이다'는 어근에 의미 없는 '-이-'를 추가한 결과이다.

"칼 따위로 도려내듯 베다"와 "마음을 몹시 아프게 하다"라는 의미를 가지는 '에다'도 '설레다'와 마찬가지로 많은 사람이 불필요한

'-이-'를 추가하는 경향이 있다. 즉, "살을 에는 듯한 추위"라고 해야 할 것을 "살을 에이는 듯한 추위"라고 하는 것이다. "가뜩이나 빈 속은 칼로 에는 것처럼 쓰렸다", "현모에게 있어서 돌아간 남편에게 내리는 고 노인의 가혹한 평가는 가슴을 에는 아픔을 주었다"(선우휘, 〈불꽃〉)와 같이 써야 한다.

'에다'가 '도리다'나 '자르다'라는 의미의 타동사이므로, 여기에 피동 접미사 '-이-'를 결합하여 '에이다'라는 피동사를 만들 수도 있다. '바람에 살이 에일 듯이'에 쓰인 '에일'은 피동사 '에이다'의 활용형이다.

불필요하게 무의미한 '-이-'를 추가한 단어로는 이 밖에도 '개이다', '패이다' 등 아주 많다. "흐리거나 궂은 날씨가 맑아지다" 또는 비유적으로 "언짢거나 우울한 마음이 개운하고 홀가분해지다"라는 의미의 '개다'를 '개이다'로 잘못 쓰는 것이다. "죽어가는 마지막 비명에도 아랑곳없이 햇살은 줄기차게 꽂혀 내렸으며 골짜기의 하늘은 파랗게 개어 있었다"(문순태, 《피아골》)나 "새가 수놓인 비단 치맛자락을 잘잘 끌며 손님들 사이를 누비고 다니며 인사도 하고, 음식도 권하고, 활짝 갠 미소로써 사랑과 행복의 실제의 모습을 보여주기도 했다"(박완서, 《도시의 흉년》)에서 보듯 '개어'나 '갠'으로 쓰는 것이 맞다. 물론 "옷이나 이부자리 따위를 겹치거나 접어서 단정하게 포개다"라는 뜻의 타동사 '개다'는 피동 접미사 '-이-'를 붙여 '개이다'라고 할 수도 있을 것이다. '보다'의 피동사 '보이다'처럼 말이다. 이것은 별개의 문제일 뿐 아니라 독자들도 익숙할 것이므로 논의를 생략한다.

‘패이다’ 역시 ‘패다’가 맞는 형태이다. ‘패다’는 ‘파다’의 피동사 ‘파이다’의 준말이다. 그러므로 “깊게 패인”은 틀리지만 “깊게 파인”은 맞고 “깊게 팬”도 맞는다. “깊게 패인 주름살”이 아니라 “깊게 팬 주름살”이 맞는 표현이다.

깊게 파인 (○)
깊게 패인 (×)
깊게 팬 (○)

스포츠 신문 등에서 자주 볼 수 있는 “가슴이 깊게 패인 블라우스를 입은” 따위의 표현은 너무 익숙해서 비록 틀린 표현이지만 오히려 “가슴이 깊게 팬 블라우스를 입은”이라는 올바른 표현이 어색하게 느껴진다.

‘파다’+피동의 ‘-이-’ 〉 파이다 〉 패다

이와 같은 구조를 갖는 것이 ‘채다’이다.

‘차다’+피동의 ‘-이-’ 〉 차이다 〉 채다

그러므로 “발길에 채이는 돌멩이”가 아니라 “발길에 차이는 돌멩이” 혹은 그 준말인 “발길에 채는 돌멩이”가 바른 표현이다. “발길에 채는 작은 돌멩이 하나에도 늘 감사하라”에서 보듯 ‘채는’으로 써야 한다. "챈 발에 곱챈다"라는 속담도 있다. 표준어규정(2장 4절 17항)에 의하면 '차이다'의 의미로 '채이다'를 쓰는 경우가 있으나 '차이다' 만 표준어로 삼는다. "애인한테 채였다"는 "애인한테 차였다"나 "애 인한테 채었다"가 되어야 한다.

'설레다'에 불필요하게 '-이-'를 집어넣어 '설레이다'라는 잘못된 표현이 자주 쓰인다고 했다. '불리다' 역시 불필요하게 '-우-'를 집어넣어 '불리우다'라는 잘못된 표현을 쓰는 일이 많다. 이 책에서는 '이, 우, 어' 중의 하나가 불필요하게 추가되어 만들어진 잘못된 표현들을 다룬다. 여기서는 '-우-'에 대해 논의한다.

'불리다'는 여러 가지 사전적 의미가 있다. 여기서는 "무엇이라고 가리켜 말하거나 이름을 붙이다"라는 의미를 가지는 동사 '부르다'의 피동사를 다룬다. 그러니까 "우리는 그를 철수라고 부른다"가 피동이 되면 "그는 철수라고 불린다"가 된다. 바로 여기에 쓰인 '불린다'를 보자.

'불리다'가 원형이니까, 이것의 활용형은 '불리는', '불린', '불리었고(불렸고)' 등이 될 것이다. 그런데 일부 사람들은 '불리다'에 의미 없는 '-우-'를 결합하여 '불리우다'라고 쓴다. '불리우다'는 '불리웠고'나 '불리웠다'와 같이 잘못된 파생형을 낳는다.

'불리다'의 어간 '불리-' 뒤에 피동의 뜻을 가진 보조동사 '-어지다'를 결합하여 '불리어지다' 혹은 '불려지다'라고 쓰는 것은 이미 피동사에 또 다른 피동사를 덧붙이는 이중 피동으로, 바르지 않다.

"세실리아라는 이름이 거듭 불려지는 것을 듣자 전신에 한기가 서리는 것을 느꼈다"(한무숙, 《만남》)에 쓰인 '불려지는'은 올바른 어법이 아니다.

마찬가지로 '불리워지다'라는 형태도 '불리우다' 뒤에 '-어지다'가 결합한 형태인데, 같은 이유로 잘못이다. '불리다'의 바른 형태는 "그는 많은 사람에게 천재라고 불렸다", "그녀는 한국의 마돈나로 불린다"에서 그 쓰임을 볼 수 있다. "안자! 서! 안자! 서! 하며 곧잘 놀려주기도 하고, 언제부턴가 안자는 서 누나로 불렸는데 누나라는 호칭을 안자는 매우 만족해했다"(박경리, 《토지》), "젊어서는 껑다리라고 불렸다지만 지금은 오그라들어 오히려 아리잠직한 몸집이다"(한무숙, 《생인손》), "과연 그분은 얼치기 사상가일지도 모르고, 그 이상 공허한 몽상가라고 불릴 수도 있습니다"(이문열, 《영웅시대》)에서처럼 쓰인다.

'피다'는 자동사이고 '피우다'는 타동사이다. 그러니까 '피우다'의 '-우-'는 사동 접미사인 것이다. '낮다'의 타동사 '낮추다'와 관계가 있다. 우리말의 사동 접미사는 '이, 히, 리, 기'와 '우, 구, 추' 등이 있는데, 기본적으로 전자는 '-이-'이고 후자는 '-우-'이다.

먹다 〉 먹이다

좁다 〉 좁히다

알다 〉 알리다

맡다 〉 맡기다

서다 〉 세우다

솟다 〉 솟구다

낮다 〉 낮추다

무엇인가 펼쳐지는 것이 피는 것이다. 꽃봉오리 따위가 벌어지는 것, 연탄이나 숯 따위에 불이 일어나 스스로 타는 것, 구름이나 연기 따위가 커지는 것이 모두 피는 것이다. 가정에 수입이 늘어 형편이 나아지는 것, 냄새나 먼지 따위가 퍼지거나 일어나는 것, 웃음이나 미소 따위가 겉으로 나타나는 것, 액체가 종이나 천에 묻어 퍼지는 것, 그리고 곰팡이·버짐·검버섯 따위가 생겨서 나타나는 것도 모두 피는 것이다.

- 개나리꽃이 제일 먼저 핀 뒤에 진달래꽃이 자남산에 불그레 피었다(박종화,《다정불심》).
- 계집애도 꽃다운 나이가 되니 얼굴도 피고, 일도 단단히 한몫해, 여기저기 혼처가 나서 시집을 가게 됐다(박완서,《도시의 흉년》).
- 보도 맞닿는 표면 위에는 뽀오얀 물보라가 피어오르고 있었다(최인호,《지구인》).
- 그때 말눈치로도 전보다는 살림이 피어서 굶지는 않는 모양이요(염상섭,〈부부〉).
- 검버섯이 피어서 얼룩덜룩한 봉기 얼굴에 비굴한 웃음이 떠올랐다(박경리,《토지》).

그리고 이렇게 '피게' 만드는 것은 '피우는' 것이다. "꽃을 피우다", "불을 피우다", "연기를 피우다"가 모두 사동사로 쓰인 '피우다'이다. 그러니까 '피다'는 자동사이므로 목적어가 없는 경우에 쓰고, '피우다'는 사동사이므로 목적어가 있는 경우에 쓴다.

- 그들은 타작마당으로 쓰이는 뒤뜰에 잔뜩 모여서 마른 솔가지를 뽑아다 여러 군데 모닥불을 피웠다(현기영,《변방에 우짖는 새》).
- 화물 자동차 한 대가 뿌연 먼지를 피우며 지나갔다(김원일,《노을》).

• 아낙네들은 이런 이야기에 꽃을 피우고 있었다(한설야,《탑》).

이러한 예에서 사동사로 쓰인 '피우다'의 용법을 볼 수 있다.

아편, 담배는 '피는' 것이 아니라 '피우는' 것이다. 그러므로 "경락이는 먼저 깼고 그가 담배를 피우느라고 부시럭거리는 소리에 순임이도 눈을 뜬다"(황석영,《어둠의 자식들》)에서처럼 목적어가 있을 때는 '피다'가 아니라 '피우다'가 맞는다.

'피우다'는 일부 명사와 함께 쓰여서 그 명사가 뜻하는 행동이나 태도를 나타내기도 한다.

"재롱을 피우다, 바람을 피우다, 소란을 피우다, 딴청을 피우다, 거드름을 피우다, 고집을 피우다, 어리광을 피우다, 게으름을 피우다" 등이 그러한 예이다. "여자는 여전히 딴전을 피우듯 하며 앞장서 간다"(심훈,《영원의 미소》)도 같은 예이다.

'피다'와 '피우다'의 관계는 '새다'와 '새우다'에서도 발견된다. 즉, 전자는 자동사, 후자는 타동사이다. 어떤 개그맨이 말했던 "밤 새지 마란 말이야"는 어법에는 맞지 않는 말이다. '밤'이라는 목적어가 있으니까 자동사 '새다'가 아니라 타동사 '새우다'를 써야 한다. 적어도 '새다'라는 단어와 관련해서는 "밤 새우지 말란 말이야"가 되어야 한다. "모두 어떤 결의가 담긴 긴장된 모습들이었지만 밤을 새워 산길을 걸은 피로한 기색은 역연했다"(조정래,《태백산맥》), "그 이야기를 들은 날 밤을 뜬눈으로 새우다시피 했다"(최인훈, 〈광장〉), "동학군은 하룻밤을 새우고 이튿날 새벽부터 또 공격을 감행했다"(유현종,《들불》)도 마찬가지이다.

'-ㅎ'과 'ㅅ'의 은밀한 역사
히히덕거리다와 시시덕거리다

우리말을 연구하면서 참으로 신기했던 것 중의 하나는 형(兄)이라는 글자였다. 띠동갑인 형님이 한 분 계셨는데 터울이 너무 많이 나서 친근한 형이라기보다는 거의 어머니 친구같이 느껴지는 분이기도 했다. 우리 집에는 가끔 연로한 이모님이 오시곤 했는데, 그때마다 어머니는 이모를 '성님'이라고 부르는 것이었다. 초등학교 당시에는 '형'이 순우리말인 줄 알았고 '성'은 사투리라고만 생각했다. 나중에 보니까 그게 아니었다. 형은 한자어 '兄'의 음일 뿐이었다.

이 '兄'이라는 한자어가 신기하다고 느낀 것은 이 한자의 중국어 발음이 대략 '슝'이라는 사실이었다. 중국어 학자들은 모두 알고 있고, 우리말의 역사를 연구하는 학자들도 모두 알고 있는 것을 아주 뒤늦게 알게 되었을 뿐이지만, 그래도 새로운 앎은 충격을 주었다.

한자 : 兄

중국어 발음 : 슝

우리말 발음 : 형

사투리 발음 : 성

첫 번째 의문. 왜 우리 조상들은 중국인들이 '슝'이라고 발음하는 한자어를 도입하면서 '형'이라고 발음하게 되었을까. 두 번째 의문. 왜 우리 사투리는 '형'이 아니라 중국어 발음과 비슷한 '성'이 되었을까(그 후 필자는 영어학이라는 전공에도 불구하고 이 문제를 오랫동안 따져보고 몇 편의 논문을 발표하기도 했다.).

긴 이야기를 짧게 줄이면 이렇다.

(1) 중국어 발음 '슝'은 한나라 당시에는 '형'에 가까웠을 것이다.
(2) 우리가 사용하는 한자음은 적어도 당나라 이전의 중국어 음을 도입했을 것이므로 '슝'이 아니라 '형'에 가까웠을 것이다.
(3) 일부 지방에서는 '형'이 구개음화되어 '성'으로 바뀌었을 것이다.

이렇게 해서 더 이상 고민하지 않게 되었다. 'ㅎ'이 'ㅅ'으로 바뀌는 현상을 구개음화라고 하는데 이 음운 현상은 전 세계 거의 모든 언어에서 발견된다. 우선 우리말에서 그 예를 찾아보면 다음과 같다. "사물의 수효를 헤아리거나 꼽다"라는 의미의 '세다'는 어쩌면 '헤다, 혀다'에서 구개음화된 것인지도 모른다. 우리말 '혓바닥'은 일부 지방에서 구개음화되어 '셋바닥'으로 발음된다. 전라북도 부안에 노휴재(老休齋)라는 200년 된 경로당이 있는데, 그곳 사람들은 이 경로당을 '노수재'라고 부른다고 한다. '휴'가 '수'로 구개음화된 것이다. 또 조선 시대 기록물에도 '兄'을 '셩', '玄'을 '션'으로 발음한 기록이 나온다.

有老成兄弟(유로셩셩데) 《사법어(四法語)》

玄氏行跡(션씨행젹) 《현씨행적(玄氏行跡)》

오늘날은 '玄'을 '션'이 아니라 '현'으로 읽지만 조선 시대에는 구개
음화를 적용했음을 알 수 있다. 그러니까 이런 규칙이 있는 것이다.

구개음화 : ㅎ 〉 ㅅ

이제 본론으로 돌아오자. 사전에는 "실없이 웃으면서 조금 큰 소
리로 계속 이야기하다"라는 의미로 '시시덕거리다'를 제시하고 '히
히덕거리다'는 '시시덕거리다'의 잘못이라고 밝히고 있다. 쉽게 말
해 구개음화되기 이전의 '히히덕거리다'는 비표준어이고, 구개음화
를 겪은 '시시덕거리다'를 표준어로 정하고 있다. 같은 말로 '시시덕
대다'가 있다.

"이 세상에서 한글이 가장 우수해. 왜? 한글이니까. 인류 최후의 공용어가 될 수 있는 언어는 우리말밖에 없다는 게 내 생각이야. 어떤 소리도 적지 못할 것이 없고, 배우고 익히기 쉬운 것이 우리말이니까"라고까지 주장하는 사람도 있다.

우리말이 인류 최후의 공용어가 되는 방법은 간단하다. 인류가 모두 사라지고 우리 민족만 남으면 최후의 공용어가 될 수 있다. 그렇지 않다면, 인류 최후의 공용어는 개념 자체가 불가능하다. 게다가 우리 한글이 어떤 소리도 적지 못할 것이 없는 것은 아니다. 당장 영어의 'coffee'를 적을 수 없다. 아니 적을 수 없는 소리가 훨씬 더 많다. 인간은 대개 50여 개 안팎의 언어음을 이용하는데 그 밖의 소리는 전혀 문자로 적을 수 없다.

사실 이렇게까지 '까탈스럽게' 따질 필요는 없다. 그렇지만 언어와 문자를 혼동하는 사람, 한글이 우수하다고 근거 없이 주장하는 애국주의자가 너무 많기 때문이다. 그런데 '까탈스럽게'는 참 까다로운 단어이지만 표준어법에 맞지 않는 단어이다. 바른 어법은 '까다롭게'이다.

'까다롭게'는 사전에 "성미나 취향 따위가 원만하지 않고 별스럽게 까탈이 많다"라고 풀이되어 있다. 사전 풀이가 참으로 어렵다는 생각이 여기서부터 들기 시작한다. '까다롭게'를 설명하면서 '까탈'이라는 단어를 쓰고 있음을 주목하자. 그래서 다시 사전에서 '까탈'을 찾아본다. '까탈'은 '가탈'의 센말이란다. 그래서 또 '가탈'을 찾아보면, "이리저리 트집을 잡아 까다롭게 구는 일"이라고 풀이되어 있다. 그야말로 순환 논리이다. 한마디로 까다로운 것은 까탈스러운 것이고, 까탈스러운 것은 또 까다로운 것이라는 것 아닌가. 이렇게 순환 논리로 정의를 하면 우리말을 배우는 외국인은 어떻게 이해할 수 있을까.

이렇게 이해해보자. '까탈'은 '가탈'의 센말이다. '가탈'은 "이리저리 트집을 잡는 것"이다. '까다롭다'는 '가탈스럽다'와 거의 같다.

더 재미있는 것은 '가탈'과 '까탈'은 명사로 사용하지만 '까탈스럽다'라는 형용사는 존재하지 않고, 그런 의미로는 '까다롭다'를 써야 한다. "까탈을 부리면 안 된다"에서 보듯이 명사로는 쓸 수 있다. 그런데도 우리는 주변에서 "까탈스럽게 굴지 마라", "까탈스러운 여자" 따위의 표현을 흔히 들을 수 있다.

그런데 사람들은 '까다롭다' 대신에 '까탈스럽다'를 쓰는 것이 아니라 둘의 의미를 구별하여 쓰기도 한다. 가령 사람에 대해서는 '까탈스럽다'를 많이 쓰고, 수학 문제 따위에는 '까다롭다'를 쓰는 경향이 있다. "까다로운 수학 문제", "까다로운 협상 조건" 등에서 보듯이 말이다. 영어로는 둘 다 'difficult'라고 번역된다. 까탈스러운 고객은 'a difficult customer'이고 까다로운 수학 문제는 'a difficult question'이 된다.

사전에 제시된 '까다롭다'의 두 가지 뜻은 사실 다음과 같이 분화 과정을 겪고 있는 것 같다.

까다롭다 : 일이 순조롭게 나아가는 것을 방해하는 조건.
까탈스럽다 : 이리저리 트집을 잡아 까다롭게 구는 일.

이렇게 따지는 우리들이야말로 참으로 '까탈스러운' 사람들이고, 한국어는 참으로 '까다로운' 언어라고나 할까.

예전 대학에 다닐 때 유행하던 농담이 있다. '국수'는 '밀가루'로 만들고 '국시'는 '밀가리'로 만든다고 하는. 이런 농담이 생긴 이유는 당시에 '국시'라는 제품이 출시되었기 때문이다. 요즘 젊은이들은 약자를 즐겨 쓰기 때문에 아마도 '국시'를 '국가고시'의 약어쯤으로 생각할지도 모르겠다. '국시'는 강원도, 경상도, 전라남도, 함경도 등지에서 '국수'를 의미하는 말이다. 아마도 향토적 정서를 불러일으키려고 '국시'라는 제품 이름을 착안했는지도 모르겠다.

'국수 〉 국시'에서 보듯이 전설모음이 아닌 것이 이유 없이 전설모음으로 바뀌는 사례가 많다. 그나마 '국시'는 일부 지방에서 쓰는 방언이지만, 어떤 단어는 방언도 아니고 어법에도 맞지 않는데, 전설모음화되기도 한다.

"어울리지 아니하게 우쭐거리며 뽐내다"라는 의미의 '으스대다'는 그야말로 이유 없이 '으시대다'라는 비표준어 형태로 발음되기도 한다. 굳이 이유를 찾는다면 중설모음 'ㅡ'보다는 전설모음 'ㅣ'가 발음하기 쉽다고나 할까. 여기서 잠깐 옆길로 새면, 인간의 언어는 음 차이를 분명하게 느낄 수 있는 모음을 가지는 경향이 있다. 가령 모음을 세 개만 가진 언어라면 'ㅣ, ㅜ, ㅏ'라는 음을 가지고, 모음을 네 개 가진 언어는 'ㅣ, ㅗ, ㅜ, ㅏ', 그리고 모음을 다섯 개 가진 언어는 'ㅣ, ㅔ, ㅗ, ㅜ, ㅏ'를 가진다. 하와이어, 일본어, 에스파냐어는 모음 다섯 개를 가지고 있다. '와이키키, 호놀루루, 마노아, 알로하' 등 하와이어는 'ㅣ, ㅔ, ㅗ, ㅜ, ㅏ' 등의 모음만을 가진다. 그러니까 우리말을 배우는 하와이 사람은 '으스대다'라는 발음보다는 '으시대다'라는 발음을 훨씬 더 쉽게 느끼게 된다. 그것은 아마 우리도 마찬가지일 것이다. 사람들이 자꾸 '으스대다'를 '으시대다'로 잘못 아는 데에는 근본적으로 이러한 이유가 있다.

'부스럭거리다'는 '부시럭거리다'로, '뭉그적대다'는 '뭉기적대다'로 잘못 알기도 한다. 역시 전설모음화 때문이다. 자못 낯선 표현이지만 '으스스하다'가 맞는 형태이고 '으시시하다'는 잘못된 것이다. 마찬가지로 '부스스하다'가 맞는 표현이고, '부시시하다'는 잘못된 것이다. 그러나 흉측은 흉악망측(凶惡罔測)의 준말이기 때문에 '흉칙'이 아니라 '흉측'이다.

엄민용은 《건방진 우리말 달인》에서 '즌흙'이 '진흙'으로, '즛므르다'가 '짓무르다'로 바뀌었음을 지적하고 있다. 한때 이 나라 대통령이었던 어떤 사람은 "씰 데 없는 소리"를 입에 달고 다녔다. 언어능력이 부족했던 이분은 전설모음화에 대한 인식 또한 부족했던 것 같다.

약속이 파투 났다고?
파토 나다와 파투 나다

한때는 화투가 치매 예방에 좋다고 하여 연세 드신 많은 분이 화투에 몰두하는 사회 분위기가 있었다. 지금은 사정이 어떤지 모르겠지만. 예전에는 설날이 되어 형제들이 모이면 화투를 하곤 했다.

화투는 마흔여덟 장으로 된 놀이용 딱지, 또는 그것으로 행하는 오락이나 노름을 말한다. 계절에 따라 솔·매화·벚꽃·난초·모란·국화·오동 따위 열두 가지의 그림이 각각 네 장씩 모두 마흔여덟 장이며, 짓고땡·육백·고스톱 따위의 놀이 방법이 있다.

주로 명절이 되면 형제들이 모두 모여 무료한 시간을 채우기 위해 화투를 하곤 했다. 주로 고스톱을 했는데, 형제라도 게임이 진행되면 아무래도 승부욕이 발동하게 된다. 그래서 종종 놀이가 과열되기도 하는데, 누군가 점수가 많이 나고 있던 중에 화투장이 하나 모자라기라도 하면 일부러 파투를 냈다고 시비가 붙기도 한다.

그런데 규칙을 모르는 사람과 함께 화투를 치다 보면 가끔 패가 맞지 않거나 화투장이 하나 비거나 혹은 남들보다 한 장 더 들고 있기도 한다. 이렇게 되면 그 판은 깨지고 무효가 된다.

이렇게 패가 맞지 않아 판이 깨지는 것을 '파투 났다'라고 말한다. '파투(破鬪)'는 글자 그대로 화투판이 깨진다는 뜻이다. 그런데 어떻게 된 영문인지 '파투 나다'라는 단어는 종종 '파토 나다' 또는 '파토 치다'라는 잘못된 말로 대치되곤 한다. 다시 한 번 알아두자. 화투 칠 때 화투의 장수가 부족하거나 차례가 어긋나서 그 판이 무효가 되는 것을 '파투 나다'라고 한다. 참고로 파투가 나서 무효가 되는 것을 일본어로 '나가리'라고 한다. 자주 쓰는 말이지만 버려야 할 일본어 잔재이다.

- 자네가 일부터 파투를 낸 거 아냐?
- 화투 한 장이 담요 밑으로 빠지는 바람에 파투가 나버렸잖아.

'파토'의 올바른 표기는 '파투'이다. "화투 놀이에서 잘못되어 판이 무효가 되는 것, 또는 그렇게 되게 하는 것"을 의미한다. 화투장의 수가 부족하거나 순서가 뒤바뀔 경우에 이런 일이 벌어진다. "파투가 나다" 혹은 "파투를 놓다"라고 쓴다.

그런데 실제로 많은 사람이 이 경우에 "파토를 내다"나 "파토가 나다"라고 말하는 경향이 있다. 그리고 의미가 확대되어 "결혼 비용 분담 문제 때문에 파토가 난 집안이 얼만지 알아?"에서 보듯이 어떤 일을 그르치는 경우에도 "파토가 나다"라는 말을 쓴다.

왜 사람들은 '파투'를 '파토'로 잘못 발음할까? 한 가지 원인은 이른바 모음조화의 영향인 것 같다. 양성모음인 'ㅗ, ㅏ', 음성모음인 'ㅜ, ㅡ, ㅓ' 등이 서로 어울리려는 속성 말이다.

"식구나 구성원이 많지 않아서 홀가분하다" 또는 "일이나 차림차림이 간편하다"라는 뜻의 '단출하다'도 많은 사람이 '단촐하다'라고 잘못 쓰는 어휘 중의 하나이다. "단출한 살림에 먹을 사람도 없는 것이라 찹쌀 두 되를 쪘는데 아직도 두어 그릇이 남아 있었다"(오유권, 〈대지의 학대〉)라든가 "이번 출장은 며칠 안 되기 때문에 세면도구만 들고 단출하게 떠나기로 했다"에서 보듯이 '단출하다'가 맞는 형태이다. '단출하다' 역시 '단'의 양성모음 'ㅏ'의 영향으로 '출'의 음성모음 'ㅜ'가 양성모음 'ㅗ'로 바뀐 것으로 보인다. '뭉개구름'이 아니고 '뭉게구름'이 되는 것, '벌개지다'가 아니라 '벌게지다'가 되는 것은 모두 모음조화를 충실히 지킨 까닭이다. '잘룩한 허리'가 아니라 '잘록한 허리'가 맞는 표현인 이유도 모음조화 때문이다.

모음조화는 한국어뿐 아니라, 터키어, 퉁구스어, 헝가리어 등 알타이어 계통의 교착어에 공통적으로 나타나는 음운 현상이다. 그러나 현대 한국어에서는 모음조화가 약화되는 추세인 것으로 학자들은 보고 있다. 이를테면 '깡총깡총'과 '껑충껑충'이 되어야 하지만, 실제로는 '깡총깡총' 대신 '깡충깡충'으로 쓰는 사람이 많아짐에 따라 이것을 바른 말로 규정하고 있다. '오손도손'의 경우 '오순도순'으로도 쓸 수 있게 했다. 장난감은 '오똑이'가 아니라 '오뚝이'가 맞는 표현이다.

주머니에 귤을 욱여넣었다
우겨넣다와 욱여넣다

'욱여넣다'는 "주위에서 중심으로 함부로 밀어 넣다"라는 의미이다. "알밤을 주머니에 욱여넣다", "그는 원서를 가방에 욱여넣었다", "밥통을 나누어 국에 말아 허발하듯 욱여넣기 시작했으나 젓가락 보낼 데는 마땅치가 않았다"(이문구,《우리 동네》)와 같이 사용된다.

'욱여넣다'는 '욱여+넣다'로 이루어진 합성어이다. '넣다'의 의미는 익숙할 것이므로 논의를 생략한다. '욱여'는 '욱다'의 사동사 '욱이다'의 활용형이다. '욱다'는 "안쪽으로 조금 우그러져 있다"라는 의미이다.

　　욱다 〉 욱이어 〉 욱여

그러므로 '욱여'는 "안쪽으로 조금 우그러지게 만들어서"라고 할 수 있다. '욱여서' '넣는' 것은 "안쪽으로 조금 우그러지게 만들어서 무엇을 밀어 넣거나 집어넣는 것"이다.

그러나 "그는 방아쇠울에 손가락을 우겨넣었다"(최인호,《지구인》), "정장쇠가 쌈지를 꺼내 곰방대에 담배를 우겨넣었다"(송기숙,《녹두장군》), "그동안 먹지 못한 것을 벌충이라도 하듯 된밥을 식성대로 우겨넣었으니 위가 견뎌날 까닭이 없었다”(송기숙,《암태도》)에서처럼 사용하기도 한다.

'우겨넣다'는 '우겨+넣다'의 구조를 가진다. '우겨'는 '우기어'의 축약형이므로 원형은 '우기다'라는 동사일 것이다. 즉, '우기다(동사)+어(연결어미)+넣다(동사)' 구조이다.

우기다 〉 우기어 〉 우겨

'우기다'는 "억지를 부려 제 의견을 고집스럽게 내세우다"라는 의미이다. "유월례는 한사코 우겨 만득이 밥그릇에 밥을 반쯤 덜었다"(송기숙,《녹두장군》), "운전수는, 자기에게 말하면 아버지께 전하겠다고 했으나 나는 꼭 내가 전해야 할 용건이라고 우겨 차에 올랐지"(윤흥길,《묵시의 바다》), "막내딸 복연이는 작년 봄에 열다섯 살 난 것을 혼처가 좋다 하여 석이네가 우겨서 시집을 보냈다"(박경리,《토지》)에서 '우겨'의 용법을 볼 수 있다.

여기서 우리는 혼란에 빠진다. '우기다'는 생각이나 주장 등과 관련해서 쓰는 어휘이지, 물리적으로 어떤 물건을 억지로 밀어 넣는 것과 같은 행동과 어울리는 단어가 아닌 것이다.

'욱여넣다'와 '우겨넣다' 둘은 모두 '욱여+넣다'와 '우겨+넣다'의 합성어이다. 그러므로 둘의 의미 차이는 결국 '욱여-'와 '우겨-'의 차이라고 할 수 있다. '욱여'는 '욱이다'라는 동사에서 나왔고 '우겨'는 '우기다'라는 동사에서 나왔으므로, 둘의 의미는 현격하게 다르다.

홀홀단신 할머니, "유모차를 두 다리 삼아……."

지방의 모 방송에서 다리가 아파 유모차에 기대어 폐지를 모으는 어떤 할머니를 소개하면서 사용한 표현이다. 그런가 하면 모 방송 프로그램에서도 어떤 탈북 동포 이야기를 다루면서 해설자가 '홀홀단신'이라는 용어를 사용하기도 했다. 인터넷에도 '홀홀단신'이라는 표현이 심심치 않게 등장한다.

- 디자인 영재의 홀홀단신 유럽 해외 연수기
- 사람이 누구 도움 없이 홀홀단신 자립해서 어느 정도 기틀을 마련하는 거?
- 꽃띠 처녀가 홀홀단신 여행 전문가로

그런가 하면 같은 방송에서도 '혈혈단신'이라는 표현을 사용하는 것을 볼 수 있다. 요즘 한창 인기를 끌고 있는 어떤 가수를 소개하면서 모 방송에서 "혈혈단신 살아온 삶"이라는 자막을 내보냈다.

- '부잣집 아들' 해명 '16살 가출, 혈혈단신 삶'

- 아는 지인도 없고 혈혈단신 젊음 하나 믿고 갑니다.

- ○○○ 병장, 13시간 사투……혈혈단신 적진 탈출

- 혈혈단신으로 필리핀 사람 6명과 아일랜드 투어를 떠나다!

- '혈혈단신 단기필마'라는 말 속에 이제는 ○○○에게 정치적 배경이 없다는 뜻도 담겨 있다.

생각해보니까 '홀홀단신'이라는 표현을 종종 썼던 것 같다. 그리고 이유는 알 수 없지만 '혈혈단신'이 왠지 피 혈(血) 자와 관계가 있지 않을까 하는 생각을 하기도 했다. 그런데 다시 보니까 그게 아니다. '혈혈(孑孑)'은 "고단하게 외로이 서 있는 모양"을 가리키는 말이다. '혈(孑)'이 "외롭게 홀로"라는 뜻이고 '립(立)'은 "서다, 생활하다"라는 뜻이므로 중국어 '찌에리(孑立)'는 "외롭게 생활하다"의 의미를 가진다.

하여간 '혈혈단신'이라 하면 의지할 곳이 없는 홀몸을 가리키는 말이다. '홀홀단신'은 잘못된 표현이고 '혈혈단신'이 맞는 표현이다.

'혈혈단신'을 '홀홀단신'으로 잘못 쓰는 이유는 아마도 '홀'이 '홀로'의 의미를 가지는 것으로 오해했기 때문이 아닌가 싶다. 홀로 유럽 연수를 떠나는 사람은 아마도 '홀홀단신'이라는 말이 훨씬 더 자연스럽게 연결될 것이다. 부모형제도 없고 친척도 없이 홀로 서야 하는 사람은 '홀홀단신'이라는 어휘가 자신의 처지에 맞는다고 생각할지 모른다. 그러나 "고단하게 외로이 서 있는 모양"이 '혈혈'이라니까 앞으로는 '혈혈단신'으로 써야 하지 않을까 싶다.

이 책을 준비하고 있던 2012년에 작은 사건이 일어났다. 국립국어원이 8월 31일자로 실생활을 반영하여 서른아홉 개의 단어에 표준어의 지위를 부여하여 이들을 표준국어대사전에 등재한 것이다. 그러니까 이 날짜 이전에 출판된 책에서 비속어니 비표준어니 비문법적이니 하는 평을 들었던 서른아홉 개의 단어가 이제 신분이 격상하여 표준어가 된 것이다.

방송에서나 '자장면'이라고 발음하는 '짜장면'도 표준어가 되었고, 많은 국어학자와 국어를 사랑하는 사람들이 비속어로 여기던 '개발새발'이나 '허접쓰레기'도 표준어의 지위에 올랐다.

개인적으로 국가가 언어생활에 간섭하는 것을 탐탁지 않게 생각한다. 그래서 프랑스처럼 제 나라 언어에 과도하게 의미를 부여할 뿐 아니라 언어생활을 법으로 규제하는 나라의 처사에 대해서도 좋지 않게 생각한다. 언어생활을 관장하는 국가기관이 있는 것조차 불편하게 생각하는 극단적인 언어 자유론자이기도 하다. 그런데도 이런 책을 쓰는 이유는 언어에 대한 관심 때문이다. 이래라저래라 하는 것을 반대한다고 해서, 이렇구나 저렇구나 하는 지적 호기심을 가지지 말아야 할 이유는 없으니까. 하여튼 국립국어원이 있고 그곳에서 새로운 서른아홉 개의 표준어를 정했으니 그 사실에 대해 살펴보는 것뿐이다.

이번에 새로이 표준어로 지정된 어휘를 보면 많은 학자가 서적에서 비중 있게 다루었던 것들이 있다. 이를테면 '남우세스럽다'의 비표준어인 '남사스럽다', '눈초리'의 비표준어인 '눈꼬리', '괴발개발'의 비표준어인 '개발새발', 그리고 '자장면'의 비표준어인 '짜장면' 등이 모두 표준어의 지위를 얻었다. 이들을 성격별로 보면 다음과 같다.

첫째, 두 가지 표기를 모두 표준어로 인정한 것으로 세 개가 있다.

택견/태껸, 품새/품세, 짜장면/자장면

둘째, 현재의 표준어와 별도의 표준어로 인정한 어휘 스물다섯 개가 있다.

-길래/-기에, 개발새발/괴발개발, 나래/날개, 내음/냄새, 눈꼬리/눈초리, 떨구다/떨어뜨리다, 뜨락/뜰, 먹거리/먹을거리, 메꾸다/메우다, 손주/손자, 어리숙하다/어수룩하다, 연신/연방, 횡하니/휭허케, 걸리적거리다/거치적거리다, 끄적거리다/끼적거리다, 두루뭉실하다/두루뭉술하다, 맨숭맨숭, 맹숭맹숭/맨송맨송, 바둥바둥/바동바동, 새초롬하다/새치름하다, 아웅다웅/아옹다옹, 야멸차다/야멸치다, 오순도순/오손도손, 찌부둥하다/찌뿌듯하다, 추근거리다/치근거리다

셋째, 현재의 표준어와 별도로 새로운 표준어로 정한 어휘 열한
개가 있다.

남사스럽다/남우세스럽다, 등물/목물, 맨날/만날, 묫자리/묏자리, 복숭
아뼈/복사뼈, 세간살이/세간, 쌈싸름하다/쌈싸래하다, 토란대/고운대,
허접쓰레기/허섭스레기, 흙담/토담

'괴발개발'이 고양이 발과 개의 발이고 '개발새발'이 개의 발과 새
의 발이지만 이제는 둘 다 휘갈겨 쓴 악필을 나타내는 동의어가 되
었다. 또 '뜨락'과 '뜰'이 같은 말이지만 전자가 추상적 공간을 의미
하는 경우도 있다고 우리의 국어 지식을 재정비해야 하게 되었다.

너의 손을 덥석 잡다
덥썩과 덥석

한(韓)나라 생각

나는 네 사랑 너는 내 사랑

두 사람 사이 칼로 썩 베면

고우나 고운 핏덩이가

줄 줄 줄 흘러 내려오리니

한 주먹 덥석 그 피를 쥐어

한(韓)나라 땅에 골고루 뿌리리

떨어지는 곳마다 꽃이 피어서 봄맞이 하리

단재 신채호 선생이 1910년 압록강을 건널 때 읊었다는 시이다. 백 년 전 우리말의 모습이다. 그사이에 변한 것인지 그대로인지 알 수 없으나 이 시에 쓰인 '덥썩'은 오늘날 '덥석'이 맞는 표기이다. "왈칵 달려들어 닝큼 물거나 움켜잡는 모양"을 말하는 '덥석'은 신채호의 시에서 보듯이 종종 '덥썩'으로 잘못 쓰인다.

'덥석'뿐 아니라 '몹시, 숫제, 싹둑, 깍두기, 시끌벅적하다' 등도 경음화되어 '몹씨, 숫쩨, 싹뚝, 깍뚜기, 시끌벅쩍하다'로 잘못 쓰이는 경향이 있다.• 그런가 하면 '배꼽, 살짝, 듬뿍' 등은 경음이 바른 표기이다.

한글맞춤법은 "한 단어 안에서"는 "두 모음 사이와 'ㄴ, ㄹ, ㅁ, ㅇ' 뒤에서" 된소리로 적는다고 규정하고 있다. 'ㄴ, ㄹ, ㅁ, ㅇ'은 공명도가 높은 자음이다. 이들은 영어에서도 마치 모음처럼 소위 음절을 구성하는 경우가 많고, 중국어와 일본어에서도 받침으로 쓰일 수 있다.•• 그러니까 두 모음 사이와 'ㄴ, ㄹ, ㅁ, ㅇ' 뒤라고 하여 마치 두 가지 별도의 조건인 것처럼 보이지만, 본질적으로는 모음 계열 뒤에서 된소리로 바뀐다고 보면 된다. '기쁘다, 오빠, 배꼽, 소쩍새' 등은 모음 사이에서 된소리가 된 경우이다.••• '살짝, 듬뿍, (탐관오리의) 등쌀' 등이 바로 공명도가 높은 자음, 즉 'ㄴ, ㄹ, ㅁ, ㅇ' 뒤에서 된소리로 나는 경우이다.••••

'눈곱'은 한 단어가 아니라 '눈'과 "종기나 부스럼 등에 끼는 골마지 모양의 물질"을 의미하는 '곱'의 합성어이다. 그래서 '눈꼽'이 아니라 '눈곱'이다. "눈쌀을 찌푸리다"의 '눈쌀'은 '눈곱'과 마찬가지로 합성어이기 때문에 '눈살'로 적어야 한다. '울적하다'는 한자 '鬱寂'에서 나온 말이고 울상도 우리말 '울'과 한자 상(相)이 합해진 말이므로 된소리로 적지 않는다. 이 밖에 앞에서 살펴보았던 '몹시, 숫제, 싹둑, 깍두기, 시끌벅적하다' 등은 공명도가 낮은 자음 뒤에 오므로 된소리로 적지 않는다.

된소리 규칙 : (1) 모음 사이에서, (2) 공명음 뒤에서

된소리 규칙의 예외 : 합성어

다만 '쏩슬'이 아니고 '쏩쏠'이 되는 것은, 같은 음절이나 비슷한 음절이 겹쳐나는 부분은 같은 글자로 적는다는 한글맞춤법 규정에 의한 것이다. '똑딱, 쌉짤, 딱딱' 등이 그러한 예이다.

우리말을 얼마나 정확하게 구사하는가를 측정하는 데에는 부사를 만드는 접미사 '-히'와 '-이'를 제대로 구분하는지를 보는 것도 한 방법이다. 그만큼 이 둘의 구분이 쉽지 않다는 것이다. 부사를 만드는 접미사 '-히'와 '-이'라고 쉽게 말했지만, 사실 부사를 만드는 접미사는 '-이' 하나밖에 없다.

'-히'는 형용사를 만드는 접미사 '-하다'로 끝난 단어에 부사를 만드는 접미사 '-이'가 결합함으로써 생긴 결과물일 뿐이다. 그러니까 '급급하다, 당당하다' 등의 형용사에서 파생된 부사는 당연히 '급급히, 당당히'가 되는 것이다. '눅눅하다'와 '솔직하다'에서 파생된 부사도 당연히 '눅눅히'와 '솔직히'가 되겠다.

다만 앞말이 'ㅅ'으로 끝나는 형용사는 비록 '-하다'로 끝나더라도 '-이'를 붙인다는 예외가 있다. 따라서 '깨끗하다'의 부사는 '깨끗이'가 된다. '오롯하다'의 부사형도 어근이 'ㅅ'으로 끝났으니까 '-이'를 붙여 '오롯이'가 된다. '나붓이'도 마찬가지이다. 그런데 '촉촉하다', '빽빽하다', '수북하다' 등의 부사형은 예외적으로 '촉촉이', '빽빽이', '수북이'가 된다.

앞에서 '무게'에 대해 잠깐 논한 적이 있다. '무겁다'에서 '무겁+

이’가 되고, 여기서 ‘ㅂ’이 탈락하여 ‘무거+이’가 되었다가 최종적으로 ‘무게’가 된다고. 우리말에서 어근의 ‘ㅂ’은 자주 탈락된다. 학자들은 이를 ‘ㅂ’ 불규칙이라 부르기도 한다. 그러니까 ‘ㅂ’으로 끝나는 동사나 형용사의 활용형은 주로 ‘ㅂ’이 탈락됨을 알 수 있다. 따라서 ‘즐겁다’의 부사형은 ‘즐겁이’가 아니라 ‘즐거이’가 될 것이고, ‘곱다’의 부사형은 ‘고이’가 되는 것이다.

‘뜨겁다’의 부사형은 왜 ‘뜨거이’가 아니고 ‘뜨겁게’일까? 국어학자들은 ‘-게’를 통사적 부사 어미라 하고, ‘-이’를 어휘적 부사 어미라 한다. 어휘적 부사 어미가 없는 경우에 통사적 부사 어미를 사용하니까, 어떤 의미에서는 어휘적 부사 어미가 일차적이고, 통사적 부사 어미는 이차적이라고 할 수 있다. 어휘적 부사 어미를 인정하는 어휘는 통사적 부사 어미도 인정하지만, 그 반대 현상은 일어나지 않는다. 예를 들면, ‘즐거이’가 가능하면 ‘즐겁게’도 가능하다. 그러나 ‘뜨겁게’가 가능하다고 하여 ‘뜨거이’도 가능한 것은 아니다.

표준어규정은 첩어와 준첩어 뒤에는 ‘이’가 붙는다고 규정하고 있지만, 이러한 규정이 왜 필요한지 알 수가 없다. 부사 어미가 ‘-이’이므로 첩어든 아니든 ‘-이’를 붙이면 부사가 되니까 말이다. ‘일일이’ ‘낱낱이’ ‘샅샅이’ 등은 처음부터 ‘-하다’로 끝나는 단어가 아니므로 간단하게 부사 어미 ‘-이’를 붙이면 된다. “매 등급에 따라, 매 등급마다”라는 의미의 부사는 ‘급급이’이고, “저마다, 여러 면에 있어서”라는 뜻의 부사는 ‘면면이’가 된다. 어근에 ‘-하다’가 없으니까.

그런데 ‘급하다’라는 뜻의 부사는 당연히 ‘급히’이고, “끊어지지 않고 죽 잇따라 있다”라는 의미의 ‘면면하다’에서 파생된 부사는 ‘면면히'가 된다. 어근에 '-하다'가 있으니까. 그러니까 이렇게 이해하면 되겠다.

부사 어미 : -이

'더욱이'나 '일찍이'를 쓸 때마다 '더우기'와 '일찌기'가 아닌가 생각해볼 때가 있다. 지금까지 말한 원칙에 의하면 어근은 '더욱'이고 여기에 부사 어미 '-이'를 붙이면 단순히 '더욱이'가 된다. 그러니까 괜히 '더우기'나 '일찌기'라는 파생형을 생각할 필요도 없다.

그러면 "여지없이 깨어지거나 흩어지는 모양"을 뜻하는 부사는 '산산이'인가, 아니면 '산산히'인가? 지금까지의 논의에 의하면, 어근에 '-하다'가 없으니까 당연히 '산산이'가 맞는다. 이 단어는 '산산(散散)'이라는 명사에서 파생된 부사이다. 이런 의미로 '산산하다'라는 형용사는 존재하지 않는다. "산산히 부서진 파도여"라는 표현은 "산산이 부서진 파도여"라고 써야 할 것이다.

산산이 부서진 이름이여!
허공중에 헤어진 이름이여!
불러도 주인 없는 이름이여!
부르다가 내가 죽을 이름이여!
(…)

(김소월, 〈초혼〉, 《진달래꽃》)

언어의 규칙을 어법이라 한다. 그러나 어법이 민법이나 형법과 다른 점은 이것을 위반해도 처벌이 뒤따르지는 않는다는 점이다. 형법은 아무리 사회 현실에 맞지 않아도 그것을 개정하기 전까지는 누구나 그것의 구속을 받게 된다. 이와 달리, 어법은 사회의 변화를 따르지 못할 경우 더 이상 규범으로서의 기능을 잃어버리고 종국에는 개정의 수순을 거치게 된다.

언어 변화는 느린 것 같으면서도 한 세대 안에서 변화를 감지할 정도의 속도로 진행되기도 한다. 의미변화는 말할 것도 없고 철자법의 변화라든가 발음의 변화는 그 속도가 어법의 변화에 비해 훨씬 더 빠르다. 학생들과의 세대 차이를 느끼는 언어 변화의 한 예는 다음과 같은 것이다.

- 조심해서 가세요.
- 조심히 가세요.

중년 층의 많은 사람이 '조심해서'라는 형태를 사용하는 반면에 젊은 층일수록 '조심히'를 훨씬 더 많이 사용한다. 물론 사전에는 두 형태 모두 실려 있다. 그렇지만 사전에서도 가령 '불찰'을 설명하면서 "조심해서 잘 살피지 아니한 탓으로 생긴 잘못"이라고 풀이하며 '조심해서'를 사용하고 있다. 아마도 시간이 흐를수록 '조심히'가 '조심해서'를 대체하지 않을까 하는 생각이다.

이유는 다르지만 이와 비슷한 예로 '통털어'를 들 수 있다. 사고자 하는 물건이 조금 남아 있을 때 "이거 통털어 얼마예요?"라는 말을 많이 사용한다. 아마도 '통털어'를 '통을 탈탈 털어서'의 준말로 잘못 생각한 데서 온 결과인 것 같다. 그러나 사전에서는 '통틀어'를 표준말로 등재하고 있다. '통'은 '온통'의 의미이고, '틀다'는 "어떤 것을 한 끈에 죽 엮어 매다"라는 의미이다.

통틀어 : 어떤 물건이나 사물을 있는 대로 모두 합해서.

- 내가 가진 돈은 통틀어 오천 원뿐이다.
- 가게의 손님은 통틀어 김 씨와 나 둘뿐이다.

문학작품의 예를 들면, 박완서의 《도시의 흉년》에 나오는 "우릴 통틀어 경멸하는 소리는 삼가줘"라든가 윤흥길의 《묵시의 바다》에 나오는 "그런 날 그런 시간에 바닷가를 어정거릴 사람은 돌개를 통틀어 금순네 하나뿐이었다" 같은 표현을 들 수 있다.

'통틀다'의 사전적 의미는 "있는 대로 모두 한데 묶다"라는 뜻이다. 예문을 보자. "개성 사람이란 예성강 유역으로부터 임진강 유역까지의 광활한 지역에 사는 사람들을 통틀어 뜻했다"(박완서, 《미망》),

"무릇 문학이나 학문이나 예술의 세계에서 선인의 훌륭한 작품을 통틀어서 우리는 고전이라고 일컫는다"(안병욱, 《사색인의 향연》)에서 보듯이 '통틀어'라고 쓰인다. 표준어규정(2장 4절 17항)은 '통틀다'의 의미로 '통털다'를 쓰는 경우가 있으나 '통틀다'만 표준어로 삼는다고 규정하고 있다.

품격 있는
우리말 지킴이 10

KBS 아나운서 도경완

　2010년 즈음 KBS 〈생방송 오늘〉이라는 프로그램에서 국제 시사 패널로 참여했을 때, 도경완 아나운서를 처음 만났다. 아무 기초 지식 없이 도경완 아나운서와 처음 인사하게 되었을 때, 키가 큰 도경완 아나운서를 보고 '패션모델인가? 아니면 개그맨?' 하고 생각했다. 실제로 〈개그콘서트〉의 개그맨들이 이 프로그램에 자주 등장했기 때문에, 첫인상만 보았을 때는 아나운서 이미지보다는 여러 분야에 끼 많은 청년으로 보였던 것이 솔직한 심정이었다. 그런데 뉴스를 진행하고 MC석에 앉아 진행하는 것을 보고, '아! 아나운서 후배구나' 하며 급속히 친해졌던 첫 만남이 생각난다.

　도경완 아나운서를 내가 인정하는 이유는 방송에서 재치 있게 말을 잘하는 아나운서이기도 하지만, 자신의 방송분에 대해 부단히 치밀하게 모니터링하고, 부족한 부분에 대해 성찰하고, 성실히 노력하는 모습이 눈에 보이기 때문이다. 내가 품격 있는 우리말 사용을 위해 도경완 아나운서의 인터뷰가 필요하다고 요청했을 때도 그는 고개를 설레설레 흔들며, "교수님 저는 해당 사항이 없어 보이는데요. 제가 말을 잘한다고 생각하세요? 정말 그렇게 생각하시는 거예요?"라며 겸손의 언행으로 나를 당황하게 만들었다. 다음의 인터뷰에서도 느껴지지만, 도경완 아나운서는 항상 자신의 장점을 보기 이전에 부족해 보이는 부분에 대해 치열하게 고민하는 열정이 있다.

한번은 여러 방송인의 진행에 대해 열띤 토론을 벌인 적이 있었는데 도경완 아나운서의 놀랄 만큼 정확하고 객관적인 분석에 그의 진면목을 느꼈던바, 그에게서 분명 얻을 수 있는 정보가 많다고 자부한다. 지금은 〈생생 정보통〉의 남자 메인 MC로서, 〈아침마당〉 MC로서, 베테랑 여자 선배들과 호흡을 맞추고 있다.

도경완 아나운서 지금 이렇게 말을 잘하는 것을 보면 어려서부터 말 잘하기로 소문난 아이가 아니었을까 싶지만, 그는 원래 말을 잘하지도 못했고 지금도 물론 잘하는 것 같지 않다고 딱 잘라 말한다.

"사람들이 왜 아나운서 하면 말을 잘하는 사람으로 인식하는지는 모르겠지만, 제가 아나운서의 꿈을 꾸게 된 결정적인 이유는 사람과의 소통, 그리고 돈 한 푼 들이지 않고도 사람들에게 웃음과 감동을 줄 수 있기 때문입니다. 그리고 시간이 지나면 지날수록 말을 잘하는 아나운서보다 다른 사람의 말을 잘 들어줄 수 있는 아나운서가 더 매력적이라는 것을 깨닫게 되는걸요."

스스로 말을 잘하지 못한다고 생각해서 그런지, 도경완 아나운서는 우리말에 대해 열심히 연구하는 축에 속한다.

"우리말, 정말 어렵습니다. 거의 '예외의 집합체'라고 해도 무방할 정도로 외워야 하는 것도 많고 응용을 하면 할수록 다양해지는 것이 우리말인 것 같습니다. '아나운서는 왜 표준어를 구사하며 방송을 해야 할까' 하는 의문을 거의 매 순간 머릿속에 품고 사는데, 결론은 너무 당연하고 명확합니다. 소통의 편리성과 보편성. 이것을 생각하면 당연히 우리말에 대해 끊임없이 공부하고 습득해야 하는 것이 기본입니다. 그렇다고 어려운 말을 외우기보다는 누구나 들었을 때 쉽게 이해할 수 있는 어휘를 늘리려고 노력합니다. 독서도 좋지만 방송 모니터링 및 선배 아나운서들의 언어생활을 모방하는 데 힘쓰는 편입니다."

도경완 아나운서의 방송을 모니터링하다 보면 무방비 상태에서 준비되지 않은 모습으로 자연스럽게 툭툭 던지는 듯한 화법을 은근히 사용하는데, 나는 이 모습이 매력으로 다가온다고 생각한다. 완벽주의 도경완 아나운서가 설마 정말 준비 없이 툭툭 던지며 방송을 할 리는 없지만, 방송에는 그렇게 연출되는 것이 신기하여 진짜 방송이나 말하기 전에 준비 없이 임할 때가 있는지 물어보았다.

"방송이나 소개팅이나 초반에 승부를 걸어야 합니다. 대중은 생각보다 인내심이 없습니다. 어찌나 냉정한지 조금만 장황해진다 싶으면 바로 채널 돌아가고 자리 뜹니다. 한 가지 현상을 놓고 각양각색의 사람들이 자신만의 방식으로 전달하겠지만, 저는 그중에서 무엇이 가장 효과적일지, 늘어지지 않는 말투로 단박에 사람들의 이목을 끌 수 있는 '큐 워드(Q-Word)'가 무엇일지 이 부분을 특히 신경 씁니다."

이렇게 방송을 하려면, 평소 언어 습관에도 신경을 많이 쓸 것 같은데, 도경완 아나운서만의 특별한 우리말 가꾸기가 궁금해졌다.

"어디선가 얼핏 들은 말인데, '우리말로 쓰인 소설이 노벨 문학상

328

을 받을 수 없는 이유는 바로, 영어 그따위로는 번역해낼 수 없기 때문이다'라는 말이 개인적으로 참 멋있었습니다. 다양성과 구체성만 놓고 보면 이처럼 훌륭한 언어가 또 어디 있겠습니까. 사람의 마음을 움직이기 위해, 조금 더 정제되고 치명적인 어휘를 구사하기 위해 오늘도 신경을 씁니다만 쉽지는 않습니다. 평소에 책이나 우리말 관련 책을 많이 보면 도움이 되겠지만, 지금은 사무실 막내라서 방송하랴 잡무 처리하랴 바쁩니다. 솔직히 정신도 없고 친구들 만날 시간도 없답니다. 이런 상황에서 제가 책을 읽어봤자 얼마나 읽겠습니까. 한 달에 두 권만 읽어도 저 자신이 뿌듯합니다. 책에 대한 흥미를 잃지 않기 위해서 적어도 한 권쯤은 재미 위주로 읽고, 나머지 한 권은 언어학이나 인문학 분야의 책을 선정하려 노력합니다. 대답을 하면서도 참 부끄럽고도 죄송합니다. 저도 앞으로 자주 읽도록 하겠습니다, 하하하! 아직 아나운서로서 걸음마 단계라, 좋은 정보를 알려드리고 싶지만 그러기엔 제가 아직 많이 부족합니다. 다만 생활 속에서 아주 기초적인 것부터 노력하려 애쓰는 편입니다. 욕설과 은어 사용은 최대한 줄이고, 입 밖으로 내뱉기 전에 과연 이 말이 효과적일지 혹은 사람의 마음을 움직일 수 있을지 고민하고 조심하는 편입니다."

도경완 아나운서는, 간혹 품격에 맞지 않는 언어를 구사하는 아나운서도 있겠지만 그래도 보통의 아나운서들이 하는 말을 유심히 들어보면 그 속에 자극적이지 않으면서도 충분히 부드럽게 의도한 바를 정확히 전달하는 능력이 있다고 말한다. 도경완 아나운서가 우리나라에서 말 잘하는 사람으로 인정하는 이는 다름 아닌 개그맨 서경석 씨와 유재석 씨였다. 이들의 언어 사용 습관을 보면 놀라울 정도로 바르면서도 재치 있는 언어를 사용하기 때문에, 이런 부분을 배우려고 애쓰고 있다고 한다. 바라보는 대상에 따라 그 사람의 언어 습관도 변하는 것처럼, 도경완 아나운서의 방송을 보다 보면 과거에 비해서 점점 위트 있는 깜짝 발언을 거침없이 하면서 사람들을 즐겁게 해주고 있다.

그는 또 주변에서 우리말을 잘하는 사람으로 느낀 사람을 언급하다가, 이금희 아나운서에 대한 이야기를 해준다.

"말을 잘하려면 말을 잘 들어야 한다고 하지요? 이금희 아나운서가 왜 꾸준히 사랑받는다고 생각하세요? 사람들이 그녀의 얼굴을 보고 있으면 '아, 이 사람이 지금 나한테 집중하고 있구나. 이 사람이라면 내가 하는 말을 진심으로 들어주고 걱정해주겠구나'라는 생각을 하게끔 만들기 때문입니다. 이게 연기라는 것이 아니고, 내 마음과 상대방의 마음이 전기 플러그처럼 딱 맞아 들어갈 때, 이금희 아나운서뿐만 아니라 그 상대방도 서로 모두 털어놓을 수밖에 없는 환경이 자연스럽게 조성되는 것이지요."

도경완 아나운서도 아나운서이기 때문에 갖는 우리말에 대한 부담이 있을 텐데, 이를 극복하는 그의 방법이 돋보인다.

"아나운서라면 물론 바른 언어 사용에 기초해야 하겠지만, 국립국어원 직원이 아닙니다. 우리말에 신경 쓰는 것도 중요하지만, 방송 진행자로서 더 효과적인 내용 전달과 소통에 초점을 맞춥니다. 아나운서든 기자든, 결국 전달력에서 승부가 갈립니다."

뉴스에서 실수한 경험담도 밝힌다.

"뉴스를 하다가 '우리나라가 멕시코로부터 씨돼지용 새끼 돼지 여섯 마리를 수입했습니다'라는 문장을 '우리나라가 멕시코로부터 씨돼지용 돼지 새끼 여섯 마리를 수입했습니다'로 잘못 읽은 적이 있습니다. 뉴스 하면서 식은땀 나오는 소리가 들릴 정도로 땀을 흘려본 첫 경험이었습니다. 우리말이 참, 아 다르고 어 다르죠?"

그는 요즘 젊은 세대의 언어생활에 대해 어떻게 생각할까?

"형편없죠. 편리성을 위해 언어를 줄여 사용하는 경향이 있는데, 어쩌면 방송에서 이런 현상을 부추기는 면도 더러 눈에 띕니다. 〈넝쿨째 굴러온 당신〉이라는 드라마를 '넝굴당'이라고 대놓고 말하는 대중을 보며, 근거 없는 축약어에 너무 무방비로 노출되어 있는 것은 아닌가 걱정이 됩니다. 욕설에 대한 문제가 제기된 것은 어제오늘 일이 아니지만, 앞서 말한 축약 현상과 같은 신종 언어 사용 변질은 심각히 고민해봐야 할 문제인 것 같습니다."

이렇게 말의 전달과 소통을 위해 도경완 아나운서가 노력하는 것은 최대한 낮은 자세에서 다른 사람들의 말을 먼저 들어줄 수 있는 자세를 갖기 위한 최대한의 방법을 강구하는 것이었다. 품격 있는 언어생활을 위해서 매 순간 사전을 들고 다니며 말을 하기란 불가능에 가깝기 때문에, 우리말 단어 하나하나에 신경 쓰기보다는 더 큰 의미에서의 자세나 마인드에 집중하는 모습이 인상 깊었다.

세 치 혀로 사람을 죽인다는데, 말을 하기 전에 한 번 더 생각하는 습관을 갖는 것만으로도 우리말을 전달하고 소통하는 데에서는 충분한 마음가짐이라고 말한다. 어떤 자리, 어떤 상황에 있든지 진실함으로 임하고 말할 때, 의미는 전달되고 소통을 넘어서 감동을 준다는 그의 체험담은 품격 있게 우리말을 구사하는 좋은 방법에 대해 다시 한번 생각하게 한다.

"KBS 공채 4기로 입사한 박경희 아나운서는 현역 아나운서 중에서 가장 나이가 많으신 분입니다. 아나운서로서 30년 넘게 활동해오신 그분이 얼마 전 책을 한 권 쓰셨는데, 그 책을 보고 저는 한 줌의 위안을 얻었습니다. 정년이 내일모레인데 아직도 '아나운서처럼 말하는 것이 뭘까?' 하는 고민을 갖고 계신답니다. '허허, 그럼 난 뭔가. 난 고작 4년 차……. 갈 길이 멀군.' 그리고 이어 떠오른 생각은 이랬습니다. '아! 조급해할 필요가 전혀 없구나.' 말을 잘하는 것이 과연 정답일까요? 왜 바다 건너 미국에서는 말을 더듬는 휴대전화 판매원이 매출왕에 올랐다는 기사가 날아오는 것일까요? 유전적으로 혹은 선천적으로 말을 잘하는 사람이 물론 있습니다. 그런 사람들이 말로 이윤을 좇고 성공하려 한다면 물론 남보다 유리할 수는 있겠죠. 하지만 성공한 사람들의 그룹이 전부 이런 이들로 채워진다면 세상은 너무 야속하겠죠. 휴대전화를 말로 팔려고 하지 마십시오. 눈빛과 간절함, 그리고 진심으로 팔아보세요. 상투를 틀고 천자문을 옆구리에 긴 채로 미국에서 휴대전화를 팔아도 판매왕에 오를 수 있다고 믿습니다. 말은 입으로만 하는 것이 아닙니다."

품격 있는
우리말 지킴이 11

동아일보 논설주간 황호택

황호택 논설위원은 1981년 10월 대학 4학년 때 동아일보사에서 기자 생활을 시작해서, 청춘을 한 신문사에서 다 보냈다. 1987년 《동아일보》가 박종철 기사로 지면을 뒤덮다시피 할 때 팔이 아프고 눈이 어릿어릿해질 때까지 원고지를 채웠던 경험이 있단다. 1987년과 1988년 박종철 군 관련 보도로 한국기자상을 두 해 연속으로 받았다.

또한 시사 월간지 《신동아》에 〈황호택 기자가 만난 사람〉이라는 문패로 5년 5개월 동안 유명 인사 인터뷰를 연재했다. 한국에서 정상(頂上)에 선 사람들을 만나 사람을 읽고 세상을 배우는 공부를 하며 덤으로 인터뷰 책 일곱 권을 펴냈다. 2000년 논설위원이 되어서 10년째 논설위원실을 지키고 있다. 지금은 논설주간으로 일하며 격주로 '황호택 칼럼'을 집필한다.

황호택 논설위원을 처음 알게 된 것은 《황호택 기자가 만난 사람》이라는 책을 통해서이다. 황호택 위원의 책에서 소개된 김두관 전 행정자치부 장관, 영화배우 송강호, 박용성 대한상공회의소 회장, 이명박 서울시장, 한승주 주미 대사 등의 명사에 대한 인터뷰를 인상 깊게 읽으며 방송 준비를 했던 경험이 있다. 인터뷰를 진행하면서, 종종 인터뷰를 거절하는 명사들도 만난 적이 있다. 거절하는 명사들을 섭외하는 방법이 따로 있지 않을까 하고 고민한 적이 있는데, 황 위원의 책을 읽으면서 명사를 설득하는 데에는 정도가 없다는 글을 읽고 지혜를 얻은 적이 있다. 그가 말하는 유명 인사 인터뷰 기법은 언론 종사자와 지망생에게 훌륭한 참고서가 될 수 있고, 명사 인터뷰의 얘깃거리로도 흥미롭다.

품격 있는 우리말과 우리글을 사용하는 모범적인 사례로 황호택 위원을 염두에 두고 인터뷰를 요청했다. 다행히 거절하지 않고 흔쾌히 수락해주어서 즐겁고 의미 있는 인터뷰를 진행할 수 있었다.

원래 어려서부터 말을 잘하거나 글을 잘 쓰는 소질이 있었는지를 묻는 질문에, 황 위원은 어려서부터 책이나 신문 같은 활자 매체를 읽기 좋아했다고 하며 글을 잘 쓴다는 말을 더러 들었다고 한다. "제가 쓴 소설이 문학잡지에 실린 적도 있는데, 그때가 대학 시절이었어요."

애초에 글솜씨가 있긴 했는데 기자라는 직업이 하루하루 우리말(글)을 운용하는 일이기 때문에, 글솜씨도 점차 실력이나 기술이 늘어가는 경험을 하며 살아간다는 생각이 들었다고 했다. 지금은 또 논설주간이라는 직책상 논리적인 글 읽기에 치중되는 것 같아, 일부러 베스트셀러 소설이나 시 같은 감성적인 글도 찾아서 읽는다고 했다. "요즘은 지하철역에도 시가 많이 붙어 있던데, 저는 열차가 올 때까지 걸어 다니며 죽 한 번씩 읽어본답니다."

남과 다른 그만의 개인적인 우리말 가꾸기가 있는지 질문하니,

아주 단순한 대답이 돌아왔다.

"좋은 글을 많이 읽는 것이 중요하다고 생각합니다. 베스트셀러를 찾아서 읽는 것처럼, 또 일상에서 좋은 글이나 시를 보면 지나치지 않고 한 번씩 읽어보고 읊어보는 거죠. 최근에는 《7년의 밤》이라는 소설도 흥미롭게 읽었고, 공지영의 《즐거운 나의 집》도 재밌게 봤습니다. 책을 읽다가 조금이라도 미심쩍은 단어나 문장이 나오면 바로 사전을 찾아봅니다. 사전도 조금 더 효율성을 가지고 이용하려면, 국립국어원의 표준국어대사전을 권합니다. 아마 가장 정확한 사전일 겁니다."

황호택 위원은 평소에 좋은 책, 소설, 신문의 좋은 칼럼을 교과서 삼아 늘 곁에 둔다. 우리말 관련 책이 따로 있는 것이 아니라, 이런 자료와 친해지면 우리말과도 친해진다고 보면 된다고 자신 있게 말한다.

"우리말 관련 책이 따로 있는 게 아니지요. 좋은 책, 소설, 신문의 좋은 칼럼이 바로 좋은 교과서 아닐까요? 특히 인터넷 공간에서 언어 파괴가 문제입니다. 언어 파괴가 점점 심각해지면서 젊은이들은 유독 약어 쓰기를 좋아하는데, 이렇게 약어나 은어를 남용하면서 자신들만의 문화를 기성세대에게 적극적으로 표현하는 것 같습니다. 결국 어른들이 어리둥절해하고 못 알아듣는 상황을 즐기는 듯이 보여요. 이런 언어 파괴 현상은 영화 같은 대중매체의 영향도 무시할 수 없는데, 주변에서 쉽게 접하는 매체에서 욕설을 남용하는 것은 문제입니다."

기자이기 때문에 마이크를 잡을 때 부담스러울 때가 있을 것 같다는 생각이 들었다. 황호택 위원은 강연이나 연설에 앞서 메모식으로 원고를 작성한다. 메모식으로 간단히 정리한다는 이야기이지, 완벽하게 원고를 만들어서 보고 읽는, 모범적이거나 완벽주의적인 준비를 하는 편은 아니라고 한다. 너무 완벽하게 준비하다 보면 간혹 책을 읽는 것 같은 연설을 하게 되는데, 이런 식의 연설은 청중의 주목도를 반감시킨다는 얘기이다. 미리 준비한 메모를 보면서 보통의 대화를 하듯이 연설을 하고, 그때그때 상황에 따라, 청중에 따라, 이슈가 생길 때마다 내용을 조금씩 바꾸기도 한다.

직업과 관련하여 기자이기 때문에, 논설위원이기 때문에, 우리말을 사용하는 데에서 특별히 주의를 기울이는 일이 있다면 어떤 것이 있을까?

"될수록 논쟁거리가 있는 쟁점에 대해서는 균형 잡힌 언어를 쓰고, 천박하지 않은 언어를 사용하려고 노력하는 일입니다. 요즘은 특히 나이가 들면서 고유명사가 생각나지 않을 때가 부쩍 는 것 같습니다. 그래서 더더욱 꼼꼼히 메모하려고 노력하는데, 이런 메모 습관은 실수를 줄이거나 막을 수 있는 방법입니다."

■ **품격 있는 우리말을 사용하기 위한 도움말**

"무엇보다도 염두에 둘 것은, 글을 잘 쓰려면 좋은 글을 많이 읽고 말을 잘하려면 사전 준비가 충분해야 합니다.

최근 방송인으로도 활동을 하고 있습니다. 대선 직전에 〈황호택의 대선 민심〉이라는 프로를 맡아 한달가량 진행하다 지금은 〈황호택의 눈을 떠요〉라는 한 시간짜리 프로를 강수진 앵커(채널A 문화과학부장)와 함께 꾸려나가고 있습니다. 오전에는 방송 일을 하고 오후에는 신문 일을 하는 식입니다.

주로 정치인이나 문화인, 사회 원로 들을 초청해 정치 문제를 비롯해 사회 현안을 짚어보는 프로그램입니다. 31년 이상 신문만 만들던 사람이 정상적인 방송 교육을 받지 않고 현장에 바로 투입되어 처음에는 실수도 많고 어색했으나 지금은 세 달이 넘으면서 어느 정도 적응이 되어가는 것 같습니다.

생방송이라서 가끔 잔 실수도 나오고 한 시간 내내 긴장해야 하는 부담이 있습니다. 그렇지만 신문·잡지 인터뷰에서 생방송 인터뷰라는 새로운 영역을 개척하는 것이 저로서는 흥미롭습니다. 나중에 은퇴한 뒤에는 《인터뷰의 이론과 실제》 같은 책을 써보고 싶습니다."

품격 있는
우리말 지킴이 12

한국벤처투자 대표이사 정유신

진행하는 인터뷰 프로그램에서 전 세계 경기가 침체되고 있는 시기에 일자리를 화두로 벤처기업 창업과 엔젤 투자에 대해 간단명료하면서 대중에게 쉽고 편하게 답변을 해줄 수 있을 만한 분이 누구일지 고민한 적이 있다. 그러다가 한국벤처투자의 정유신 대표를 만나게 되었다.

증권, 금융에 대해서는 앎의 즐거움을 좀처럼 느끼지 못했는데, 정유신 대표와 인터뷰를 하면서 그 짧은 시간 동안 우리나라 경제와 산업의 생태계에 대해 수십 시간 공부한 것 같은 충만감을 느꼈다. 여기에 정 대표는 모 언론사에서 매주 〈정유신의 China story〉라는 칼럼으로 대중을 만나고 있다. 정유신 대표의 말과 글은 일맥상통하는 부분이 있다. 전문성이 느껴지면서도 무겁지 않고, 편안하다는 강점이다. 그래서 우리말 관련 인터뷰를 다시 한번 요청했다. 그런데 어린 시절 말솜씨, 글솜씨에 대해서는 의외의 대답이 돌아왔다.

"저는 어려서부터 말은 못했죠. 내성적이었습니다. 아버님이 관료셨는데, 많이 엄하셔서, 항상 아버지에게 하고 싶은 말이 있어도 제대로 하지 못하고 자랐습니다. 언어 습관에 있어서 무엇보다 가정에서의 역할이 매우 중요하다고 생각해요. 저의 경우는 가정에서의 언어교육이라고 하면, 아버지에게 갇혀서 자유롭게 대답하지 못하는 환경이었기 때문에, 이것이 사회생활을 하는 데에도 큰 영향을 미쳤다고 생각합니다. 아버지의 존재는 나이 많은 존재로 대변될 수 있는데, 사회에서 만난 상사나 윗분들을 아버지와 자꾸 동일시하게 되는 거죠. 나이 많은 사람들 앞에선 입을 못 여는 거예요. 아랫사람이나 친구들과는 말을 잘했고 지금도 잘하는데, 참 이상하지요. 위하고는……무서워하고 말도 안 하고 커뮤니케이션이 없어요. 아래나 같은 연배와는……편하고 친해요. 그래서 저는 특히 언어 습관에 있어서 어릴 때의 교육을 매우 중요하다고 여깁니다."

정 대표는 어린 시절 언어교육을 부족하게 받은 것 같다고 불만을 늘어놓았지만, 실은 우리말을 제대로 사용하고 있음이 확실히 느껴졌다.

"따로 우리말을 공부하거나 연구하는 편은 아닙니다. 제가 제 콤플렉스를 알기 때문에 말하기 어렵고 까다로운 환경에 처할 거라는 예감이 들면 준비를 열심히 하지요. 힘든 상황일 때는 사고 흐름 역시 자유로울 수 없거든요. 제 스타일은, 주제가 주어지면 논리적으로 결론을 먼저 내고, 이게 답이라는 것을 말하고, 그에 따른 시나리오와 스토리를 만들어요. 연극을 하듯 준비한다고 해야 할까요? 상대방이 이런 얘기와 분위기일 때의 출구 전략을 세워두는 것이지요. 그래서 저는 여전히 예측하지 못한 질문 앞에서는 약할 수밖에 없답니다.

그리고 저는 언어가 선천적이라고 생각하지 않아요. 후천적이죠. 흥미로운 점은, 후천적인데 선천적인 것 이상으로 영향을 주고 있어요. 말과 글은 강력한 영향을 행사합니다.

말은 내뱉어지는 말로만 그치지 않고, 말을 통해서 뇌나 신경 구조가 영향을 받고, 육체적인 부분까지 영향을 미치지요. 말이 불러일으키는 것은 상당히 아날로그적이에요. 말에는 상상과 이미지가 모두 들어가 있고, 말은 연구하면 할수록 가치가 있다고 느껴져요.

제가 요즘 재미있는 경험을 하고 있는데, 중국 말을 좀 배우고 있거든요. 우리가 한자 문화권이기 때문인지, 영어는 그렇게 오랫동안 배우고 있지만 신경을 안 쓰다 보면 낯설어지기 일쑤인데, 중국어는 본격적으로 배우기 시작한 게 오래된 것도 아닌데도 훨씬 익숙하답니다. 한글과 영어는 표음문자인 데 반해서 중국어는 표의문자라서 특히 쓰인 글을 읽을 때 중국어는 전체 대강이 보여요. 영어와 우리나라 언어는 말로 하는 커뮤니케이션에는 강한데, 글에 있어서는 표의문자가 표음문자보다 더 강한 영향을 남기는 것 같습니다. 조금만 집중하면 글에서 이미지를 찾을 수 있거든요.”

글 쓰는 데 나름의 조예가 있어 보인다는 내 말에 그는 이렇게 대답했다.

“글쎄요, 글 쓰는 것도 노력이고 훈련이라는 생각이 드는데, 좋든 싫든 대우경제연구소에 재직할 때 강제로 쓰면서 단련이 된 부분이 있습니다. 제가 요즘 중국 칼럼을 쓰면서 중국 사람들의 생각을 상상하면서 쓰고 있는데, 중국이 G2라고는 하지만 반쪽짜리 G2이지요. 저는 미국이 팍스아메리카나로 100년을 갈 수 있었던 것은 세계 문화를 재패했기 때문이라고 보는데, 문화의 대표성을 두 가지로 볼 수 있겠지요. 하나는 언어이고, 다른 하나는 통화입니다. 언어와 통화의 파워는 유통성에 있지요. 얼마나 많은 사람에 의해서 사용되느냐일 텐데, 중국어가 국제어가 될 수 있을지는 좀 더 고민의 여지가 있지만 중국 통화가 유통성을 갖고 가기에는 아직 장벽이 많기 때문에 G2는 여전히 지켜볼 숙제라는 거예요. 어쨌든 통화든 언어든 둘 다 후천적이에요.”

품격 있는 언어생활을 위해서 많은 이가 자신만의 방법으로 노력하고 있는데 ‘품격 있는 언어’에 대한 정 대표의 생각이 궁금해졌다.

“품격이란 게 뭔지는 모르겠는데, 언어생활이란 철저한 커뮤니케이션이겠지요. 얼마나 의사 전달을 잘하느냐, 얼마나 소통이 잘되느냐일 텐데요. 진정 품격 있는 언어생활을 하는 사람은 대화 상대자의 심저에 있는 그 무엇을 꺼낼 수 있도록, 의도했든 하지 않았든 유도할 수 있는 사람일 겁니다. 결국 (제가 노력할 부분이기도 하지만) 많은 이가 바쁘게 살다 보면 대화 상대자의 심층적인 부분을 많이들 놓치는 것 같아요. 한 꺼풀 밑에 자리하고 있는 고민, 이것을 건드려줄 수 있는 말을 해주는 게 필요하다고 생각합니다.”

정유신 대표와 인터뷰를 진행하면서 느꼈던 점 중 하나는 상대방을 매우 편하게 해준다는 것이다. 부담 없이 상대방을 편하게 해주려고도 노력하고 있는 것은 아닌지 조심스레 질문을 던져보았다.

“제가 원래 말하는 걸 좋아해서요. 뭐든 기브 앤 테이크(give & take)가 돼야 하는데, 말하는 데 있어서 저는 기브(give)만 하죠. 이것이 말하는 습관으로 그리 좋은 것 같진 않습니다. 그리고 개인적인 생각이지만, 보통 사람들이 '저 사람은 존경해야겠다'라는 생각이 드는 순간 얼어서 제대로 된 커뮤니케이션은 끝난다고 생각해요, 커뮤니케이션이라는 게 뭘까요? 오감을 통해 감지할 수 있는 커뮤니케이션이 있을 테고, 오감을 통해 감지할 수 없는, 보이지 않는 커뮤니케이션이 있을 겁니다. 전자가 피상적으로 '말'일 테고, 후자가 '기의 흐름'이라고 봅니다. 진정한 커뮤니케이션은 기의 유통, 흐름인 것이죠. 나에게서 좋은 기가 나가지 않는데 상대방이 좋겠어요? 이상적인 것은 커뮤니케이션 자체에 대한 고민이고, 어떻게 기가 흐르는지에 대한 고민도 필요하단 겁니다."

그는 요즘 젊은 세대의 언어생활에 대해 어떻게 생각할까?

"세대의 흐름이죠. 그런데 말이 점점 격음화, 경음화, 받침이 없어지고 있어요. 이런 현상이 왜 일어날까요? 초성과 중성만 남은 것 같아요. 간단하게 말하면서 말도 상당히 디지털화되고 있어요. 깊이와 그림, 아날로그나 상상이 없어지고 있어요. 깊이 없이 그냥 툭 내뱉어지는 것이 안타까운 일입니다. 그래서 '종성 부활론'도 생각해보게 되는데, 한 번쯤은 한숨 돌리고 아날로그적으로 말하는 습관도 필요하지 않을까요?"

정유신 대표와의 인터뷰를 마치면서 말의 마력에 대해 다시 생각해보게 된다. 말의 테크닉, 콘텐츠 등도 중요하겠지만, 커뮤니케이션의 성공을 위해서는 '보이지 않는 커뮤니케이션'에도 집중할 수 있는 장치에 포커스를 두어야 한다는 점을 상기해본다. 기본적으로 저 사람과 말을 하고 싶다는 기분, 말을 하는 데 있어서 특별한 의미 없이 그냥 좋은 것, 왠지 모르게 좋아지는 그런 분위기를 만들

수 있고 이끌어나가려면, 무엇보다도 상대방의 장점과 좋은 점을
보라는 점이다.

사람들이 말하는 것을 가만히 살펴보면, 맛깔스럽게 하는 사람,
정은 있지만 거친 스타일, 깔끔하게 말하는 사람 등등이 있습니다.
말의 스타일을 떠나서 공식적인 자리에서는 무조건 준비를 철저히
하는 방법이 해답입니다.

말을 잘한다는 사람들은 '그들만의 철저한 습관'에서 그 해답을
찾을 수 있다고 봅니다. 케네디가의 아버지, 어머니가 식탁에서 늘
말하는 훈련을 시킨 것처럼 가정에서 의도적으로 환경을 만들고
그 안에서 커나가는 사람들, 혹은 그런 환경에서 성장하지는 못했
지만 의지로 이겨나가는 사람들은 분명히 말을 잘할 수밖에 없을
겁니다.

그리고 무엇보다도 말하는 데 있어서 기억할 것은, 준비는 해야
하지만 긴장은 하지 말아야 한다는 점입니다. 말 잘하는 사람이 긴
장하는 건 별로 못 본 것 같네요.

KI신서 4880

품격을 높이는 우리말

1판 1쇄 발행 2013년 3월 27일
1판 2쇄 발행 2014년 8월 5일

지은이 장영준·오승연
펴낸이 김영곤 **펴낸곳** (주)북이십일 21세기북스
부사장 임병주 **이사** 이유남
출판사업본부장 주명석 **인문기획팀장** 정지은
책임편집 장보라 **디자인** 돗토에프
영업본부장 안형태 **영업** 권장규 정병철
마케팅 민안기 최혜령 강서영 이영인

출판등록 2000년 5월 6일 제10-1965호
주소 (우 413-120) 경기도 파주시 회동길 201(문발동)
대표전화 031-955-2100 **팩스** 031-955-2151
이메일 book21@book21.co.kr **홈페이지** www.book21.com
트위터 @21cbook **블로그** b.book21.com

© 장영준·오승연, 2013

ISBN 978-89-509-4821-4 13710
책값은 뒤표지에 있습니다.